Noam Chomsky
Über Anarchismus

Beiträge aus vier Jahrzehnten

Ausgewählt, übersetzt und kommentiert von Rainer Barbey

Verlag Graswurzelrevolution

Titelumschlag: Peter Weisbrich nach einer Idee von Bernd Degener

Lektorat und Bearbeitung: Sebastian Kalicha, Lou Marin
Personenregister von Lara Pfeilschifter

3. Auflage
Sitz: Heidelberg
Straßburger Str. 24, 10405 Berlin
Fax: 0421/620456-9
E-Mail: buchverlag@graswurzel.net
www.graswurzel.net
ISBN: 978-3-939045-42-7
Textlayout und Satz: Peter Weisbrich, Leipzig
Druck und Weiterverarbeitung: BELTZ, Band Langensalza GmbH, Bad Langensalza

Rainer Barbey ist Dozent für Neuere deutsche Literaturwissenschaft an der Universität Regensburg. Neben diversen Fachpublikationen u.a. zum Thema »Literarischer Anarchismus« sind von ihm Anthologien zu den Themen Arbeitslosigkeit und Lärmbelästigung erschienen.

Editorische Notiz: Da die hier versammelten Texte aus dem Zeitraum von 1969 bis 1996 stammen und der Autor zudem noch ältere Werke aus dem 18., 19. und frühen 20. Jahrhundert zitiert, wurde aus historischen Gründen auf die Verwendung gender-sensibler Sprache verzichtet, um Anachronismen bzw. das Nebeneinander verschiedener Schreibweisen zu vermeiden.

Inhalt

Vorwort

Der Anarchist Noam Chomsky

Noam Chomsky hat einmal in einer bekannten, auch in diesem Band wiedergegebenen Fernsehdiskussion mit Peter Jay aus dem Jahre 1976 behauptet, nur »ein epigonaler Trittbrettfahrer« (S. 20) der anarchistischen Bewegung zu sein, eine Person also, die zwar mit libertären Idealen sympathisiere, aber keinen eigenständigen theoretischen Beitrag zum Anarchismus beigesteuert habe. In der Tat hat Chomsky die meisten Bestandteile seiner anarchistischen Gesellschaftsphilosophie aus bereits vorhandenen Theorieansätzen entlehnt, gelegentlich findet die Rezeption libertärer Quellen sogar nur über den Umweg von Sekundärliteratur oder anhand von einschlägigen Anthologien statt. Dies hängt aber zu einem Großteil sicherlich mit der Tatsache zusammen, dass die eigentlichen Innovationsleistungen von Chomsky allem Universalismus zum Trotz im Wesentlichen wohl doch auf dem Gebiet seiner linguistischen Forschungen zu suchen sind und er sich selbst außerdem nie als Theoretiker, sondern immer als empirischen, an »kartesianischem Common Sense«[1] orientierten Analytiker der gegebenen Verhältnisse verstanden hat. Insofern ist es nur folgerichtig, wenn Chomsky selbst seine politischen Visionen als vergleichsweise konventionell, als »recht traditionell anarchistisch, mit Ursprüngen in der Aufklärung und dem klassischen Liberalismus« (S. 188), beschreibt, auch wenn ein Anflug von koketter Bescheidenheit und der polemische Unterstrom in dieser Äußerung nicht zu übersehen sind. Die Vokabel »anarchistisch« mit Tradition, Aufklärung und klassischem Liberalismus in Verbindung zu bringen, und sei es auch nur in Gestalt einer sehr persönlichen Verortung der eigenen Ansichten, ist für viele gängige Vorurteile über den Anarchismus sicherlich eine Herausforderung. Doch Chomsky geht noch einen Schritt weiter: Nicht nur in der Genese seines persönlichen Denkens, auch in einer übergeordneten, ideengeschichtlichen Perspektive ist der libertäre Sozialismus für ihn der legitime Erbe, Nachfolger und Bewahrer der aufklärerischen, bis heute unverwirklichten Ideale des 18. Jahrhunderts – denn zeitgleich mit der Entstehung der modernen kapitalistischen Ökonomie im beginnenden 19. Jahrhundert wurden die Vorstellungen des klassischen Liberalismus aus seiner Sicht »zu einer Ideologie zum Zwecke des Erhalts der neu entstehenden Gesellschaftsordnung pervertiert« (S. 69). Während etwa Adam Smith mit seiner Betonung von Freiheit in Gleichheit, der Warnung vor den negativen Folgen der

Arbeitsteilung sowie der Gier der Herrschenden und nicht zuletzt mit seiner Verurteilung des europäischen Kolonialismus von Chomsky noch als ein Vorläufer des Anarchismus angesehen wird, haben sich spätere Liberale wie David Ricardo oder Thomas Malthus zu bedingungslosen Apologeten der »zerstörerischen und unmenschlichen Kräfte des freien Marktes« gemacht. Von seinen frühesten politischen Schriften an, genauer gesagt: bereits in *Objektivität und liberale Wissenschaft*, seiner ersten selbstständigen, 1969 erschienenen Publikation als engagierter Intellektueller, die auszugsweise auch in diesem Buch enthalten ist, hat sich Noam Chomsky immer wieder als ein erbarmungsloser Kritiker des modernen Liberalismus hervorgetan. Dies betrifft zum einen natürlich den liberalen Imperialismus bzw. Interventionismus der US-amerikanischen Außenpolitik,[2] daneben machte er aber auch beständig auf den blinden Fleck im vorgeblichen Freiheitsdenken heutiger Liberaler aufmerksam: die »Formen der privaten Tyrannei« innerhalb der kapitalistischen Wirtschaftsordnung. In ihr existieren, nicht zuletzt dank der beständig zunehmenden Konzentration von ökonomischer Macht in den Händen weniger, hierarchische Kommandostrukturen »von einer Art, die wir im politischen Bereich faschistisch nennen würden«.[3] Indem er die Rede von der Freiheit beim Wort nimmt, wendet Chomsky die liberale Totalitarismustheorie in letzter Konsequenz also gegen sich selbst: Nicht nur Faschismus und Kommunismus, auch ein ungezügelter Kapitalismus, ja schlussendlich der zeitgenössische Liberalismus selbst sind totalitäre Systeme. Um dies zu verdeutlichen, verweist der Autor in *Objektivität und liberale Wissenschaft* unter anderem auf die anti-anarchistische, »liberal-kommunistische Koalition« (S. 149) im Spanischen Bürgerkrieg und das elitäre Selbstverständnis, das den liberalen Intellektuellen und den revolutionären Avantgardisten leninistischer Prägung in ihrem opportunistischen Pakt mit der Macht gleichermaßen eignet. Als weiteres, extremes Beispiel eines marktradikal entarteten Liberalismus könnten in dieser Logik schließlich die vor allem in den Vereinigten Staaten beheimateten Libertaristen gelten, deren Ideologie man durchaus treffend mit dem Wort »Anarchokapitalismus« zu charakterisieren versucht hat und von denen sich Chomsky wiederholt klar abgrenzt; denn, so betont er, »wenn man einmal nachliest, welche Welt sie beschreiben, dann ist das eine Welt so voller Hass, dass kein menschliches Wesen in ihr leben möchte« (S. 49). Ob die libertaristische Schule, wie Chomksy weiter behauptet, tatsächlich »nicht wirklich ernstzunehmen« ist (ebd.), mag allerdings füglich bezweifelt werden. Zu einflussreich war und ist ihr Denken in den USA, und dies bis in die höchsten Kreise der dortigen politischen und ökonomischen Eliten hinein.

Nachdem das radikalhumanistische Element im Liberalismus nach 1800 in seiner Fixierung auf die Freiheit des Marktes weitgehend verlorengegangen ist, gilt für Chomsky in Abwandlung eines berühmten Ausspruchs von Adolph Fischer erst recht: »Der konsequente Anarchist sollte also ein Sozialist sein, aber ein Sozialist besonderer Art« (S. 73). Das wesentliche Charakteristikum eines solchen libertären Sozialismus, bei dem er sich vor allem auf Rudolf Rocker, aber auch wiederholt auf die Linksozialistin Rosa Luxemburg und den Rätekommunisten Anton Pannekoek beruft, dürfte für Chomsky in erster Linie eine konsequente Kritik hierarchischer und autoritärer Strukturen sein. Diese werden von ihm nicht per se abgelehnt, aber jede Form von Herrschaft hat sich einer strengen Prüfung zu unterziehen. Wer »behauptet, seine Autorität sei legitim, steht immer in der Pflicht, dies zu begründen. Und wenn man dies nicht begründen kann, handelt es sich um unrechtmäßige Autorität, die zerstört werden sollte. Um die Wahrheit zu sagen: Viel mehr verstehe ich eigentlich nicht unter Anarchismus« (S. 51). Ein solches Verständnis von Anarchismus mag auf den ersten Blick reduktionistisch anmuten, doch besitzt es Relevanz für fast jeden Bereich des Lebens, es ist mithin universell anwendbar: Die Fragen der Autoritäts- und Hierarchiekritik »stellen sich so gut wie auf allen Gebieten: in den Beziehungen zwischen Eltern und Kindern, Lehrern und Schülern, Männern und Frauen, den heute Lebenden und den zukünftigen Generationen, die gezwungen sein werden, mit den Folgen von dem, was wir tun, zu leben, tatsächlich so ziemlich überall« (S. 191).[4]

Chomskys tiefes Misstrauen gegen Machtkonstellationen jeglicher Art äußert sich hauptsächlich in seinem ureigenen Feld, der Welt der Intellektuellen und Wissenschaftler. Häufig (und auch im hier vorliegenden Band) beruft er sich in diesem Zusammenhang auf Bakunins Invektive gegen »eine neue Hierarchie von wirklichen und eingebildeten Gelehrten«, »die Herrschaft der *wissenschaftlichen Intelligenz*«,

1

Wie wird man Anarchist? Gespräch mit Peter Jay

Erstdruck dieses im Rahmen der Sendereihe *The Jay Interview* am 25. Juli 1976 durch die London Weekend Television ausgestrahlten Fernsehgesprächs mit der Überschrift *How to be an Anarchist: Noam Chomsky talks to Peter Jay* in *The New Review* 3, H. 29 (1976), S. 25-32. Weitere Veröffentlichungen unter dem Titel *The Relevance of Anarchosyndicalism* in Noam Chomsky: *Radical Priorities*. Hg. von C. P. Otero. Oakland: AK Press 3. Aufl. 2003, S. 211-224 und Barry Pateman (Hg.): *Chomsky on Anarchism*. Edinburgh, Oakland, West Virginia: AK Press 2005, S. 133-148.

Professor Chomsky, vielleicht sollten wir zu Beginn versuchen zu bestimmen, was mit Anarchismus nicht gemeint ist – im Grunde kommt das Wort »Anarchismus« aus dem Griechischen und bedeutet wörtlich »keine Obrigkeit«. Nun meinen Menschen, die von Anarchie und Anarchismus als System der politischen Philosophie sprechen, damit nicht, dass sozusagen ab dem 1. Januar nächsten Jahres die Obrigkeit, wie wir sie heute verstehen, plötzlich enden wird; es gäbe keine Polizei, keine Straßenverkehrsordnung, keine Gesetze, keine Steuereintreiber, kein Postamt und so weiter. Vermutlich ist die Bedeutung von »Anarchismus« etwas komplexer.

Nun, »Ja« zu einigen dieser Fragen, »Nein« zu anderen. Sie könnten durchaus »keine Polizisten« meinen, aber ich glaube nicht, dass sie »keine Verkehrsregeln« meinen würden. Eigentlich sollte ich zunächst sagen, dass der Begriff »Anarchismus« dazu dient, eine ziemliche Bandbreite von politischen Vorstellungen zu erfassen, aber ich verstehe unter ihm bevorzugt die libertäre Linke, und aus dieser Sichtweise kann man Anarchismus als eine Art freiheitlichen Sozialismus begreifen, das heißt als libertären Sozialismus oder Anarchosyndikalismus oder kommunistischen Anarchismus in der Tradition etwa von Bakunin und Kropotkin und anderen. Ihnen schwebte eine hochentwickelte Gesellschaftsform vor, aber eine Gesellschaft, die auf der Grundlage organischer Einheiten, organischer Gemeinschaften aufgebaut war. Und darunter verstanden sie im Allgemeinen die Arbeitsstätte und das Wohnviertel, und ausgehend von diesen beiden Grundeinheiten sollte sich durch föderale Verbindungen eine hochvernetzte soziale Organisationsform von nationalem oder sogar internationalem Umfang entwickeln können. Und Entscheidungen sollten über viele Bereiche hinweg getroffen werden können, aber durch Delegierte, die immer Teil der organischen Gemeinschaft sind, aus der sie kommen, in die sie zurückkehren und in der sie tatsächlich leben.

Das heißt also weniger eine Gesellschaft, in der es buchstäblich keine Führung gibt, als eine Gesellschaft, in der Herrschaft hauptsächlich sozusagen von unten und nicht von oben ausgeübt wird. Während die repräsentative Demokratie, wie wir sie in den Vereinigten Staaten und in Großbritannien haben, als Herrschaft von oben nach unten zu betrachten wäre, selbst wenn letztlich die Wähler entscheiden.

Die repräsentative Demokratie wie etwa in den Vereinigten Staaten oder Großbritannien würde ein Anarchist dieser Schule aus zwei Gründen kritisieren. Erstens, weil es ein Gewaltmonopol auf Seiten des Staates gibt, und zweitens – und dies ist entscheidend –, weil die repräsentative Demokratie auf den politischen Bereich beschränkt ist und in keiner ernstzunehmenden Weise Eingang in den Bereich der Wirtschaft findet. Anarchisten dieser Tradition waren immer der Ansicht, dass die demokratische Kontrolle des eigenen Arbeitslebens im Mittelpunkt jeder ernsthaften Befreiung des Menschen oder, was das angeht, jeder sinnvollen demokratischen Praxis steht. Das heißt, solange die Individuen gezwungen sind, sich auf dem Markt an diejenigen zu verkaufen, die dazu bereit sind, sie anzustellen, solange ihnen in der Produktion nur die Rolle von Hilfswerkzeugen zukommt, solange gibt es offenkundige Elemente von Zwang und Unterdrückung, die die Rede von der Demokratie sehr eingeschränkt, wenn nicht bedeutungslos erscheinen lässt.

Hat es aus historischer Sicht irgendwelche dauerhaften Beispiele größeren Umfangs für Gesellschaften gegeben, die dem anarchistischen Ideal nahegekommen sind?

Es gibt kleine Gesellschaften, klein an der Zahl, denen das ganz gut gelungen ist, und es gibt ein paar Beispiele von großen libertären Revolutionen, die in ihrer Substanz weitgehend anarchistisch waren. Was erstere betrifft, kleine, über einen langen Zeitraum überdauernde Gesellschaften, denke ich persönlich, das eindringlichste Beispiel sind vielleicht die israelischen Kibbuzim, die für einen langen Zeitraum wirklich auf anarchistische Prinzipien gegründet waren: das heißt Selbstverwaltung, direkte Kontrolle durch die Arbeiter, Integration von Landwirtschaft, produzierendem Gewerbe und Dienstleistungen, individuelle Mitwirkung an der Selbstverwaltung. Und sie waren außerordentlich erfolgreich nach beinahe jedem Maßstab, den man anlegen kann, würde ich meinen.

Aber vermutlich waren sie, und sind dies noch, innerhalb des Ordnungsrahmens eines traditionellen Staates angesiedelt, der eine gewisse grundständige Stabilität garantiert.

Nun, das waren sie nicht immer. Eigentlich ist ihre Geschichte ganz interessant. Seit 1948 leben sie innerhalb des Ordnungsrahmens des traditionellen Staates. Vorher lebten sie innerhalb des Ordnungsrahmens der kolonialen Enklave und es gab tatsächlich eine untergründige, großenteils kooperative Gesellschaft, die kein richtiger Bestandteil des britischen Mandats war, sondern außerhalb dieses Systems funktionierte. Bis zu einem gewissen Grade hat sie die Staatsgründung überdauert und meiner Ansicht nach einen Gutteil ihres libertär-sozialistischen Charakters verloren infolge dieser und anderer Entwicklungen, die zu den historischen Besonderheiten jener Region gehören und auf die wir nicht einzugehen brauchen.

Als funktionierende libertär-sozialistische Institutionen halte ich sie jedoch für ein interessantes Modell, das im Unterschied zu anderen Beispielen aus der Vergangenheit für fortgeschrittene Industriegesellschaften auf seine Weise hochbedeutsam ist. Ein gutes Beispiel einer wirklich großangelegten anarchistischen Revolution – meines Wissens sogar das beste Beispiel – ist die spanische Revolution von 1936, bei der es in den meisten Teilen des republikanischen Spanien eine ziemlich beeindruckende anarchistische Revolution gegeben hat, die Industrie und Landwirtschaft in wichtigen Regionen gleichermaßen miteinschloss und sich in einer Art und Weise entwickelte, die von außen spontan erschien. Aber wenn man sich tatsächlich deren Ursprünge ansieht, stellt man fest, dass sie auf gut drei Generationen von Experimenten und Gedanken und Arbeiten beruhte, die anarchistische Ideen an sehr große Bevölkerungsanteile in dieser überwiegend vorindustriellen – wenn auch nicht gänzlich vorindustriellen – Gesellschaft weitergab. Und dies wiederum war sowohl nach menschlichem als auch tatsächlich jedwedem ökonomischen Ermessen recht erfolgreich. Das heißt die Produktion wurde effektiv fortgesetzt; Land- und Fabrikarbeiter zeigten sich recht gut in der Lage, ihre tägliche Arbeit ohne Zwang von oben zu regeln, anders als viele Sozialisten, Kommunisten, Liberale und andere glauben wollten, und es lässt sich wahrhaftig nicht sagen, wie es weitergegangen wäre. Diese anarchistische Revolution wurde einfach gewaltsam niedergeschlagen, aber in der Zeitspanne, in der sie lebendig war, war sie meiner Meinung nach ein hocherfolgreiches und, wie ich schon sagte, ein sehr beeindruckendes Zeugnis für die Fähigkeit armer Menschen aus der Arbeiterschaft, ihren eigenen Arbeitsalltag äußerst erfolgreich ohne Zwang und Kontrolle zu organisieren und zu bewältigen. Die Bedeutung der Erfahrungen in Spanien für eine fortgeschrittene Industriegesellschaft müsste man im Einzelnen untersuchen.

Die Grundidee des Anarchismus ist eindeutig der Vorrang des Individuums – nicht notwendigerweise in der Vereinzelung, sondern im Verbund mit anderen Individuen – und die Verwirklichung seiner Freiheit. In gewisser Weise ist dies den Gründungsgedanken der Vereinigten Staaten von Amerika außerordentlich ähnlich. Was hat es mit der amerikanischen Tradition auf sich, dass Freiheit im Sinne jener Überlieferung zu einem verdächtigen und sogar schmutzigen Begriff im Bewusstsein von Anarchisten und libertären Sozialisten wie Ihnen wurde?

Lassen Sie mich kurz klarstellen, dass ich selbst mich eigentlich nicht als anarchistischen Denker sehe. Sagen wir, ich bin ein epigonaler Trittbrettfahrer. Anarchistische Denker haben sich immer sehr, sehr positiv auf die amerikanische Tradition und das Ideal der Demokratie im Sinne Jeffersons bezogen. Wissen Sie, Jeffersons Auffassung, dass die beste Regierung diejenige Regierung ist, die am wenigsten regiert, oder Thoreaus Ergänzung, dass die beste Regierung diejenige ist, die überhaupt nicht regiert, wurde von anarchistischen Denkern bis in unsere Tage oft zitiert.

Jedoch entstand das Ideal der Demokratie im Sinne Jeffersons, abgesehen von der Tatsache, dass es sich um eine Sklavenhaltergesellschaft handelte, in einem im Wesentlichen vorkapitalistischen System, das heißt einer Gesellschaft, in der es keine Monopolherrschaft, keine bedeutsame Machtkonzentration in privaten Händen gab. In der Tat ist es erstaunlich, heute einige Texte des klassischen Liberalismus wiederzulesen. Wenn man etwa Wilhelm von Humboldts *Kritik des Staates* von 1792 liest, einen wichtigen Text des klassischen Liberalismus und sicherlich eine Inspirationsquelle für Mill, stellt man fest, dass Humboldt überhaupt nicht von der Notwendigkeit spricht, sich gegen Machtkonzentration in privaten Händen zu wehren: stattdessen spricht er von der Notwendigkeit, sich gegen das Vordringen staatlicher Zwangsherrschaft zu wehren. Und das beobachtet man auch in der frühen amerikanischen Tradition. Aber der Grund ist, dass es nur diese eine Art von Herrschaft gab. Ich meine, Humboldt sieht es als gegeben an, dass die Individuen hinsichtlich ihrer privaten Machtfülle ungefähr gleich sind, und dass das einzige wirkliche Ungleichgewicht der Machtverhältnisse in der autoritären staatlichen Zentralgewalt begründet liegt, und individuelle Freiheit gegen deren Eingriffe – des Staates oder der Kirche – aufrechterhalten werden muss. Genau dagegen muss man nach Humboldts Empfinden Widerstand leisten.

Wenn er nun zum Beispiel von der Notwendigkeit der Kontrolle über das eigene kreative Dasein spricht, wenn er die Entfremdung anprangert, die durch Zwang oder auch nur Unterweisung oder Anleitung bei der Arbeit, im Gegensatz zu selbstbestimmter Arbeit, entsteht, vermittelt er eine anti-etatistische oder anti-theokratische Ideologie. Aber dieselben Prinzipien sind sehr gut auf die kapitalistische Industriegesellschaft anwendbar, die sich später herausbildete. Und ich möchte annehmen, dass Humboldt, wäre er konsequent gewesen, letztendlich zum libertären Sozialisten geworden wäre.

Legen diese Beispiele nicht nahe, dass libertären Ideen hinsichtlich ihrer Anwendbarkeit etwas Vorindustrielles innewohnt – dass sie notwendigerweise eine eher ländliche Gesellschaft voraussetzen, in der Technologie und Produktion recht primitiv sind und in der die Wirtschaft tendenziell in kleinem Maßstab und regional begrenzt organisiert ist?

Nun, lassen Sie mich das in zwei Fragen aufteilen: erstens, wie Anarchisten darüber gedacht haben, und zweitens, was meiner Meinung nach der Fall ist. Was die Anarchisten betrifft, gibt es zwei Reaktionen. Es hat eine anarchistische Tradition gegeben – und man könnte etwa an Kropotkin als einen ihrer Vertreter denken –, die viele der Charakteristika besaß, die Sie beschreiben. Auf der anderen Seite gibt es eine zweite anarchistische Tradition, die sich in Richtung Anarchosyndikalismus entwickelt, der anarchistische Konzepte einfach als die einer hochkomplexen fortgeschrittenen Industriegesellschaft angemessene Organisationsweise betrachtete. Und diese Tendenz innerhalb des Anarchismus steht in fließendem Übergang oder zumindest sehr enger Wechselbeziehung zu einer Spielart innerhalb des linken Flügels des Marxismus, wie man sie etwa bei den Rätekommunisten findet, die in der Tradition Rosa Luxemburgs groß wurden, und die später von marxistischen Theoretikern wie Anton Pannekoek vertreten wird, der eine eigene Theorie der Arbeiterräte in der Industrie entwickelte und als ein Wissenschaftler und Astronom selbst durchaus Teil der industriellen Welt ist.

Welche dieser zwei Ansichten ist nun richtig? Ich meine, gehören anarchistische Konzepte notwendigerweise dem vorindustriellen Stadium der menschlichen Gesellschaft an oder ist Anarchismus die einzig rationale Organisationsweise für eine hochentwickelte Industriegesellschaft? Nun, ich selbst glaube letzteres, das heißt ich denke, dass Industrialisierung und der technische Fortschritt auf breiter Basis die Möglichkeiten zur Selbstverwaltung erhöhen, die zu einem früheren Zeitpunkt einfach nicht existierten. Und in der Tat ist genau das die vernünftige Betriebsweise für eine fortgeschrittene und komplexe Industriegesellschaft, in der Arbeiter durchaus, das heißt im Hinblick auf die Führung und Leitung des Betriebs, die Herren über ihren eigenen unmittelbaren Berufsalltag werden, aber auch in einer Position sein können, in der sie weitreichende, substantielle Entscheidungen hinsichtlich der Struktur der Wirtschaft, hinsichtlich der gesellschaftlichen Einrichtungen, hinsichtlich der Planung in der Region und darüber hinaus treffen. Gegenwärtig verweigern ihnen die jeweiligen Organisationen die Kontrolle über die erforderlichen Informationen und die nötige Ausbildung, um diese Dinge zu verstehen. Eine ganze Menge könnte automatisiert werden. Ein Großteil der notwendigen Arbeit, die erforderlich ist, um das gesellschaftliche Leben auf einem angemessenen Niveau am Laufen zu halten, kann – zumindest prinzipiell – Maschinen übertragen werden, was bedeutet, dass Menschen die Freiheit haben können, kreative Tätigkeiten in einer Weise zu übernehmen, die in den frühen Phasen der industriellen Revolution objektiv nicht möglich gewesen sein mag.

Ich würde der Frage nach den wirtschaftlichen Gegebenheiten einer anarchistischen Gesellschaft gerne gleich weiter nachgehen, aber könnten Sie etwas detaillierter die politische Verfassung einer anarchistischen Gesellschaft, wie Sie Ihnen vorschwebt, unter heutigen Bedingungen umreißen? Gäbe es zum Beispiel politische Parteien? Welche Restformen des Staates würden erhalten bleiben?

Lassen Sie mich umreißen, worüber aus meiner Sicht ein vielleicht vorläufiger und, wie ich denke, im Wesentlichen stimmiger Konsens besteht. Beginnend mit den beiden Formen unmittelbarer Organisation und Herrschaft, nämlich Organisation und Herrschaft am Arbeitsplatz und in den Wohnvierteln, ließe sich ein Verbund von Arbeiterräten vorstellen und, auf einer höheren Ebene, Repräsentanzen über die Fabriken oder über Industriezweige oder über Handwerke hinweg, bis hin zu Generalversammlungen von Arbeiterräten, die von regionalem und nationalem und internationalem Charakter sein können. Und aus einer zweiten Perspektive ließe sich ein Regierungssystem entwerfen, das auf kommunalen Versammlungen beruht – wiederum regional verbunden, befasst mit regionalen Angelegenheiten, über Handwerke, Industrien, Gewerbe und so weiter hinweg, und wiederum auf nationaler Ebene und darüber hinaus durch föderale Zusammenschlüsse und so weiter.

Wie sich diese nun genau entwickeln und wie sie miteinander in Beziehung treten werden oder ob man beide Systeme braucht oder nur eines, nun, dies sind Dinge, über die anarchistische Theoretiker diskutiert haben und zu denen viele Vorschläge existieren, und ich traue mich nicht, hier einen Standpunkt zu beziehen. Dies sind Fragestellungen, die gelöst werden müssen.

Aber es gäbe beispielsweise keine nationalen Direktwahlen und landesweit organisierte politische Parteien. Denn wenn es sie gäbe, würde dies vermutlich eine Art von Zentralgewalt schaffen, die der Idee des Anarchismus zuwiderlaufen würde.

Nein, die Idee des Anarchismus ist, dass die Übertragung von Entscheidungsgewalt ziemlich gering ist und dass die Beteiligten auf jeder dieser Regierungsebenen für die organische Gemeinschaft, in der sie leben, direkt ansprechbar sind. Tatsächlich wäre es am besten, wenn dic Mitwirkung auf einer dieser Regierungsebenen befristet ist und selbst im Zeitraum, der dafür vorgesehen ist, nur partiell erfolgt; das heißt die Mitglieder eines Arbeiterrats, die für eine gewisse Zeit eigentlich nur die Funktion erfüllen, Entscheidungen zu fällen, für die andere Menschen keine Zeit haben, sollten auch weiterhin ihre Arbeit als Teil der Arbeitsstätte oder nachbarschaftlichen Gemeinschaft machen, zu der sie gehören.

Was politische Parteien betrifft, so würde sie eine anarchistische Gesellschaft meiner Einschätzung nach nicht gewaltsam am Entstehen hindern. Anarchismus beruhte vielmehr immer auf der Vorstellung, dass jede Art von Prokrustesbett, jedes System von Normen, das der sozialen Lebenswelt aufgezwungen wird, deren Energie und Lebendigkeit hemmen und unterschätzen wird und dass auf jener höheren Stufe der materiellen und geistigen Kultur jede Menge neuer Möglichkeiten von freiwilligen Zusammenschlüssen entstehen können. Aber ich denke, man kann mit Fug und Recht sagen, dass die anarchistische Neugestaltung der Gesellschaft gescheitert sein wird, insofern politische Parteien weiterhin für notwendig erachtet werden. Das heißt es sollten, würde ich sagen, in jedem Fall da, wo es direkte Mitbestimmung bei der wirtschaftlichen und sozialen Selbstverwaltung gibt, Unstimmigkeiten, Konflikte, unterschiedliche Interessen, Vorstellungen und Meinungen, die man begrüßen und kultivieren sollte, auf jeder dieser Ebenen zum Ausdruck gebracht werden. Ich sehe nicht recht, warum sie sich in zwei, drei oder n politische Parteien aufteilen sollten. Meiner Meinung entspricht diese Art der Aufteilung nicht der Komplexität der menschlichen Interessen und Lebensumstände. Parteien vertreten im Grunde Klasseninteressen, und Klassen sollten in einer solchen Gesellschaft beseitigt oder überwunden worden sein.

Eine letzte Frage zur politischen Organisation: Besteht bei dieser Art von hierarchischer Abstufung der Versammlungen und regierungsähnlicher Struktur ohne Direktwahlen nicht die Gefahr, dass sich das Zentralorgan oder das Organ, das sich in gewissem Sinne an der Spitze der Pyramide befindet, sehr weit von den Menschen an der Basis entfernt; und da es einige Vollmachten besitzen muss, wenn es beispielsweise mit internationalen Angelegenheiten befasst sein wird, und möglicherweise sogar die Befehlsgewalt über bewaffnete Streitkräfte und dergleichen haben muss, es weniger demokratisch kontrollierbar ist als die bestehende Regierungsform?

Es gehört zu den wichtigsten Eigenschaften einer libertären Gesellschaft, eine Entwicklung in die von Ihnen beschriebene Richtung zu verhindern. Eine solche Entwicklung ist denkbar, und Institutionen sollten so konzipiert sein, dass sie verhindert wird. Und ich denke, dass dies durchaus möglich ist. Ich persönlich bin ganz und gar nicht davon überzeugt, dass die Mitwirkung beim Regieren eine Vollzeitbeschäftigung ist. Dies mag in einer irrationalen Gesellschaft so sein, wo aufgrund des irrationalen Charakters der Institutionen alle möglichen Probleme entstehen. Aber im Falle einer richtig funktionierenden, fortgeschrittenen Industriegesellschaft, die nach libertären Richtlinien organisiert ist, wäre ich der Meinung, dass die Umsetzung von Entscheidungen, die durch repräsentative Organe getroffen wurden, eine Teilzeitbeschäftigung ist, die in der gesamten Gesellschaft nach dem Rotationsprinzip und darüber hinaus von Menschen übernommen werden sollte, die die ganze Zeit hindurch ihre eigene konkrete Tätigkeit weiter ausüben.

Es könnte sein, dass Regieren an sich eine Tätigkeit ist, die beispielsweise mit der Stahlproduktion vergleichbar ist. Wenn das zutrifft – und ich denke, hier handelt es sich um eine Frage, die nach empirischer Sachlage entschieden werden muss, man kann aus dem Kopf heraus entwerfen –, aber wenn dies zutrifft, dann scheint mir der Vorschlag nur natürlich, das Regierungshandeln nach industriellem Vorbild zu organisieren, einfach wie einen der Industriezweige mit ihren eigenen Arbeiterräten und ihrer eigenen Selbstverwaltung und ihrer eigenen Beteiligung an den größeren Versammlungen.

Man könnte sagen, dass sich das in den Arbeiterräten, die sich spontan hier und da entwickelt haben – zum Beispiel während des Ungarn-Aufstandes von 1956 – ziemlich genau so abgespielt hat. Es gab, soweit ich mich erinnere, einen Arbeiterrat von staatlichen Angestellten, die sich ganz einfach nach industriellen Prinzipien wie ein normaler Industriezweig organisierten. Das ist durchaus möglich und es sollte oder könnte eine Barriere gegen die Bildung einer entrückten diktatorischen Bürokratie von der Art sein, wie sie Anarchisten selbstverständlich fürchten.

Wenn man davon ausgeht, dass weiterhin die Notwendigkeit bestehen wird, sich selbst zu verteidigen, und zwar auf einem ziemlich fortgeschrittenen Niveau, dann kann ich aus Ihrer Darstellung nicht erkennen, wie man mit diesem repräsentativen Teilzeit-Rätesystem auf verschiedenen Ebenen von unten nach oben wirksame Kontrolle über eine so mächtige und notwendigerweise technisch hochentwickelte Organisation wie beispielsweise das Pentagon erlangt.

Nun, zuerst sollten wir uns etwas klarer über die Begrifflichkeit werden. Sie sprechen vom Pentagon, wie allgemein üblich, als einer Verteidigungseinrichtung. 1947, als der »National Defense Act« verabschiedet wurde, ließ das damalige Kriegsministerium – das für Krieg zuständige amerikanische Ministerium, das bis zu diesem Zeitpunkt unverblümt Kriegsministerium genannte wurde – seinen Namen in Verteidigungsministerium ändern. Ich war damals Student und hielt mich nicht für sonderlich klug, aber ich und alle anderen wussten, dass dies bedeutete, dass die Zeiten, in denen das amerikanische Militär in welchem Umfang auch immer mit der Landesverteidigung befasst gewesen war – und teilweise war es das tatsächlich –, nun vorbei waren: Dass es jetzt Verteidigungsministerium genannt wurde, bedeutete, dass es künftig ein Angriffsministerium sein würde, nichts anderes.

Nach dem Prinzip: Glaube nichts, bevor es offiziell dementiert wird.

Genau. Gewissermaßen nach der Prämisse, dass Orwell im Grunde das Wesen des modernen Staates erfasst hat. Und genau das ist der Fall. Ich meine, das Pentagon ist in keiner Weise eine Verteidigungseinrichtung. Es hat die Vereinigten Staaten niemals gegen irgendjemand verteidigt: Es hat nur dazu gedient, Angriffskriege zu führen, und ich glaube, dass die amerikanische Bevölkerung ohne ein Pentagon viel besser dran wäre. Sie braucht es sicher nicht zu Verteidigungszwecken. Seine Interventionen in internationalen Angelegenheiten waren niemals – na ja, »niemals« ist ein starkes Wort, wissen Sie, aber ich denke, es wird einem schwerfallen, ein Beispiel zu finden –, sicherlich war seine Haltung nicht dadurch charakterisiert, Freiheit und Selbstbestimmung zu unterstützen oder die Menschen zu verteidigen und so weiter. Das ist nicht die Funktion der riesigen militärischen Organisation, die durch das Verteidigungsministerium kontrolliert wird. Vielmehr hat sie hat zwei Aufgaben – beide völlig antisozial.

Die erste ist der Erhalt einer internationalen Ordnung, in der die sogenannten amerikanischen Interessen, worunter hauptsächlich wirtschaftliche Interessen zu verstehen sind, florieren können. Und zweitens hat es eine ökonomische Funktion. Ich meine, das Pentagon ist der wichtigste keynesianischen Mechanismus, den der Staat einsetzt, um zu erhalten, was man groteskerweise eine gesunde Wirtschaft nennt, indem er die Produktion fördert – die Produktion von unnützem Müll. Diese beiden Aufgaben dienen nun bestimmten Interessen, und zwar den herrschenden Interessen, den Interessen der herrschenden Klasse in der amerikanischen Gesellschaft. Aber ich glaube in keiner Weise, dass sie dem öffentlichen Interesse dienen, und ich denke, dass dieses System der Produktion von Abfall und Zerstörung in einer libertären Gesellschaft im Wesentlichen zerschlagen würde. Man sollte in diesen Dingen aber nicht zu leichtfertig sein. Wenn man sich, sagen wir, eine soziale Revolution in den Vereinigten Staaten vorstellt – wovon wir weit entfernt sind, möchte ich vermuten –, aber wenn sie stattfindet, ist es kaum denkbar, dass es irgendeinen ernstzunehmenden äußeren Feind gäbe, der diese soziale Revolution bedrohen könnte – lassen Sie uns davon ausgehen, dass wir nicht von Mexiko oder Kuba angegriffen würden. Eine amerikanische Revolution bräuchte sich nicht gegen Angriffe von außen zu verteidigen, denke ich. Wenn jedoch eine libertäre Sozialrevolution beispielsweise in Westeuropa stattfinden sollte, dann wäre die Verteidigungsfrage ein sehr ernstes Problem.

Ich wollte sagen, dass ein Verbot der Selbstverteidigung sicher nicht zum Kernbestand anarchistischer Ideen gehören kann, denn diejenigen anarchistischen Experimente, die es bisher gegeben hat, sind erwiesenermaßen tatsächlich von außen zerstört worden.

Ah, aber ich glaube, dass sich diese Fragen nicht allgemeingültig beantworten lassen, sie müssen je nach Einzelfall beantwortet werden, vor dem Hintergrund der spezifischen historischen und objektiven Bedingungen.

Ich hatte nur ein wenig Schwierigkeiten, Ihre Darstellung der geeigneten demokratischen Kontrolle dieser Art von Organisation nachzuvollziehen, da es mir etwas schwerfällt, sich vorzustellen, wie sich die Generäle in der von Ihnen befürworteten Weise selbst überwachen.

Daher möchte ich nachdrücklich die Komplexität dieser Frage betonen. Es hängt von dem Land und der Gesellschaft ab, über die man gerade spricht. In den Vereinigten Staaten ergibt sich ein bestimmtes Problem. Wenn es in Europa eine libertäre Sozialrevolution gäbe, dann wären die Schwierigkeiten, die Sie ansprechen, sehr gravierend, denn es bestünde ein ernsthaftes verteidigungspolitisches Problem. Das heißt, wenn in Westeuropa der libertäre Sozialismus bis zu einem gewissen Grad verwirklicht würde, bestünde meiner Einschätzung nach eine unmittelbare militärische Bedrohung sowohl von Seiten der Sowjetunion als auch von Seiten der Vereinigten Staaten. Und das Problem wäre, wie man dem entgegentritt. Diesem Problem sah sich die Revolution in Spanien gegenüber. Es gab ein direktes militärisches Eingreifen durch Faschisten, durch Kommunisten und im Verborgenen durch die liberalen Demokratien, und die Frage, wie man sich gegen einen Angriff dieser Größenordnung verteidigt, ist sehr ernst.

Ich denke jedoch, dass wir die Frage stellen müssen, ob stehende Zentralheere mit hochtechnologischen Abschreckungswaffen hier die effektivste Lösung sind. Ich glaube beispielsweise nicht, dass eine westeuropäische Zentralarmee allein zur Abschreckung eines russischen oder amerikanischen Angriffs ausreicht, der den libertären Sozialismus verhindern möchte – einen derartigen Angriff erwarte ich offen gestanden auf irgendeiner Ebene: vielleicht nicht militärisch, zumindest aber ökonomisch.

Aber anderseits würden auch Bauern mit Mistgabeln und Spaten nicht…

Wir reden nicht von Bauern; wir reden von einer hochentwickelten, hochgradig urbanen Industriegesellschaft. Und deren beste Verteidigungsstrategie scheint mir ihre politische Attraktivität für die Arbeiterklasse in den Ländern zu sein, die Ziel des Angriffs sind. Aber noch einmal: Ich möchte nicht leichtfertig urteilen; sie könnte Panzer benötigen, sie könnte Armeen benötigen. Und sollte dies der Fall sein, können wir, denke ich, ziemlich sicher sein, dass dies zum möglichen Scheitern oder zumindest der Verringerung der revolutionären Kräfte beitragen würde – aus exakt den Gründen, die Sie erwähnten. Das heißt, aus meiner Sicht ist es äußerst schwer vorstellbar, wie eine Zentralarmee, die Panzer, Flugzeuge, Massenvernichtungswaffen und so weiter einsetzt, effektiv funktionieren könnte. Wenn es solcher Dinge bedarf, um die revolutionären Strukturen zu erhalten, dann sind sie möglicherweise nicht erhaltenswert, denke ich.

Wenn der hauptsächliche Schutz in der politischen Attraktivität oder der Attraktivität der politischen und ökonomischen Ordnung besteht, sehen wir uns diese vielleicht ein wenig genauer an. Sie haben in einem Ihrer Essays geschrieben: »In einer leidlich vernünftig organisierten Gesellschaft hätte jedermann die Möglichkeit zu interessanter Arbeit, und jedem würde der größtmögliche Spielraum für seine Talente gewährt«. Und Sie fragten dann weiter: »Würde man noch mehr verlangen, insbesondere etwa äußere Belohnung in Form von Reichtum und Macht? Wohl nur dann, wenn wir annehmen, daß die Entfaltung der Talente eines Menschen in interessanter und gesellschaftlich nützlicher Arbeit nicht ihren Lohn in sich selbst findet.« Ich denke, dass diese Argumentation sicherlich zu den Dingen gehört, die viele Menschen ansprechen. Aber meiner Meinung nach ist damit noch nicht die Frage geklärt, warum sich die Art von Arbeit, die Menschen interessant und attraktiv und erfüllend finden, im Entferntesten mit derjenigen decken sollte, die wirklich getan werden muss, wenn wir auch nur annähernd den Lebensstandard erhalten wollen, den die Menschen erwarten und an den sie gewöhnt sind.

Nun, es gibt eine bestimmte Menge an Arbeiten, die einfach getan werden müssen, wenn wir diesen Lebensstandard erhalten wollen. Wie beschwerlich diese Arbeit zu sein hat, ist eine offene Frage. Lassen Sie mich daran erinnern, dass sich Wissenschaft und Technik und Verstand noch nicht der Untersuchung dieser Frage oder der Beseitigung des beschwerlichen und selbstzerstörerischen Charakters der gesellschaftlich notwendigen Arbeit gewidmet haben. Denn bisher wurde immer davon ausgegangen, dass es eine große Masse an Lohnsklaven gibt, die sie schlicht deswegen macht, weil sie andernfalls verhungern würden. Aber wenn sich die menschliche Intelligenz einmal der Frage zuwendet, wie man die gesellschaftlich notwendige Arbeit an sich sinnstiftend gestalten kann, wissen wir nicht, wie die Antwort ausfallen wird. Meine Vermutung ist, dass ein Gutteil davon durchaus erträglich gestaltet werden kann. Selbst im Falle von schwerer körperlicher Arbeit ist es ein Fehler anzunehmen, dass diese notwendigerweise lästig sein muss. Viele Menschen – mich selbst eingeschlossen – erledigen sie zur Erholung. Erst vor kurzem habe ich es mir beispielsweise in den Kopf gesetzt, für den staatlichen Umweltausschuss von Massachusetts 34 Bäume in einer Wiese hinter dem Haus zu pflanzen, was bedeutete, dass ich 34 Erdlöcher ausheben musste. Wissen Sie, für mich und gemessen an dem, was ich die meiste Zeit tue, ist das ziemlich harte Arbeit, aber ich muss gestehen, dass sie mir Spaß gemacht hat. Sie hätte mir keinen Spaß gemacht, wenn man mir Arbeitsnormen vorgegeben hätte, wenn ich einen Vorarbeiter gehabt hätte und wenn man mich angewiesen hätte, sie zu einem bestimmten Zeitpunkt zu machen und so weiter. Wenn es sich dagegen um eine Tätigkeit handelt, die man nur aus Interesse übernimmt, kein Problem, das lässt sich machen. Und das ganz ohne Technologie, ohne irgendeinen Gedanken, den man auf die Planung der Arbeit verwenden müsste, und so weiter.

Ich möchte Ihnen entgegenhalten, dass die Gefahr bestehen könnte, dass diese Sicht der Dinge eine recht romantische Illusion ist, die nur von einer kleinen Elite von Menschen gehegt wird, die – wie Professoren, vielleicht auch Journalisten und so weiter – zufällig in der äußerst privilegierten Position sind, dafür bezahlt zu werden, was sie ohnehin gerne tun.

Aus diesem Grund habe ich mit einem großen »Aber« begonnen. Ich sagte, dass wir zuerst fragen müssen, inwieweit die gesellschaftlich notwendige Arbeit – also diejenige Arbeit, die zum Erhalt des von uns gewünschten Lebensstandards erforderlich ist – beschwerlich und lästig sein muss. Ich denke, die Antwort lautet: viel weniger als sie es heute ist; aber nehmen wir an, sie bleibt bis zu einem gewissen Grad lästig. Nun, in diesem Fall ist die Antwort ganz einfach: Diese Arbeit muss zu gleichen Teilen unter denjenigen Menschen aufgeteilt werden, die sie zu leisten imstande sind.

Und jeder verbringt eine bestimmte Anzahl von Monaten pro Jahr in der Automobilherstellung am Fließband und eine bestimmte Anzahl von Monaten bei der Müllabfuhr und…

Wenn sich herausstellt, dass dies wirklich Arbeiten sind, bei denen die Menschen keine Erfüllung finden. Ich glaube das übrigens nicht recht. Wenn ich Menschen arbeiten sehe, Handwerker, etwa Automechaniker zum Beispiel, begegnet man meines Erachtens häufig jeder Menge Stolz auf die Arbeit. Ich denke, dass diese Art von Stolz auf gut gemachte Arbeit, auf gut gemachte Arbeit, die kompliziert ist, weil man Überlegung und Intelligenz benötigt, um sie zu machen, besonders wenn man auch in die Leitung des Unternehmens eingebunden ist, in die Entscheidung, wie die Arbeit organisiert werden soll, wozu sie dient, welchen Zweck die Arbeit hat, was mit ihren Erzeugnissen geschehen wird und so weiter – ich denke, all das kann eine befriedigende und erfüllende Tätigkeit sein, die in der Tat bestimmte Fertigkeiten verlangt, Fertigkeiten, die Menschen gerne ausüben. Aber das sind jetzt theoretische Überlegungen meinerseits. Angenommen, es stellt sich heraus, dass es einen Rest an Arbeiten gibt, die wirklich niemand machen will, was auch immer dies sein mag – gut, dann würde ich sagen, dass der Rest an Arbeiten gleich verteilt werden muss, und jenseits dessen werden die Menschen die Freiheit haben, ihren Begabungen gemäß tätig zu sein, wie es ihnen passt.

Ich möchte Ihnen, Herr Professor, folgendes entgegenhalten: Wenn dieser Rest sehr groß wäre, und einige Menschen würden dies sicher so sehen, wenn er diejenige Arbeit ausmachte, die für die Herstellung von neunzig Prozent der von uns allen benötigten Konsumgüter aufgewendet wird – dann würde diese Organisationsform der Arbeitsteilung auf der Grundlage, dass jeder einen kleinen Teil all der unangenehmen Tätigkeiten übernimmt, extrem ineffizient. Denn schließlich muss man selbst für die Ausübung der unangenehmen Tätigkeiten ausgebildet und ausgerüstet werden, und die Effizienz der gesamten Volkswirtschaft würde leiden und in der Folge würde sich der von ihr getragene Lebensstandard vermindern.

Naja, zum einen ist dies wirklich recht hypothetisch, denn ich glaube nicht, dass die Zahlenverhältnisse auch nur annähernd so sind. Meine Einschätzung, wie gesagt, ist: Wenn sich die menschliche Intelligenz der Frage widmete, wie Technologie entwickelt werden kann, die sich den Bedürfnissen der menschlichen Produzenten anpasst, anstatt umgekehrt – das heißt, momentan stellen wir uns die Frage, wie der Mensch mit seinen spezifischen Eigenschaften in ein technologisches System eingepasst werden kann, das für andere Zwecke entwickelt wurde, nämlich die Produktion um des Profits willen –, wenn man dies täte, dann, so mein Gefühl, fände man heraus, dass die richtig ungeliebten Arbeiten weitaus geringer sind als von Ihnen angedeutet.

Aber unabhängig davon sollte man zur Kenntnis nehmen, dass wir zwei Möglichkeiten haben. Die eine Möglichkeit ist, sie gleich verteilen zu lassen, die andere ist, die gesellschaftlichen Einrichtungen so zu gestalten, dass manche Personengruppen unter Androhung des Hungertodes schlicht gezwungen werden, diese Arbeiten zu machen. Dies sind die zwei Alternativen.

Nicht durch Zwang, aber sie könnten sich bereit erklären, sie freiwillig zu tun, weil sie einen Betrag bezahlt bekämen, der ihnen die Arbeit erstrebenswert erscheinen lässt.

Naja, aber sehen Sie, ich gehe davon aus, dass jeder im Wesentlichen den gleichen Lohn erhält. Vergessen Sie nicht, dass wir jetzt nicht von einer Gesellschaft sprechen, in der die Menschen, die die beschwerliche Arbeit machen, erheblich höher bezahlt werden als die Menschen, die die Arbeit machen, die sie sich ausgesucht haben – ganz im Gegenteil. Unsere Gesellschaft, wie jede andere Klassengesellschaft, funktioniert so, dass die Menschen, die die ungeliebten Arbeiten machen, diejenigen sind, die am wenigsten bezahlt bekommen. Diese Arbeiten werden erledigt und wir verdrängen sie mehr oder weniger aus unserem Bewusstsein, weil davon ausgegangen wird, dass eine große Klasse von Menschen existiert, die nur über einen Produktionsfaktor verfügen, nämlich ihre Arbeitskraft, und sie verkaufen müssen und diese Arbeiten zu machen haben, weil ihnen nichts anderes übrigbleibt, und sie sehr wenig dafür bezahlt bekommen. Aber ich akzeptiere Ihren Einwand. Stellen wir uns drei Gesellschaftsformen vor: eine, die derzeitige, in der die unbeliebte Arbeit an Lohnsklaven delegiert wird. Stellen wir uns ein zweites System vor, in dem die unbeliebte Arbeit, nachdem die größtmöglichen Anstrengungen unternommen wurden, sie erfüllend zu gestalten, aufgeteilt wird; und stellen wir uns ein drittes System vor, wo die unbeliebte Arbeit mit hohen Zulagen belohnt wird, so dass sich die Individuen freiwillig dafür entscheiden, sie zu machen. Nun, mir scheint, dass die beiden letzteren Systeme – grob gesprochen – mit anarchistischen Prinzipien vereinbar ist. Ich selbst würde eher für das zweite als das dritte plädieren, aber alle beide sind weit entfernt von jeder gegenwärtigen Gesellschaftsordnung oder jeglichen Tendenzen innerhalb der zeitgenössischen Gesellschaftsordnung.

Lassen Sie mich meine Entgegnung anders formulieren. Mir scheint, dass, wie auch immer man dies zu bemänteln sucht, eine grundsätzliche Entscheidung zu treffen ist: ob man Arbeit so organisiert, dass sie den Menschen, die sie machen, Befriedigung gibt, oder ob man sie auf den Wert gründet, den das, was produziert wird, für die Menschen hat, die das Produzierte benutzen oder konsumieren werden. Und dass eine Gesellschaft, die darauf ausgerichtet ist, jedem die größtmögliche Gelegenheit zu bieten, seinen Hobbys nachzugehen, was im Wesentlichen der Vorstellung von der Arbeit um ihrer selbst willen gleichkommt, folgerichtig auf ein Kloster hinausläuft, wo diejenige Arbeit, die gemacht wird, nämlich Beten, Arbeit zur inneren Bereicherung des Arbeitenden ist und wo nichts hergestellt wird, das für irgendjemand irgendeinen Nutzen besitzt, und man lebt entweder auf einem geringen Lebensstandard oder man verhungert sogar.

Nun ja, hier werden einige Tatsachenbehauptungen angestellt, und ich stimme mit Ihnen hinsichtlich dieser Tatsachenbehauptungen nicht überein. Meinem Empfinden nach wird ein Teil des Sinns von Arbeit dadurch gestiftet, dass sie wirklich einen Nutzen hat, dass ihre Produkte wirklich einen Nutzen haben. Die Arbeit des Handwerkers ist sinnstiftend für diesen Handwerker teils aufgrund der Intelligenz und Geschicklichkeit, die er darauf verwendet, teils aber auch, weil die Arbeit nützlich ist, und man könnte sagen, dasselbe gilt für Wissenschaftler. Ich meine, die Tatsache, dass diejenige Arbeit, die man macht, zu etwas Neuem führen kann – das ist die Bedeutung wissenschaftlicher Arbeit, wie Sie wissen –, zu etwas Neuem beitragen kann, das ist von erheblicher Wichtigkeit, ganz abgesehen von der Eleganz und Schönheit dessen, was man zustandezubringen vermag. Und ich denke, das betrifft jedes Gebiet menschlicher Bestrebungen. Wenn wir einen Gutteil der Menschheitsgeschichte betrachten, werden wir meiner Meinung nach darüber hinaus feststellen, dass Menschen in erheblichem Umfang ein gewisses Maß an Befriedigung – häufig sehr viel Befriedigung – aus der produktiven und schöpferischen Arbeit erlangt haben, die sie gemacht haben. Und ich denke, dass die Möglichkeiten hierfür durch die Industrialisierung enorm verbessert wurden. Warum? Eben weil der größte Teil der sinnlosesten Plackerei von Maschinen übernommen werden kann, was bedeutet, dass sich der menschliche Spielraum für wirklich schöpferische Arbeit erheblich erweitert hat.

Nun bezeichnen Sie aus freien Stücken übernommene Arbeit als Hobby. Aber ich glaube das nicht. Ich denke, aus freien Stücken übernommene Arbeit kann nützlich sein, sinnvolle, gut gemachte Arbeit. Außerdem werfen Sie ein Problem auf, das viele Menschen aufwerfen, das Dilemma zwischen dem Bedürfnis nach befriedigender Arbeit und einem Bedürfnis, Dinge von Wert für die Gemeinschaft zu schaffen. Aber es versteht sich keineswegs von selbst, dass hier irgendein Dilemma, irgendein Widerspruch existiert. So ist es beileibe nicht klar – ich glaube vielmehr, dass dem nicht so ist –, dass sich die Erhöhung des Vergnügens und der Befriedigung in der Arbeit indirekt proportional zum Wert der Produktion verhält.

Nicht indirekt proportional, aber es könnte kein Zusammenhang bestehen. Ich meine, nehmen Sie eine sehr einfache Sache wie das Verkaufen von Eis am Strand an einem Feiertag. Es ist ein Dienst an der Gesellschaft; zweifellos wollen die Menschen Eis, ihnen ist heiß. Andererseits ist schwer zu erkennen, inwiefern in der Erfüllung dieser Aufgabe entweder das Glück eines Handwerkers oder ein großartiges Gefühl von gesellschaftlicher Tugend oder Adel liegt. Warum würde irgendjemand diese Aufgabe erfüllen, wenn er nicht dafür belohnt wird?

Ich muss gestehen, ich habe schon einige sehr fröhlich dreinschauende Eisverkäufer gesehen…

Sicher, sie verdienen viel Geld.

…denen vielleicht zufälligerweise der Gedanke gefällt, dass sie Kindern zu einem Eis verhelfen, was mir verglichen mit Tausenden anderer Berufe, die mir in den Sinn kommen, eine absolut sinnvolle Art und Weise zu sein scheint, seine Zeit zu verbringen.

Bedenken Sie, dass ein Mensch nun einmal einen Beruf hat, und mir scheint, dass die meisten der existierenden Berufe – besonders diejenigen, die sogenannte Dienstleistungen beinhalten – eine intrinsische Befriedigung und mit ihnen einhergehende Belohnungen besitzen, die im Umgang mit den beteiligten Personen bestehen. Das gilt für Lehrtätigkeiten, und es gilt für das Verkaufen von Eis. Ich stimme Ihnen zu, dass Eisverkaufen nicht das Engagement oder die

Intelligenz einer Lehrtätigkeit erfordert und vielleicht wird es aus diesem Grund zu den weniger begehrten Beschäftigungen gehören. Aber wenn dem so ist, wird es gemeinschaftlich verteilt werden müssen.

Ich will damit sagen, dass sich unsere spezifische Annahme, dass Spaß an der Arbeit, Stolz auf die Arbeit entweder in keiner oder in umgekehrter Beziehung zum Wert des Produkts stehen, auf eine bestimmte Phase der Gesellschaftsgeschichte bezieht, nämlich den Kapitalismus, in dem die Menschen Werkzeuge im Produktionsprozess sind. Sie ist keinesfalls zwangsläufig gültig. Wenn man sich beispielsweise die vielen Interviews mit Fließbandarbeitern ansieht, die beispielsweise von Arbeitspsychologen geführt wurden, wird man feststellen, dass eines der Dinge, über die sie sich immer wieder beklagen, der Tatbestand ist, dass ihre Arbeit einfach nicht sorgfältig verrichtet werden kann, der Tatbestand, dass das Fließband so schnell weiterläuft, dass sie ihre Arbeit nicht anständig machen können. Gerade neulich habe ich mir zufällig eine Studie über Langlebigkeit in irgendeiner gerontologischen Zeitschrift angesehen, die die Faktoren zu bestimmen versuchte, die zur Prognose von Langlebigkeit verwendet werden können – wissen Sie, Zigarettenrauchen und Trinken, genetische Faktoren –, alles wurde untersucht. Es stellte sich tatsächlich heraus, dass der höchste Prädiktor, der erfolgreichste Prädiktor die Zufriedenheit im Beruf war.

Menschen, die angenehme Berufe haben, leben länger.

Menschen, die mit ihren Berufen zufrieden sind. Und ich denke, das leuchtet sehr ein, denn dort verbringen sie bekanntlich ihr Leben, dort spielen sich ihre kreativen Aktivitäten ab. Was führt nun zu Zufriedenheit im Beruf? Naja, ich denke, viele Dinge tragen dazu bei, und das Bewusstsein, dass man etwas Nützliches für die Gemeinschaft tut, ist ein wichtiger Bestandteil. Viele Menschen, die mit ihrer Arbeit zufrieden sind, sind Menschen, die das Gefühl haben, dass das, was sie tun, eine wichtige Aufgabe ist. Sie mögen Lehrer sein, sie mögen Ärzte sein; sie mögen Wissenschaftler sein, sie mögen Handwerker sein, sie mögen Bauern sein. Ich meine, das Gefühl, dass das, was man macht, wichtig ist, der Mühe wert ist, einen Beitrag für diejenigen leistet, mit denen man soziale Beziehungen unterhält, ist meiner Ansicht nach ein sehr bedeutsamer Einflussfaktor auf die eigene persönliche Zufriedenheit.

Und zusätzlich ist da der Stolz und die Erfüllung, die aus einer gut gemachten Arbeit resultieren – daraus, einfach die eigenen Fertigkeiten zu nehmen und sie anzuwenden. Ich kann nun nicht erkennen, warum das in irgendeiner Form dem Wert dessen, was produziert wird, schaden sollte, vielmehr würde ich meinen, dass es ihn erhöht.

Aber stellen wir uns weiter vor, dass dies auf irgendeiner Ebene Schaden anrichtet. Nun gut, an diesem Punkt muss die Gesellschaft, die Gemeinschaft festlegen, wie man zu einem Kompromiss gelangt. Jedes Individuum ist schließlich gleichermaßen Produzent und Konsument und das heißt, dass sich jedes Individuum an diesen gemeinschaftlich beschlossenen Kompromissen beteiligen muss – falls Kompromisse wirklich nötig sind. Und noch einmal: Ich habe das Gefühl, dass dieser Kompromiss durch den Zerrspiegel des ausgesprochen autoritären und die Persönlichkeit zerstörenden Systems, in dem wir leben, übermäßig groß erscheint.

Nun gut, Sie sagen, die Gemeinschaft muss Richtlinien für Kompromisse entwerfen, und natürlich bietet dies die kommunistische Theorie mit ihrer gesamten Denkweise hinsichtlich staatlicher Planung, Investitionsentscheidungen, der Ausrichtung von Investitionen und so weiter. In einer anarchistischen Gesellschaft wird man wahrscheinlich nicht bereit sein, für einen so großen staatlichen Überbau zu sorgen, der für die Planung, die Investitionsentscheidungen und den Beschluss nötig wäre, ob man den Konsumbedürfnissen der Menschen oder ihren Wunschvorstellungen hinsichtlich der Arbeit Priorität einräumt.

Da bin ich anderer Meinung. Mir scheint, dass anarchistische, oder, was das betrifft, linksmarxistische Strukturen, die auf der Grundlage von Arbeiterräten und föderalen Zusammenschlüssen aufgebaut sind, genau das Arrangement von Entscheidungsebenen bieten, auf denen Entscheidungen über nationale Planung gefällt werden können. In ähnlicher Weise ist auch in staatssozialistischen Gesellschaften eine Entscheidungsebene vorgesehen – zum Beispiel der Staat –, auf der Pläne von nationaler Tragweite konzipiert werden können. In dieser Hinsicht besteht da kein Unterschied. Der Unterschied besteht in der Teilhabe an diesen Entscheidungen und der Kontrolle über diese Entscheidungen. Nach der Auffassung von Anarchisten und linken Marxisten – wie den Arbeiterräten oder den Rätekommunisten, die linke Marxisten waren – sollen diese Entscheidungen von einer gutunterrichteten Arbeiterklasse durch deren Versammlungen und deren direkte Repräsentanten getroffen werden, die unter ihnen leben und arbeiten. In den staatssozialistischen Systemen wird die nationale Planung durch eine staatliche Bürokratie gemacht, die bei sich selbst alle relevanten Informationen akkumuliert, die Entscheidungen trifft, sie der Öffentlichkeit unterbreitet und mitunter alle paar Jahre vor die Öffentlichkeit tritt und sagt: »Ihr könnt mich wählen oder Ihr könnt ihn wählen, aber wir sind alle Teil dieser entrückten Bürokratie«. Dies sind die beiden Pole, dies sind die diametralen Gegensätze innerhalb der sozialistischen Tradition.

Also spielen in Wirklichkeit der Staat und möglicherweise sogar die Verwaltungsangestellten, der Beamtenapparat eine äußerst erhebliche Rolle, aber es ist die Kontrolle darüber, die den Unterschied macht.

Nun ja, sehen Sie, ich glaube nicht recht, dass wir einen abgesonderten Beamtenapparat brauchen, um Regierungsentscheidungen auszuführen.

Man benötigt verschiedene Formen von Expertenwissen.

Oh ja, aber dann übernehmen am besten wir das Expertenwissen im Hinblick auf die Wirtschaftsplanung, denn sicherlich sollte es in jeder komplexen Industriegesellschaft eine Gruppe von Technikern geben, deren Aufgabe es ist, Pläne anzufertigen und die Folgen von Entscheidungen zu erläutern, den Menschen, die die Entscheidungen zu treffen haben, zu erklären, dass man wahrscheinlich jenes Ergebnis bekommen wird, wenn man jene Entscheidung fällt, weil das unser Optimierungsmodell zeigt und so weiter. Aber der springende Punkt ist, dass jene Planungseinheiten selbst industrieller Natur sind, und sie werden ihre Arbeiterräte besitzen und sie werden Teil des Rätesystems sein, und die Besonderheit besteht darin, dass diese Planungseinheiten keine Entscheidungen treffen. Sie fertigen Pläne auf genau dieselbe

Weise an wie Autohersteller Autos anfertigen. Die Pläne können dann von Arbeiterräten und Räteversammlungen auf dieselbe Weise genutzt werden wie Autos zum Fahren genutzt werden können. Nun ist hierzu natürlich eine gut informierte und gebildete Arbeiterklasse erforderlich. Aber genau das können wir in einer fortgeschrittenen Industriegesellschaft erreichen.

Inwieweit hängt der Erfolg des libertären Sozialismus oder Anarchismus wirklich von einer grundlegenden Veränderung der Natur des Menschen ab, sowohl hinsichtlich seines inneren Antriebs, seiner Selbstlosigkeit als auch seines Wissens und seiner Kultur?

Ich glaube, er hängt nicht nur davon ab, vielmehr ist es Sinn und Zweck des libertären Sozialismus, dass er dazu beiträgt. Er wird zu einer geistigen Transformation beitragen – genau diejenige Transformation der Art und Weise, wie die Menschen sich selbst und ihre Fähigkeit sehen, zu handeln, zu erschaffen, herzustellen, zu erforschen – genau jene geistige Transformation, auf die Gesellschaftstheoretiker angefangen von linksmarxistischen Traditionen, von Rosa Luxemburg etwa, bis hin zu Anarchosyndikalisten immer Wert gelegt haben. Also bedarf er einerseits dieser geistigen Transformation. Andererseits ist sein Ziel, Institutionen zu schaffen, die zu jener Transformation des Wesens der Arbeit, des Wesens kreativer Tätigkeit, schlicht der zwischenmenschlichen Beziehungen beitragen werden, und diese wechselseitige Beeinflussung bei der Gestaltung von Institutionen lässt neuartige Seiten der menschlichen Natur zur Entfaltung kommen. Und anschließend die Errichtung noch weiterer libertärer Institutionen, in denen diese befreiten Menschen mitwirken können: Das ist der Aufbau des Sozialismus, wie ich ihn verstehe.

Und abschließend, Professor Chomsky, wie schätzen Sie die Chancen ein, dass dementsprechende Gesellschaften in den großen westlichen Industrienationen etwa innerhalb des nächsten Vierteljahrhunderts entstehen werden?

Ich glaube nicht, dass ich schlau genug bin oder genügend Kenntnisse besitze, Vorhersagen zu machen, und ich denke, dass Vorhersagen, die solche Dinge betreffen, die noch nicht hinlänglich verstanden wurden, im Allgemeinen vermutlich eher die eigene Persönlichkeit statt Urteilsvermögen widerspiegeln. Aber meiner Ansicht nach können wir zumindest soviel sagen: Der industrielle Kapitalismus neigt offensichtlich zur Machtkonzentration innerhalb eng umgrenzter Wirtschaftsimperien und zunehmend totalitärer staatlicher Strukturen. Dies sind Entwicklungen, die sich seit langer Zeit abspielen, und ich kann nicht erkennen, dass sie irgendetwas wirklich aufhält. Ich denke, diese Entwicklungen werden weitergehen; sie sind ein Teil der Stagnation und des Niedergangs der kapitalistischen Institutionen.

Nun scheint mir, dass die Entwicklung hin zu staatlichem Totalitarismus und zu wirtschaftlicher Konzentration – sie sind natürlich miteinander verknüpft – beständig zu Empörung, zu individuellen und zu organisierten gesellschaftlichen Freiheitsbestrebungen führen wird. Und dies wird alle möglichen Formen annehmen. In ganz Europa wird in der ein oder anderen Form eine Forderung laut, die manchmal mit Arbeiterselbstverwaltung oder -mitbestimmung oder manchmal sogar mit Arbeiterkontrolle bezeichnet wird. Nun sind die meisten dieser Bestrebungen sehr gering. Ich denke, dass sie in die Irre führen, in Wirklichkeit sogar die Versuche zur Selbstbefreiung der Arbeiterklasse unterminieren können. Aber teilweise reagieren sie auf das starke Gefühl und die Einsicht, dass Zwang und Unterdrückung, ob durch privatwirtschaftliche Macht oder durch den Staatsapparat, keineswegs ein notwendiger Bestandteil des menschlichen Lebens sind. Und je länger jene Konzentrationen von Macht und Herrschaft andauern, desto häufiger werden wir gegen sie gerichtete Empörung und Bestrebungen sehen, sich zu organisieren und sie zu überwinden. Früher oder später werden sie Erfolg haben, hoffe ich.

2

Auszüge aus »Eine Anatomie der Macht«

Transkription von Gesprächen im Rahmen von Seminaren mit Aktivistengruppen oder im Anschluss an Vorträge, im vorliegenden Fall zwischen den Jahren 1989 und 1996. Erstveröffentlichung in Peter R. Mitchell und John Schoeffel (Hg.): *Understanding Power. The Indispensable Chomsky*. New York: The New Press 2002. Eine stark gekürzte, von Michael Haupt besorgte Übersetzung ins Deutsche erschien unter dem Titel *Eine Anatomie der Macht. Der Chomsky-Reader* (Hamburg, Wien: 2004).

Überwindung des Kapitalismus

Mann: *Im Bezug auf Ihre Äußerungen über die Abschaffung des oder den Ausstieg aus dem Kapitalismus frage ich mich, welches funktionsfähige System Sie an seine Stelle setzen würden?*

Ich?

Mann: *Oder was würden Sie anderen vorschlagen, die in der Lage sein könnten, es aufzubauen und zum Laufen zu bringen?*

Nun, meiner Ansicht nach ist das, was man vor Jahrhunderten für gewöhnlich »Lohnsklaverei« genannt hat, unerträglich. Ich meine, Menschen sollten meines Erachtens nicht gezwungen werden, sich zu verkaufen, um zu überleben. Ich denke, dass die wirtschaftlichen Institutionen demokratisch geführt werden sollten – von den jeweiligen Beteiligten und den Gemeinschaften, in denen sie leben. Und ich denke, dass es aufgrund verschiedener Formen der freien Assoziation und des Föderalismus möglich ist, sich eine Gesellschaft vorzustellen, die so funktioniert. Ich meine, ich glaube nicht, dass sich das im Detail darstellen lässt – niemand ist schlau genug, eine Gesellschaft zu entwerfen; man muss experimentieren. Aber die Grundsätze, nach denen eine solche Gesellschaft vernünftig aufgebaut werden kann, sind ziemlich offensichtlich.

Mann: *Die meisten Versuche zur Errichtung von Planwirtschaften verstoßen irgendwie gegen demokratische Ideale und erleiden an dieser Klippe Schiffbruch.*

Naja, das hängt davon ab, welche Planwirtschaften Sie meinen. Es gibt viele Planwirtschaften – die Vereinigten Staaten sind zum Beispiel eine Planwirtschaft. Ich meine, wir sprechen von uns als »freier Marktwirtschaft«, aber das ist Quatsch. Die einzigen Sektoren der US-Wirtschaft, die international wettbewerbsfähig sind, sind die staatlich geplanten und subventionierten Sektoren, wie die kapitalintensive Landwirtschaft (die eine staatliche Abnahmegarantie als Puffer besitzt, falls es Überschüsse gibt) oder die High-Tech-Industrie (die vom Pentagon-System abhängig ist) oder die Pharmazie (die massiv in Form öffentlich geförderter Forschung subventioniert wird). Dies sind die Sektoren der US-Wirtschaft, die gut funktionieren.

Und wenn man sich die ostasiatischen Länder ansieht, die große wirtschaftliche Erfolge sein sollen – die jeder einen Triumph marktliberaler Demokratie nennt, wissen Sie –, sie stehen nicht einmal im Entferntesten in Zusammenhang mit der marktliberalen Demokratie; in formaler Hinsicht sind sie faschistisch, sind sie staatlich verwaltete Volkswirtschaften, die in Zusammenarbeit mit großen Konglomeraten geführt werden. Das genau ist Faschismus, es ist nicht freie Marktwirtschaft.

Nun, diese Art von Planwirtschaft »funktioniert« in gewisser Hinsicht – sie produziert zumindest. Andere Formen der Planwirtschaft funktionieren nicht oder sie funktionieren anders: Die osteuropäischen Planwirtschaften der Sowjetzeit beispielsweise waren hochzentralisiert, übermäßig bürokratisiert und sie arbeiteten sehr ineffizient, auch wenn sie der Bevölkerung tatsächlich ein gewisses Mindestmaß an sozialer Sicherheit geboten haben. Aber all diese Systeme waren sehr antidemokratisch – zum Beispiel waren in der Sowjetunion so gut wie keine Bauern oder Arbeiter an irgendwelchen Entscheidungsprozessen beteiligt.

Mann: *Ein funktionierendes Modell eines Ideals ist wohl schwer zu finden.*

Ja, aber im 18. Jahrhundert wäre es schwierig gewesen, ein funktionierendes Modell einer politischen Demokratie zu finden – das war kein Beweis, dass es sie nicht geben könne. Zu Beginn des 19. Jahrhunderts gab es sie dann. Zu sagen »Das gibt es nicht« ist kein Argument, es sei denn, man hält die Menschheitsgeschichte für beendet. Geht man zweihundert Jahre zurück, war die Abschaffung der Sklaverei kaum vorstellbar.

Das Kibbuz-Experiment

Anderer Mann: *Wie lassen sich ohne Bürokratie Entscheidungen demokratisch treffen? Ich sehe nicht, wie eine große Masse von Menschen aktiv an all den Entscheidungen, die in einer komplexen modernen Gesellschaft getroffen werden müssen, mitwirken könnte.*

Nein, ich denke nicht, dass das geht – meiner Meinung nach muss man einige dieser Verantwortlichkeiten delegieren. Aber die Frage ist, wo letztlich die Entscheidungsgewalt liegt. Ich meine, seit den ersten Anfängen der modernen demokratischen Revolutionen im 17. und 18. Jahrhundert hat man erkannt, dass die Menschen durch Repräsentanten vertreten werden müssen – die Frage ist: Werden wir, wie sie es formulierten, von »Landsleuten wie uns selbst« vertreten oder werden wir von »den Bessergestellten« vertreten?

Nehmen wir zum Beispiel an, dies wäre unsere Gemeinde und wir wollten mit der Gemeinde am anderen Ende der Straße irgendeine Verabredung eingehen – wenn wir zahlenmäßig recht umfangreich wären, könnten wir das nicht *alle* tun und sie *alle* dazu bringen, teilzunehmen, wir müssten die Verhandlungsbefugnis an Stellvertreter delegieren. Aber die Frage ist: Wer hat letzten Endes das Recht, diese Entscheidungen zu ratifizieren? Nun, wenn es sich um eine Demokratie handelt, sollte dieses Recht nicht nur *formal*, sondern *tatsächlich* bei der Bevölkerung liegen – das bedeutet, die Repräsentanten können abberufen werden, sie sind ihrer Gemeinde gegenüber verantwortlich, sie können ersetzt werden. Eigentlich sollte es möglichst viel in der Art eines beständigen Austauschs geben, so dass Mitwirkung an der Politik schlichtweg zum Bestandteil im Leben eines jeden Menschen wird.

Aber ich stimme Ihnen zu, ich glaube nicht, dass es möglich ist, große Menschenmassen zusammenkommen zu lassen, um zu jedem Thema eine Entscheidung zu fällen – das wäre undurchführbar und sinnlos. Man sollte Komitees wählen, die sich mit den Dingen auseinandersetzen und Bericht erstatten und so weiter und so fort. Aber die entscheidende Frage ist, bei wem die Entscheidungsgewalt liegt.

Mann: *Es scheint, als ähnelte das Modell, das Ihnen vor Augen steht, dem der Kibbuzim.*

Ja, der Kibbuz kommt meiner Meinung nach einer uneingeschränkten Demokratie tatsächlich so nahe wie nur irgendetwas. Ich habe sogar eine Weile in einem gelebt und hatte genau aus diesem Grund vorgehabt, dort zu bleiben. Andererseits ist das Leben reich an Ironien aller Art und Tatsache ist – wie mir im Laufe der Jahre sogar mehr noch als damals bewusst wurde: Obwohl die Kibbuzim im Innern auf sehr authentische Weise demokratisch sind, besitzen sie eine Menge äußerst unschöner Eigenschaften.

Zum einen sind sie extrem rassistisch. Ich glaube nicht, dass es in irgendeinem Kibbuz in Israel auch nur einen einzigen Araber gibt, und wie sich zeigt, wurde eine große Zahl von ihnen abgewiesen. Wenn zum Beispiel ein jüdisches Mitglied eines Kibbuz und ein Araber ein Paar bilden, dann landen sie im Allgemeinen früher oder später in einem arabischen Dorf. Zum anderen stehen sie in einer höchst unerfreulichen Beziehung zum Staat – von der ich bis vor kurzem kaum etwas wusste, obwohl dies schon lange so ist.

Sehen Sie, die Kibbuzim sind teilweise deshalb wirtschaftlich so erfolgreich, weil sie eine beträchtliche Subvention von staatlicher Seite erhalten, und als Gegenleistung für diese staatliche Subvention stellen sie im Wesentlichen die gesamten Offizierskorps für die Eliteeinheiten des israelischen Militärs. Wenn man sich anschaut, wer in die Fliegerschulen und zu den Rangern geht und all solche Sachen, dann sind das die Kibbuz-Kinder – das ist der Tauschhandel: Die Regierung subventioniert sie, solange sie die Prätorianergarde stellen. Außerdem glaube ich, dass sie die Prätorianergarde letztendlich teilweise aufgrund ihrer Erziehung im Kibbuz stellen. Hier gibt es Dinge, über die sich Menschen, die wie ich an libertäre Ideen glauben, ernsthaft Gedanken machen müssen.

Sehen Sie, die libertäre Ordnung des Kibbuz hat etwas sehr Autoritäres an sich – ich konnte das selbst sehen, als ich in einem lebte. Die Gruppe übt einen enormen Konformitätsdruck aus. Ich meine, man wird nicht gewaltsam zur Anpassung *gezwungen*, aber der Druck innerhalb der Gruppe ist sehr stark. Die Funktionsweise dieser Dynamik ist mir nie ganz klar geworden, man konnte aber einfach sehen, wie er wirkte: Die Furcht vor Ausgrenzung ist sehr groß – Ausgrenzung nicht in dem Sinne, dass man den Speisesaal nicht mehr betreten darf oder dergleichen, sondern dass man an den Dingen einfach irgendwie nicht mehr teilhat. Es ist wie die Ausgrenzung in einer Familie: Wenn du ein Kind bist und die Familie grenzt dich aus – sie lassen dich zum Beispiel mit am Tisch sitzen, aber sie reden nicht mit dir –, das ist katastrophal, das kann man einfach nicht durchstehen. Und etwas in der Art überträgt sich auf diese Gemeinschaften.

Ich habe von niemand gehört, der das untersucht hat, aber wenn man die Kinder aufwachsen sieht, dann versteht man, *warum* sie sich den Rangern und den Fliegerschulen und den Kommandotruppen anschließen werden. Es gibt vom allerersten Augenblick an einen ungeheuren Macho-Zwang – man taugt einfach nichts, bevor man die Ausbildung des Marine Corps durchlaufen und ein richtig harter Hund werden kann. Und das beginnt ziemlich früh, und ich glaube, die Kinder durchlaufen richtige Traumata, wenn sie es nicht schaffen: Psychologisch ist das sehr schwierig.

Und die Folgen sind augenfällig. Beispielsweise gibt es eine Bewegung von Kriegsdienstverweigerern in Israel, Menschen, die nicht in den besetzten Gebieten Dienst tun wollen – aber in ihr gibt es keine Kibbuz-Kinder: Die Bewegung existiert dort einfach nicht. Kibbuz-Kinder stehen auch in dem Ruf, sogenannte »gute Soldaten« zu sein – was nicht heißt, dass sie nette Menschen sind, wissen Sie: Man tut, was man tun muss.

All diese Dinge sind verschiedene Erscheinungen desselben Phänomens, und in seiner Gesamtheit kommt es weitgehend ohne Gewalt und Autorität, sondern aufgrund einer konformistischen Dynamik zustande, die äußerst stark ist.

Der Kibbuz, in dem ich lebte, bestand zum Beispiel aus ziemlich gebildeten Leuten – es waren deutsche Flüchtlinge und viele von ihnen hatten einen Universitätsabschluss und so weiter –, aber wirklich jede Person in dem gesamten Kibbuz las dieselbe Zeitung. Und die Vorstellung, dass man eine andere Zeitung lesen könnte – nun, es war nicht so, dass das gesetzlich verboten war, man konnte das halt einfach nicht machen: Man ist Mitglied in *diesem* Zweig der Kibbuz-Bewegung, das ist die Zeitung, die man liest.

Mann: *Wie können wir dann einen Gesellschaftsvertrag begründen, der seinem Wesen nach kooperativ ist, aber gleichzeitig die Menschenwürde jedes Individuums anerkennt? Mir scheint, dass es da immer eine sehr große Spannung zwischen entgegengesetzten Kräften geben wird.*

Worin besteht diese gegensätzliche Spannung – zwischen was und was?

Mann: *Zwischen dem Wert des Kollektivs und dem Wert des Individuums.*

Ich sehe gar nicht ein, warum hier irgendein Widerspruch bestehen muss. Ein wesentlicher Aspekt des Menschseins scheint mir das Dasein als Teil einer funktionierenden Gemeinschaft zu sein – wenn wir also soziale Beziehungen schaffen können, in denen die Menschen Erfüllung finden, haben wir erreicht, dass kein Widerspruch existiert. Schauen Sie, man kann nicht exakt berechnen, welche Probleme in Gruppensituationen auftreten werden, es sei denn, man experimentiert mit ihnen – das ist wie in der Physik: Man kann nicht einfach dasitzen und darüber nachdenken, wie die Welt unter diesen oder jenen Bedingungen beschaffen sein könnte, man muss Experimente machen und herausfinden, wie die Dinge sich tatsächlich entwickeln. Und zu den Dingen, die man meiner Meinung nach aus dem Kibbuz-Experiment lernen kann, gehört, dass sich tatsächlich durchaus lebensfähige und erfolgreiche demokratische Strukturen aufbauen lassen – aber es noch Probleme gibt, die dabei auftreten. Und eines der Probleme, denen sich die Menschen einfach stellen müssen, ist Anpassung als Resultat von Gruppenzwang.

Ich denke, jeder kennt das aus der Familie. In einer Familie zusammenzuleben ist ein wichtiger Bestandteil des menschlichen Lebens, das will man nicht aufgeben. Andererseits gibt es offensichtlich Probleme, die damit einhergehen – das muss man niemand erzählen. Und ein großes Problem, das beinahe pathologische Züge annimmt, wenn es in einer fest zusammengewachsenen Gruppe auftritt, ist Ausgrenzung – und um Ausgrenzung zu vermeiden, muss man häufig Dinge tun, die man ungern tun würde, wenn es nach einem selbst ginge. Aber es gehört einfach zum Leben dazu, mit menschlichen Problemen wie diesen konfrontiert zu werden.

Eigentlich bin ich kein großer Marx-Verehrer, aber eine Bemerkung von ihm erscheint mir hier passend. An irgendeiner Stelle sagt er einmal: Sozialismus ist der Versuch, die *tierischen* Probleme des Menschen zu lösen, und wenn die tierischen Probleme gelöst sind, können wir den *menschlichen* Problemen begegnen – aber die Lösung der menschlichen Probleme ist nicht Bestandteil des Sozialismus; Sozialismus ist der Versuch, erst einmal an den Punkt zu gelangen, wo man den menschlichen Problemen *begegnen* kann. Und das, was Sie beschäftigt, ist meiner Ansicht nach ein menschliches Problem – und von denen wird es einige geben. Menschen sind sehr schwierige Geschöpfe, die viele verschiedene Wege kennen, sich in ihren persönlichen Beziehungen gegenseitig zu quälen. Das weiß jeder, auch ohne Seifenopern.

»Anarchismus« und »Libertarismus«

Frau: *Professor Chomsky, zu einem etwas anderen Thema, es gibt eine zweite Bedeutung des Wortes »Anarchie«, die sich von derjenigen, die Sie oft ansprechen, unterscheidet – nämlich »Chaos«.*

Ja, das ist im Grunde ein fauler Trick – genauso wie die Bezeichnung »Sozialismus« für die Bürokratien im sowjetischen Stil oder jeder andere Diskursbegriff, dem man zum Zwecke der ideologischen Kriegsführung eine neue Bedeutung verliehen hat. Ich meine, »Chaos« ist eine Bedeutung des Wortes, aber für die Sozialphilosophie ist diese Bedeutung ohne Relevanz. Anarchie als Gesellschaftsordnung bedeutete nie »Chaos« – üblicherweise sind Anarchisten für eine hochgradig organisierte Gesellschaft, allerdings eine, die demokratisch von unten organisiert ist.

Frau: *Mir scheint, dass Anarchismus als Gesellschaftssystem auf eine so grundsätzliche Weise einleuchtet, dass es notwendig war, das Wort in Misskredit zu bringen und aus Wortschatz und Denken der Menschen zu entfernen – so dass man nur reflexhafte Furcht empfindet, wenn man es hört.*

Ja, Anarchismus ist von den Mächtigen immer als das Böse schlechthin betrachtet worden. So ging man im Zuge der »Roten Angstmacherei« unter Woodrow Wilson hart gegen die Sozialisten vor, aber die Anarchisten wurden ermordet – in ihnen sah man die wirklich schlechten Nachrichten.

Sehen Sie, die Vorstellung, dass die Menschen wirklich frei sein könnten, ist für jeden Mächtigen äußerst beängstigend. Aus diesem Grund haben die 1960er-Jahre so einen schlechten Ruf. Ich meine, es gibt einen Haufen Literatur über die Sechziger, und sie wurde zumeist von Intellektuellen verfasst, weil diese Menschen nun einmal Bücher schreiben, daher hat die Zeit ein sehr schlechtes Ansehen – weil die Intellektuellen sie *hassten*. Man konnte das seinerzeit in den Clubs der Fakultäten beobachten: Die Leute waren von der Vorstellung, dass Studenten plötzlich Fragen stellten und die Dinge nicht mehr brav abschrieben, schlichtweg traumatisiert. Wenn Menschen wie Allan Bloom schreiben, als seien in den Sechzigern die Grundfesten der Zivilisation zusammengebrochen, dann ist das aus ihrer Sicht völlig richtig: Sie sind tatsächlich zusammengebrochen. Denn die Grundfesten der Zivilisation waren: »Ich bin ein großer Professor und ich sage Ihnen, was Sie zu sagen und zu denken haben, und Sie notieren sich das in ihr Heft und lernen es auswendig«. Wenn jemand aufstand und sagte: »Ich weiß nicht, warum ich Platon lesen soll, ich halte es für Unsinn«, dann zerstörte das die Grundfesten der Zivilisation. Aber vielleicht ist das eine durchaus sinnvolle Frage – viele Philosophen haben das behauptet, warum also ist das keine sinnvolle Frage?

Wie bei jeder Massenbewegung spielte sich in den Sechzigern eine Menge verrückter Sachen ab – aber das ist das Einzige, das in die Geschichte eingeht: die Verrücktheiten an der Peripherie. Die Dinge, die sich eigentlich abspielten, sind aus der Geschichte getilgt – und zwar, weil sie eine Form von libertärem Charakter besaßen, und es gibt nichts, das die Mächtigen mehr verschreckt.

Mann: *Was genau ist der Unterschied zwischen »libertär« und »anarchistisch«?*

Eigentlich gibt es da keinen Unterschied. Für mich ist das dasselbe. Aber sehen Sie, in den Vereinigten Staaten hat »libertär« eine besondere Bedeutung. Die Vereinigten Staaten stehen in dieser Hinsicht außerhalb des Spektrums der eigentlichen Tradition. Hier versteht man unter »Libertarismus« ungezügelten Kapitalismus. Nun, in der libertären Tradition Europas, wo jeder Anarchist zugleich ein Sozialist war, wurde dagegen immer Stellung bezogen – denn der entscheidende Punkt ist, dass man bei ungezügeltem Kapitalismus alle möglichen Arten von Autorität erhält: Man erhält eine *extreme* Form von Autorität.

Wenn Kapital unter privater Kontrolle steht, dann müssen sich die Menschen verkaufen, um zu überleben. Nun könnte man sagen: »Sie verkaufen sich aus freien Stücken, niemand wird zum Vertragsabschluss gezwungen« – aber das ist ein Witz. Wenn man vor der Entscheidung steht »Tu, was ich dir sage, oder du wirst verhungern«, dann ist das keine freie Entscheidung – vielmehr handelt es sich um ein Phänomen, das man in zivilisierteren Zeiten wie etwa dem 18. und 19. Jahrhundert allgemein als Lohnsklaverei bezeichnete.

Die amerikanische Version des »Libertarismus« ist jedoch eine Verirrung – niemand nimmt sie richtig ernst. Ich meine, jeder weiß, dass sich eine nach den Grundsätzen des amerikanischen Libertarismus operierende Gesellschaft innerhalb kürzester Zeit selbst zerstören würde. Die Menschen tun nur deswegen so, als nähmen sie die Sache ernst, weil man das als Waffe gebrauchen kann. Wenn etwa jemand für eine Steuer eintritt, kann man antworten: »Nein, ich bin Libertarist, ich bin gegen diese Steuer« – aber ich bin natürlich nach wie vor dafür, dass der Staat Straßen baut und Schulen unterhält und Libyer tötet und all diese Dinge.

Nun *gibt* es konsequente Libertaristen, Menschen wie Murray Rothbard – und wenn man einmal nachliest, welche Welt sie beschreiben, dann ist das eine Welt so voller Hass, dass kein menschliches Wesen in ihr leben möchte. In dieser Welt gibt es keine Straßen, weil man keinen Grund sieht, warum man gemeinsam eine Straße bauen sollte, die man selbst nicht benutzen wird. Wenn man eine Straße benötigt, tut man sich mit einem Haufen anderer Leute zusammen, die diese Straße ebenfalls benutzen werden, und man baut sie, dann verlangt man von den Menschen, die sie befahren, Gebühren. Wenn einem nicht gefällt, wie das Auto von irgendjemand die Umwelt verschmutzt, dann bringt man ihn vor Gericht und führt einen Prozess. Wer möchte in einer solchen Welt leben? Es ist eine Welt, die auf Hass gegründet ist.

Die ganze Geschichte ist allerdings nicht einmal der Rede wert. Erstens würde sie keinen Augenblick lang funktionieren – und wenn doch, würde man nur noch die Flucht ergreifen oder Selbstmord begehen wollen oder so etwas. Aber hier handelt es sich um eine spezielle amerikanische Verirrung, sie ist nicht wirklich ernstzunehmen.

Visionen formulieren

Mann: *Es scheint oft, als wollten Sie nur ungern genauer erläutern, wie Ihre Vision einer anarchistischen Gesellschaft konkret aussieht und wie wir sie erreichen können. Glauben Sie nicht, dass es für politische Aktivisten gleichwohl wichtig wäre, dies zu tun – zu versuchen, den Menschen einen funktionierenden Plan für die Zukunft zu vermitteln, der ihnen dann hilft, Hoffnung und Energie für den weiteren Kampf zu gewinnen? Mich würde interessieren, warum Sie das nicht öfter machen.*

Nun, mein Gefühl sagt mir *nicht*, dass man einen Plan für eine künftige Gesellschaft in irgendeiner Form detailliert erläutern zu können braucht, um engagiert auf gesellschaftliche Veränderung hinzuarbeiten. Was einen Menschen meinem Gefühl nach motivieren sollte, auf Veränderung hinzuarbeiten, sind bestimmte *Prinzipien*, die man erreicht sehen möchte. Man mag nun nicht im Detail wissen – und ich glaube nicht, dass irgendjemand von uns das *tatsächlich* im Detail weiß –, wie man diese Prinzipien in einem komplexen System wie der menschlichen Gesellschaft zu diesem Zeitpunkt am besten verwirklichen kann. Aber ich sehe wirklich nicht, warum das irgendeinen Unterschied machen sollte: Man versucht, die Prinzipien voranzutreiben. Einige Leute mögen das nun »Reformismus« nennen – aber das ist zu abwertend formuliert. Reformen können ziemlich revolutionär sein, wenn sie in eine bestimmte Richtung führen. Und um diese Richtung weiterzuverfolgen, braucht man meiner Meinung nach nicht exakt zu wissen, wie die Gesellschaft der Zukunft funktionieren wird: Aus meiner Sicht muss man allerdings dazu in der Lage sein, die Prinzipien, die man in einer solchen Gesellschaft verwirklicht sehen möchte, genau zu erläutern – und ich denke, es sind *viele* verschiedene Wege vorstellbar, auf denen sie in einer zukünftigen Gesellschaft verwirklicht werden können. Nun, helfen Sie den Menschen durch Ihr Engagement damit zu beginnen, sie auszuprobieren.

So gibt es beispielsweise viele verschiedene Wege, in der Arbeiter die Kontrolle in ihrem Betrieb übernehmen können – und da niemand all die Auswirkungen von großangelegten gesellschaftlichen Veränderungen genau kennt, sollten wir sie Schritt für Schritt ausprobieren, glaube ich. Tatsächlich habe ich eine ziemlich konservative Einstellung gegenüber gesellschaftlichen Veränderungen: Da wir es mit komplexen Systemen zu tun haben, die niemand so richtig versteht, ist meiner Meinung nach ein sinnvolles Vorgehen, Veränderungen durchzuführen und sich dann deren Folgen anzusehen – und wenn diese Veränderungen funktionieren, werden weitere durchgeführt. Das gilt eigentlich für jeden Bereich.

Ich sehe mich also nicht in der Lage – und selbst wenn, würde ich das nicht sagen –, die langfristigen Auswirkungen in irgendeiner detaillierten Form zu kennen: Das sind Dinge, die man aus meiner Sicht herausfinden muss. Den Grundsatz, den ich den Menschen stattdessen gerne vermittelt sehen möchte, ist der Gedanke, dass jede Form von Autorität und Herrschaft und Hierarchie, jede autoritäre Ordnung, nachweisen muss, dass sie begründet ist – sie besitzt keine Begründung a priori. Wenn man zum Beispiel sein fünfjähriges Kind daran hindert, die Straße zu überqueren, dann ist das eine autoritäre Situation: Man muss sie begründen. Nun, in diesem Fall *kann* man eine Begründung geben. Aber die Beweislast bei jeder Ausübung von Autorität liegt immer auf Seiten der Person, die sie ausübt – ausnahmslos. Und bei genauerem Hinsehen haben diese autoritären Strukturen meistens keine Berechtigung: Sie haben keine moralische Berechtigung, sie haben keine Berechtigung in den Interessen der Person, die in der Hierarchie weiter unten angesiedelt ist, oder in den Interessen anderer Personen oder der Umwelt oder der Zukunft oder der Gesellschaft oder sonst irgendetwas – sie existieren nur, um bestimmte Macht- und Herrschaftsstrukturen und die Menschen an deren Spitze zu schützen.

Daher sollte man meiner Meinung nach immer, wenn man Machtkonstellationen vorfindet, diese Fragen stellen – und wer behauptet, seine Autorität sei legitim, steht immer in der Pflicht, dies zu begründen. Und wenn man dies nicht begründen kann, handelt es sich um unrechtmäßige Autorität, die zerstört werden sollte. Um die Wahrheit zu sagen: Viel mehr verstehe ich eigentlich nicht unter Anarchismus. Soweit ich sehe, handelt es sich dabei einfach um eine Weltsicht, die besagt, dass Menschen das Recht haben, frei zu sein, und wenn diese Freiheit eingeschränkt wird, dann hat man dies zu begründen. Manchmal kann man das – aber natürlich kann der Anarchismus oder sonst irgendetwas nicht beantworten, wann das so ist. Man muss sich schlicht die Einzelfälle ansehen.

Mann: *Aber wenn wir jemals eine Gesellschaft ohne Lohnanreize und Autorität bekämen, woher käme der Antrieb für Fortschritt und Wachstum?*

Naja, der Antrieb für »Fortschritt« – ich denke, Sie müssen sich fragen, was das genau heißt. Wenn Sie darunter den Antrieb verstehen, *mehr zu produzieren*, nun, wer will das? Ist das zwangsläufig der richtige Weg? Offensichtlich ist das nicht. In Wirklichkeit ist das in vielen Bereichen vermutlich der falsche Weg – es ist vielleicht eine gute Sache, wenn der Antrieb zur Produktion dort nicht so hoch wäre. In unserem System müssen die Menschen dazu *angetrieben* werden, bestimmte Bedürfnisse zu haben – warum? Warum lässt man sie nicht in Ruhe, damit sie einfach glücklich sein und andere Dinge tun können?

Ein jeglicher »Antrieb« sollte von innen kommen. Schauen Sie sich die Kinder an: Sie sind kreativ, sie gehen auf Entdeckungsreise, sie wollen neue Dinge ausprobieren. Ich meine, warum fängt ein Kind an zu laufen? Nehmen wir ein einjähriges Kind, es kann gut krabbeln und quer durch das Zimmer hindurch jede von ihm gewünschte Stelle sehr schnell erreichen, so schnell, dass seine Eltern hinter ihm herrennen müssen, um zu verhindern, dass es alles umschmeißt – plötzlich steht es auf und fängt an zu laufen. Es stellt sich beim Gehen furchtbar schlecht an: Es macht einen Schritt und fällt der Länge nach hin, und wenn es wirklich irgendwo hinwill, wird es wieder krabbeln. Warum also beginnen Kinder mit dem Laufen? Nun, sie wollen einfach neue Sachen ausprobieren, die Menschen sind so konstruiert. Wir sind so konstruiert, dass wir neue Sachen ausprobieren wollen, selbst wenn sie unökonomisch sind, selbst wenn sie schädlich sind, selbst wenn man sich dabei verletzt – und ich glaube nicht, dass dieses Bedürfnis sich jemals verliert.

Menschen wollen Dinge erforschen, wir wollen unsere Fähigkeiten bis an ihre Grenzen treiben, wir wollen herausfinden, was wir können. Aber sehr wenige Menschen in unserer Gesellschaft erhalten die Möglichkeit, an der Freude kreativer Tätigkeit teilzuhaben: Künstler erhalten sie, Handwerker haben sie, Wissenschaftler. Und wenn man das Glück hatte, diese Möglichkeit erhalten zu haben, dann weiß man, dass dies eine ganz besondere Erfahrung darstellt – und es muss nicht gleich die Entdeckung von Einsteins Relativitätstheorie sein: Man kann dieses Vergnügen auch dann empfinden, wenn man versteht, was *andere* Menschen erreicht haben. Wenn man zum Beispiel bei der Lektüre selbst eines so einfachen mathematischen Beweises wie dem Satz des Pythagoras, den man in der zehnten Klasse lernt, schließlich herausbekommt, worum es geht, dann ist das aufregend – »Mein Gott, ich habe das bisher nie verstanden«. Gut, das ist Kreativität, auch wenn jemand anderes das bereits vor zweitausend Jahren bewiesen hat.

Man wird immer wieder auf wundersame Weise von den eigenen Entdeckungsleistungen berührt, und man »entdeckt« etwas, selbst wenn jemand anderes das bereits zuvor getan hat. Und wenn man dann die bereits vorhandenen Erkenntnisse auch nur ein kleines bisschen vermehren kann – gut, das ist sehr aufregend. Und ich denke, dasselbe gilt für einen Menschen, der ein Boot baut: Aus meiner Sicht ist das nichts grundsätzlich anderes – ich meine, ich wünschte, *ich* könnte das, ich kann es nicht, ich kann es mir noch nicht einmal vorstellen. Nun, es sollte den Menschen meiner Meinung nach ermöglicht werden, in einer Gesellschaft zu leben, in der sie all diesen inneren Antrieben nachgehen und ihre Fähigkeiten frei entfalten können – anstatt in den engen Rahmen an Möglichkeiten gezwängt zu werden, der den meisten Menschen der Welt momentan zur Verfügung steht. Und unter Möglichkeiten verstehe ich nicht nur solche, die *objektiv* verfügbar sind, sondern auch Möglichkeiten, die *subjektiv* verfügbar sind – welche Denkweisen werden den Menschen beispielsweise erlaubt, wie können sie denken? Bedenken Sie, dass es eine Reihe von Wegen des Denkens gibt, von denen wir in unserer Gesellschaft abgeschnitten sind – nicht, weil wir dazu außerstande wären, sondern weil verschiedene Blockaden entwickelt und errichtet wurden, die die Menschen daran hindern, diese Wege zu beschreiten. *Darauf* zielt Indoktrination tatsächlich zuallererst ab – und ich meine damit nicht irgendjemanden, der Ihnen Vorlesungen hält: Sitcoms im Fernsehen, die Sportsendungen, die man anschaut, jeder Aspekt der Kultur stellt einen impliziten Ausdruck dessen dar, was als »richtiges« Leben und »richtiges« Wertesystem zu gelten hat, und all das gehört zur Indoktrination.

Was meiner Meinung also geschehen muss: Den Menschen müssen andere Möglichkeiten eröffnet werden – sowohl in subjektiver als in der Tat ganz konkreter Hinsicht. Und das ist meiner Ansicht nach eines der wichtigsten Ziele des Sozialismus: einen Punkt zu erreichen, an dem die Menschen die Gelegenheit haben, frei und *selbstbestimmt* über ihre Bedürfnisse zu entscheiden, statt nur »wählen« zu können, was ihnen von willkürlichen Machtstrukturen aufgezwungen wird.

Der echte und verfälschte Adam Smith

Mann: *Sie sagten, der klassische Liberalismus sei »anti-kapitalistisch«. Was meinten Sie damit?*

Nun, zu den grundlegenden, wichtigsten Prinzipien von Adam Smith und anderen klassischen Liberalen gehörte, dass die Menschen frei sein sollten: Sie sollten nicht unter der Kontrolle autoritärer Institutionen stehen, sie sollten nicht zerstörerischen Phänomenen wie der Arbeitsteilung unterworfen sein. Schauen wir uns also Smith einmal an: Warum war er für den freien Markt? Die Begründung, die er dafür gab, war recht kompliziert, aber ihr lag die Vorstellung zugrunde, dass der Markt bei vollkommener Freiheit des Einzelnen zu vollkommener Gleichheit führen würde – aus diesem Grund befürwortete Adam Smith den freien Markt. Adam Smith war für den freien Markt, weil er davon ausging, dass die Menschen völlig gleichberechtigt sein sollten – *völlig gleichberechtigt* –, weil er als ein Vertreter des klassischen Liberalismus glaubte, dass zum elementaren Wesen der Menschen Vorstellungen wie Mitgefühl und Solidarität, das Recht auf selbstbestimmte Arbeit und so weiter und so fort gehören: alles das genaue Gegenteil von Kapitalismus.

Tatsächlich gibt es keine zwei Standpunkte, die gegensätzlicher wären als klassischer Liberalismus und Kapitalismus – und daher musste die Universität Chicago, als sie anlässlich des zweihundertjährigen Jubiläums der Erstveröffentlichung eine Ausgabe von *Der Wohlstand der Nationen* veröffentlichte, dessen Inhalt verzerrt wiedergeben (was sie auch taten): weil sich Smith als ein wahrer Vertreter des klassischen Liberalismus nachdrücklich gegen den Schwachsinn gewendet hätte, den sie alle in seinem Namen heute von sich geben.

Wenn man also George Stiglers Einleitung der Jubiläumsausgabe liest – es handelt sich um eine große wissenschaftliche Edition der University of Chicago Press, daher ist es durchaus interessant, da mal reinzuschauen –, dann stellt man fest, dass sie dem Text von Smith

Punkt für Punkt diametral widerspricht. Smith ist berühmt für seine Überlegungen zur Arbeitsteilung: Angeblich war er der Meinung, dass Arbeitsteilung eine großartige Sache sei. Nun, das war er nicht: Er hielt die Arbeitsteilung vielmehr für etwas *Schreckliches* – er schrieb, dass der Staat in einer zivilisierten Gesellschaft eingreifen sollte, um die zerstörerischen Folgen der Arbeitsteilung für die Menschen zu verhindern. Gut, schauen wir uns jetzt den Index der Universität Chicago an (ein ausführlicher wissenschaftlicher Index, wissen Sie): Man wird zu dieser Passage keinen Eintrag finden – es gibt ihn einfach nicht. Nun, das ist *echte* Wissenschaft: Man unterschlägt die Tatsachen komplett, und denkt sich: »Wahrscheinlich liest sowieso keiner bis Seite 473, weil ich es auch nicht getan habe«. Ich meine, fragen Sie die Herausgeber, ob *sie* jemals bis Seite 473 gelesen haben – Antwort: Naja, sie haben vermutlich den ersten Absatz gelesen und sich dann dunkel daran erinnert, was man ihnen in irgendeinem Kurs an der Universität beigebracht hat.

Der springende Punkt aber ist, dass die klassischen Liberalen des 18. Jahrhunderts eine bestimmte Auffassung davon hatten, was den Menschen genau ausmacht – und zwar, dass das Wesen der Menschen von der Art der von ihnen verrichteten Arbeit abhängig ist, und dem Grad an Selbstbestimmung, die sie dabei haben, und ihrem Vermögen, im Einklang mit ihren eigenen Entscheidungen kreativ tätig werden zu können. Und in der Tat gab es zu der Zeit eine Menge äußerst einsichtiger Äußerungen über dieses Thema.

So wies beispielsweise einer der Begründer des klassischen Liberalismus, Wilhelm von Humboldt (der heute übrigens von sogenannten »Konservativen« sehr bewundert wird, weil sie ihn nicht lesen), darauf hin, dass man im Falle eines Arbeiters, der auf Befehl einen schönen Gegenstand herstellt, zwar »bewundert, was er tut«, aber »verachtet, was er ist« – weil er nicht wie ein Mensch, sondern wie eine Maschine agiert. Und diese Vorstellung zieht sich durch den ganzen klassischen Liberalismus. Tatsächlich wies Alexis de Tocqueville noch ein halbes Jahrhundert später darauf hin, dass es Gesellschaftssysteme geben kann, in denen »die Fertigkeit voranschreitet und der Fertigende zurück«, aber dies ist unmenschlich – denn eigentlich steht der Handwerker im Mittelpunkt des Interesses, im Mittelpunkt des Interesses stehen *die Menschen*, und damit Menschen die Möglichkeit haben, ein erfülltes Leben zu führen, müssen sie selbstbestimmt tätig sein können, selbst wenn das ökonomisch weniger effizient sein sollte.

Nun gut – offensichtlich hat im Laufe der vergangenen zwei Jahrhunderte einfach eine dramatische Veränderung der intellektuellen und kulturellen Einstellungen stattgefunden. Aber meiner Meinung nach müssen diese Ideen des klassischen Liberalismus heute wiederentdeckt werden und die Vorstellungen, die ihnen zugrunde liegen, sollten im großen Maßstab Wurzeln schlagen.

Nun unterscheiden sich die Ausgangspunkte von Macht und Autorität, die die Menschen im 18. Jahrhundert vor Augen hatten, recht stark von den heutigen – damals hatten sie das feudale System und die Kirche und den absolutistischen Staat im Visier; den Industriekonzern konnten sie nicht sehen, weil es ihn noch nicht gab. Aber wenn man die Grundsätze des klassischen Liberalismus nimmt und auf die Moderne anwendet, dann kommt man den Prinzipien eigentlich sehr nahe, die das revolutionäre Barcelona in den späten 1930er-Jahren mit Leben erfüllten und die man als »Anarchosyndikalismus« bezeichnet. Ich denke, ein höheres Niveau wurde von Menschen bisher nicht erreicht bei dem Versuch, libertäre Prinzipien zu verwirklichen, die aus meiner Sicht die richtigen sind. Ich möchte damit nicht sagen, dass alles, was während dieser Revolution gemacht wurde, richtig war, aber in ihrem allgemeinen Geist und Charakter, in der Zielsetzung, eine Gesellschaft aufzubauen, wie sie Orwell als Augenzeuge in seinem meiner Meinung nach größten Werk *Mein Katalonien* beschrieben hat – mit demokratischer Kontrolle über alle gesellschaftlichen Institutionen –, in Ordnung, das ist die richtige Richtung, in die man gehen sollte, denke ich.

Verteidigung des Wohlfahrtsstaates

Frau: *Noam, da Sie Anarchist sind und oftmals davon sprechen, dass Sie gegen die Existenz des Nationalstaates an sich sind und glauben, dass er mit wahrem Sozialismus unvereinbar ist – hält Sie das in irgendeiner Form davon ab, wohlfahrtsstaatliche Programme und andere Sozialleistungen zu verteidigen, die heute von Rechts bekämpft werden und die diese rechtsgerichteten Kräfte abbauen wollen?*

Nun, es ist richtig, dass die anarchistische Weltsicht in schlicht all ihren Varianten immer danach gestrebt hat, staatliche Macht abzubauen – und ich persönlich teile diese Weltsicht. Momentan jedoch läuft dies meinen politischen Zielen direkt zuwider: Meine unmittelbaren Zielsetzungen waren und sind heute erst recht, bestimmte Elemente staatlicher Autorität zu verteidigen und sogar zu stärken, die derzeit unter schweren Beschuss geraten sind. Und ich sehe darin keinen Widerspruch – wirklich überhaupt keinen.

Nehmen Sie beispielsweise den sogenannten »Wohlfahrtsstaat«. Hinter der Bezeichnung »Wohlfahrtsstaat« verbirgt sich im Wesentlichen die Anerkennung der Tatsache, dass jedes Kind ein Recht auf genügend Essen und Gesundheitsversorgung und so weiter hat – und wie ich schon sagte, wurden diese Programme innerhalb des nationalstaatlichen Systems nach einem Jahrhundert sehr harter Kämpfe durch die Arbeiterbewegung und der sozialistischen Bewegung und so weiter ins Leben gerufen. Nun, falls ein 14-jähriges Mädchen, das vergewaltigt wurde, ein Kind zur Welt bringt, muss sein Kind dem neuen Zeitgeist zufolge »Eigenverantwortung« lernen, indem es keine sozialstaatlichen Leistungen annimmt, das heißt nicht genug zu essen hat. Also ich stimme dem in keinem Punkt zu. Vielmehr halte ich es in jeder Hinsicht für grotesk. Ich finde, man sollte sich um diese Kinder kümmern. Und die heutige Zeit bringt es nun einmal mit sich, dass man sich dabei staatlicher Systeme bedient; und das ist nicht der einzige Fall.

Der anarchistischen »Weltsicht« ungeachtet glaube ich daher, dass bestimmte Komponenten des Staatswesens, die beispielsweise sicherstellen, dass Kinder zu essen haben, verteidigt werden müssen – und zwar äußerst vehement. Und gerade angesichts der verstärkten Bemühungen, die dieser Tage unternommen werden, um die in langen und oftmals äußerst harten Auseinandersetzungen erstrittenen Siege für Gerechtigkeit und Menschenrechte im Westen zurückzudrehen, sollte das unmittelbare Ziel selbst für engagierte Anarchisten meiner Meinung nach sein, einige staatliche Strukturen zu verteidigen und gleichzeitig dabei mitzuhelfen, sie in bedeutenderem Maße für die Mitwirkung der Bevölkerung zu öffnen und in einer sehr viel freieren Gesellschaft schließlich abzubauen.

Es gibt alltägliche Fragen, die sich schon morgen stellen und von denen das Leben der Menschen in hohem Maße abhängig ist, und während die Verteidigung der staatlichen Sozialprogramme keinesfalls das von uns anzustrebende Endziel darstellt, müssen wir uns aus meiner Sicht den Problemen stellen, die unmittelbar am Horizont auftauchen und das Leben der Menschen ernsthaft betreffen. Man kann diese Dinge meiner Meinung nach nicht einfach vergessen, nur weil sie nicht zu irgendeinem radikalen Slogan passen könnten, der eine größere Gesellschaftsutopie widerspiegelt. Die größeren Utopien sollte man nicht aufgeben, sie sind wichtig – aber die Zerstörung des Staatswesens ist ein Ziel, das sehr viel weiter entfernt ist, und man sollte sich zuerst um die anstehenden, naheliegenden Dinge kümmern, denke ich. Und aus jeder realistischen Perspektive bietet das politische System mit all seinen Fehlern dennoch Beteiligungsmöglichkeiten für die Gesamtbevölkerung, die die anderen bestehenden Institutionen, beispielsweise Wirtschaftsunternehmen, nicht bieten. In Wirklichkeit wollen die Ultrarechten genau deshalb die staatlichen Strukturen *schwächen* – denn wenn man sicherstellen kann, dass alle wichtigen Entscheidungen in den Händen von Microsoft und General Electric und Raytheon liegen, dann muss man sich über die bedrohliche Mitsprache der Bevölkerung in der Politik keine Sorgen mehr machen.

Nehmen Sie etwa ein Phänomen, das sich in den letzten Jahren abgespielt hat: die Dezentralisierung – das heißt die Verlagerung von Befugnissen der US-Bundesregierung auf ihre Einzelstaaten. Nun, in manchen Umständen wäre dies eine demokratisierende Maßnahme, die ich befürworten würde – es wäre ein Schritt weg von der staatlichen Zentralgewalt hin zu mehr regionaler Autonomie. Aber das gilt unter theoretischen Umständen, die so nicht existieren. Im Moment geschieht dies, weil die Verlagerung von Entscheidungsgewalt auf die Einzelstaaten in Wirklichkeit bedeutet, dass man sie in private Hände überträgt. Sehen Sie, große Konzerne können beherrschenden Einfluss auf die Bundesregierung ausüben, aber bereits Unternehmen mittlerer Größenordnung können die Regierungen der Einzelstaaten beeinflussen und die Belegschaft eines Staates gegen die eines anderen ausspielen, indem sie mit der Verlagerung ihrer Produktion drohen, falls sie keine besseren Steuerbedingungen und so weiter bekommen. Unter den Bedingungen der bestehenden Machtstrukturen ist Dezentralisierung also sehr anti-demokratisch; in anderen Strukturen von deutlich größerer Gleichheit könnte Dezentralisierung hochdemokratisch sein – aber dies sind Fragen, die man wirklich nicht isoliert von den tatsächlich existierenden Gesellschaftsverhältnissen diskutieren kann.

Meiner Meinung nach ist es also vollkommen realistisch und vernünftig, innerhalb von Strukturen zu arbeiten, die man ablehnt, denn durch diese Vorgehensweise kann man dabei mithelfen, in eine Position zu gelangen, in der man diese Strukturen infrage stellen kann.

Lassen Sie mich das einfach anhand einer Analogie erläutern. Ich mag es nicht, wenn überall bewaffnete Polizei herumläuft, ich halte das für keine gute Idee. Aber vor einigen Jahren, als meine Kinder noch klein waren, lief in unserer Nachbarschaft ein tollwütiger Waschbär herum, der Kinder gebissen hat. Nun, wir haben alles mögliche versucht, um ihn loszuwerden – Havahart-Tierfallen, all diese Dinge, wissen Sie –, aber nichts half. Also haben wir schließlich einfach die Polizei angerufen und sie das machen lassen. Besteht da ein Widerspruch? Nein: Unter bestimmten Umständen muss man illegitime Strukturen akzeptieren und sich ihrer bedienen.

Nun, zufällig läuft bei uns gerade ein riesiger tollwütiger Waschbär herum – es sind die Konzerne. Und niemand außer der Bundesregierung kann die Menschen in der Gesellschaft momentan von dieser Tyrannei beschützen. Nun bietet sie keinen besonders *guten* Schutz, da die Konzerne selbst größtenteils die Regierungsgeschäfte betreiben, aber in begrenztem Umfang besitzt sie immer noch einen gewissen Einfluss. Sie kann unter öffentlichem Druck Regulierungen durchsetzen, sie kann, sagen wir, die umweltschädliche Entsorgung von Giftmüll reduzieren, sie kann Mindeststandards bei der Gesundheitsversorgung festlegen und so weiter. Sie kann tatsächlich verschiedene Dinge zur Verbesserung der Situation tun, wenn ein riesiger Waschbär mit Tollwut die Gegend unsicher macht. Gut, also sollten wir meiner Meinung nach dafür sorgen, dass sie diese machbaren Dinge in Angriff nimmt – wenn wir den *Waschbären* loswerden können, großartig, dann lasst uns die Bundesregierung abschaffen. Aber zu sagen »In Ordnung, lasst uns einfach so schnell wie möglich die Bundesregierung entsorgen« und danach die privaten Diktaturen die *gesamte* Herrschaft übernehmen zu lassen – wenn ein Anarchist so etwas befürwortet, ist das meiner Meinung nach haarsträubend. Ich sehe hier also wirklich überhaupt keinen Widerspruch.

Die Unterstützung dieser Seite staatlicher Strukturen scheint mir schlicht Teil der Bereitschaft zu sein, einige der Schwierigkeiten des Lebens, so wie sie sind, anzugehen – und zu den Schwierigkeiten des Lebens gehört die Tatsache, dass es da draußen eine Menge unschöner Dinge gibt, und wenn einem nicht egal ist, dass in der Innenstadt von Boston irgendein Kind hungert oder dass irgendein armer Mensch keine ausreichende medizinische Versorgung bekommen kann oder dass jemand Giftmüll in meinen Hinterhof schütten möchte oder überhaupt irgendetwas dieser Art, nun, dann versucht man, dem Einhalt zu gebieten. Und momentan gibt es nur eine verfügbare Institution, die dem Einhalt gebieten kann. Wenn man puristisch sein und einfach sagen will »Ich bin gegen die Staatsmacht. Punktum«, nun gut, dann sagt man halt »Ich bin gegen die Bundesregierung.« Aber aus meiner Sicht heißt dies schlicht, sich von allen menschlichen Belangen zu entfernen. Und ich glaube nicht, dass das für einen Anarchisten oder irgendjemand sonst eine angemessene Position ist.

3

Anmerkungen zum Anarchismus

Dieser Aufsatz ist eine überarbeitete Version des Vorworts zur englischen Übersetzung von Daniel Guérins *L'Anarchisme: de la doctrine à l'action*, die 1970 unter dem Titel *Anarchism: From Theory to Practice* im New Yorker Verlag Monthly Review Press publiziert wurde. In leicht veränderter Form erschien Chomskys Text in der *New York Review of Books* vom 21. Mai 1970. Wiederabdruck in *For Reasons of State* (New York: Pantheon Books 1973).

Ein französischer Autor, der mit dem Anarchismus sympathisierte, schrieb in den 1890er-Jahren, dass der Anarchismus »einen breiten Rücken« hat, »er ist geduldig wie Papier« – er erträgt alles, einschließlich derjenigen, die Taten solcherart begehen, dass ihm ein »Todfeind des Anarchismus« durch sie hätte »keinen größeren Schaden zufügen können«.[1] Es gibt viele Denk- und Handlungsweisen, die als »anarchistisch« bezeichnet wurden. Es wäre ein hoffnungsloses Unterfangen, all diese einander widersprechenden Strömungen in einer allgemeinen Theorie oder Ideologie zusammenzufassen. Und selbst wenn wir nur darangingen, aus der Geschichte des libertären Denkens eine lebendige, sich weiterentwickelnde Tradition herauszulösen, wie dies Daniel Guérin in *Anarchismus* tut, bliebe es schwierig, ihre Grundsätze als eine spezifische und bestimmte Theorie der Gesellschaft und deren Veränderung zu formulieren. Der anarchistische Historiker Rudolf Rocker, der anhand von Grundsätzen, die denen Guérins gleichkommen, eine systematische Konzeption der Entwicklung des anarchistischen Denkens hin zum Anarchosyndikalismus vorgelegt hat, bringt den Sachverhalt gut zum Ausdruck, wenn er schreibt, dass Anarchismus kein

> bestimmtes, geschlossenes soziales System [ist], sondern eher eine bestimmte Richtung in der historischen Entwicklung der Menschheit. Im Gegensatz zu der intellektuellen Vormundschaft aller klerikalen und Regierungsinstitutionen strebt er nach der freien ungehinderten Entfaltung aller individuellen und sozialen Kräfte im Leben. Auch Freiheit ist nur ein relatives, kein absolutes Ziel, da sie dauernd dazu neigt, ihren Bereich zu erweitern und auf weite Kreise in mannigfaltiger Weise einzuwirken. Für den Anarchisten ist Freiheit nicht ein abstraktes philosophisches Ziel. Vielmehr ist sie lebenswichtige konkrete Möglichkeit für jedes menschliche Wesen, alle Fähigkeiten und Talente zur vollen Entfaltung zu bringen und sie in einen sozialen Rahmen zu stellen. Je weniger diese natürliche Entwicklung des Menschen durch klerikale und politische Bevormundung gestört wird, desto leistungsfähiger und harmonischer werden die Menschen sein, desto mehr werden sie das Maß der intellektuellen Kultur der Gesellschaft sein, in die sie hineingewachsen sind.[2]

Man könnte fragen, welcher Wert im Studium einer »bestimmte[n] Richtung in der historischen Entwicklung der Menschheit« besteht, in der keine spezifische und detaillierte Gesellschaftstheorie zum Ausdruck kommt. In der Tat verwerfen viele Interpreten den Anarchismus als utopisch, formlos, primitiv oder anderweitig unvereinbar mit den Realitäten einer komplexen Gesellschaft. Man könnte jedoch auch ganz anders argumentieren: dass es in jeder Phase der Geschichte unser Anliegen sein muss, diejenigen Formen von Autorität und Unterdrückung zu beseitigen, die aus einer Zeit erhalten geblieben sind, in der sie im Hinblick auf Erfordernisse der Sicherheit oder des Überlebens oder der wirtschaftlichen Entwicklung gerechtfertigt gewesen sein mögen, die aber heute eher zu materiellen und kulturellen Mangelerscheinungen beitragen statt sie zu verringern. Wenn dem so ist, wird es keine für Gegenwart und Zukunft festgelegte Doktrin der gesellschaftlichen Veränderung, ja noch nicht einmal notwendigerweise eine spezifische und unveränderliche Vorstellung von den Zielen geben, auf die gesellschaftliche Veränderung gerichtet sein sollte. Unsere Erkenntnisse über die Natur des Menschen oder die Vielfalt möglicher Gesellschaftsformen sind gewiss so rudimentär, dass jede weitausgreifende Theorie mit großer Skepsis behandelt werden muss, genauso wie Skepsis angebracht ist, wenn wir hören, dass die »menschliche Natur« oder »die Erfordernisse der Effizienz« oder »die Komplexität des modernen Lebens« diese oder jene Form der Unterdrückung und der autokratischen Herrschaft nötig machen.

Dennoch gibt es zu bestimmten Zeiten allen Grund, insoweit unsere Erkenntnisse dies zulassen, eine konkrete, den Aufgaben des Augenblicks entsprechende Verwirklichung dieser bestimmten Richtung in der historischen Entwicklung der Menschheit auszugestalten. Für Rocker ist »die Aufgabe, die unserer Zeit gestellt ist, die Befreiung des Menschen vom Fluch der ökonomischen Ausbeutung und der politischen und gesellschaftlichen Versklavung«; und das geeignete Vorgehen ist weder die Eroberung und Ausübung der Staatsgewalt, noch ein lähmender Parlamentarismus, sondern vielmehr »das wirtschaftliche Leben der Völker von unten her und im Geiste des Sozialismus neu zu gestalten«.

> Aber nur die Produzenten selbst sind für die Aufgabe geeignet, da sie das einzige werteschaffende Element der Gesellschaft sind, aus dem eine neue Zukunft hervorgehen kann. Ihnen fällt die Aufgabe zu, die Arbeiter von

> allen Fesseln, die die ökonomische Ausbeutung ihnen angelegt hat, und die Gesellschaft von allen Institutionen und Verhaltensweisen politischer Macht zu befreien und den Weg zu öffnen für eine Allianz freier Gruppen von Frauen und Männern, die sich am Prinzip kooperativer Zusammenarbeit ausrichtet und die Verwaltungsangelegenheiten im Interesse der Allgemeinheit plant. Einziger und erschöpfender Zweck des modernen Anarcho-Syndikalismus ist es, die arbeitenden Massen in Stadt und Land für dies große Ziel vorzubereiten und sie zu einer militanten Kraft zu vereinigen [S. 108].

Als Sozialist hält es Rocker für selbstverständlich, »daß die ernste, endgültige, vollständige Befreiung der Arbeiter nur unter der einen Bedingung, der der Appropriation des Kapitals – das heißt der Rohstoffe und aller Arbeitswerkzeuge, den Boden einbegriffen, durch die arbeitende Gesamtheit möglich ist«.[3] Als Anarchosyndikalist besteht er des Weiteren darauf, dass die Organisationen der Arbeiter »nicht nur die Ideen, sondern sogar die Tatsachen der Zukunft selbst« in der vorrevolutionären Periode schaffen, dass sie in sich selbst den Aufbau der zukünftigen Gesellschaft verkörpern – und er sieht einer sozialen Revolution entgegen, die den Staatsapparat zerstören sowie die Enteigner enteignen wird. »Was wir an die Stelle der Regierung setzen, ist industrielle Organisation.«

> Anarcho-Syndikalisten sind überzeugt, daß eine sozialistische Wirtschaftsordnung nicht durch Regierungsdekrete und Statuten geschaffen werden kann, sondern ausschließlich durch die solidarische Zusammenarbeit der manuellen und geistigen Arbeiter aus jedem Spezialzweig der Produktion; d.h. durch die Übernahme des Managements aller Betriebsanlagen durch die Produzenten, und zwar in einer solchen Form, daß die verschiedenen Gruppen, Anlagen und Zweige der Industrie unabhängige Mitglieder des allgemeinen Wirtschaftskörpers sind, die die Produktion systematisch vorantreiben und die Distribution der Produkte im Interesse der Allgemeinheit auf der Basis freier gegenseitiger Abmachungen vornehmen [S. 94].

Rocker schrieb zu einer Zeit, als solche Ideen in der spanischen Revolution auf dramatische Weise in die Praxis umgesetzt wurden. Kurz vor dem Ausbruch der Revolution hatte der anarchosyndikalistische Ökonom Abad de Santillán geschrieben:

> [V]or die Aufgabe der gesellschaftlichen Transformation gestellt, kann die Revolution den Staat nicht als ein Mittel betrachten, sondern muss sich auf die Organisation der Produzenten verlassen.
> Wir sind dieser Regel gefolgt und sehen keine Notwendigkeit für die Hypothese einer der organisierten Arbeiterschaft übergeordneten Macht zur Etablierung einer neuen Ordnung der Dinge. Wir wären jedem dankbar, der uns zeigt, was für eine Funktion der Staat überhaupt in einer Wirtschaftsordnung haben könnte, in der das Privateigentum abgeschafft wurde und Parasitentum und spezielle Privilegien keinen Platz haben. Die Verdrängung des Staates kann keine halbherzige Angelegenheit sein; es muss die Aufgabe der Revolution sein, mit dem Staat Schluss zu machen. Entweder die Revolution verschafft den Produzenten gesellschaftlichen Reichtum, in welchem Falle die Produzenten die nötige kollektive Verteilung selbst organisieren und der Staat nichts zu tun hat, oder die Revolution verschafft den Produzenten keinen gesellschaftlichen Reichtum, in welchem Falle sie eine Lüge gewesen ist und der Staat fortbestehen würde. Unser föderaler Wirtschaftsrat ist keine politische Macht, sondern eine ökonomische und administrative Regulierungsmacht. Er erhält seine Richtlinien von unten und handelt in Übereinstimmung mit den Beschlüssen der regionalen und nationalen Versammlungen. Er ist ein Verbindungsglied und nichts anderes.[4]

Engels brachte seine Ablehnung dieser Konzeption in einem Brief von 1883 folgendermaßen zum Ausdruck:

> Die Anarchisten stellen die Sache auf den Kopf. Sie erklären, die proletarische Revolution müsse damit *anfangen*, daß sie die politische Organisation des Staates abschafft. … Aber ihn in einem solchen Augenblick zu zerstören, das hieße, den einzigen Organismus zerstören, vermittelst dessen das siegende Proletariat seine eben eroberte Macht geltend machen, seine kapitalistischen Gegner niederhalten und diejenige ökonomische Revolution der Gesellschaft durchsetzen kann, ohne die der ganze Sieg enden müßte in einer Niederlage und in einer Massenabschlachtung der Arbeiterklasse, ähnlich derjenigen nach der Pariser Kommune.[5]

Im Gegensatz dazu warnten die Anarchisten – am wortgewaltigsten Bakunin – vor den Gefahren des »roten Bürokratismus«, der sich als »die abscheulichste und furchtbarste Lüge« erweisen werde, »die unser Jahrhundert hervorgebracht hat«.[6] Der Anarchosyndikalist Fernand Pelloutier fragte: »Muß auch nur der Übergangsstaat, den wir in Kauf zu nehmen haben, zwangsläufig und schicksalhaft das kollektivistische Gefängnis sein? Kann er nicht aus einer freien Organisation bestehen, nach dem Verschwinden aller politischen Institutionen nur noch durch die Erfordernisse von Produktion und Konsum eingeschränkt?«[7]

Ich möchte nicht so tun, als wüsste ich die Antworten auf diese Frage. Aber es scheint klar zu sein, dass, solange es auf sie nicht in irgendeiner Form eine positive Antwort gibt, die Chancen für eine wahrhaft demokratische Revolution, die die humanistischen Ideale der Linken verwirklicht, nicht besonders groß sind. Buber formulierte das Problem kurz und bündig, als er schrieb: »Man kann von einem Bäumchen, aus dem man einen Stecken gemacht hat, naturgemäß nicht mehr erwarten, daß es Blätter treibe«[8] Die Frage nach Eroberung oder Zerstörung der Staatsgewalt ist es, die Bakunin als den Hauptpunkt betrachtete, der ihn von Marx trennte.[9] In der ein oder anderen Form ist das Problem in dem Jahrhundert, das seitdem vergangen ist, immer wieder aufgetreten und hat die »libertären« von den »autoritären« Sozialisten getrennt.

Trotz Bakunins Warnungen den roten Bürokratismus betreffend und ihrer Bestätigung unter Stalins Diktatur wäre es offenkundig ein grober Fehler, sich bei der Interpretation der vor einem Jahrhundert geführten Debatten auf die Behauptungen zeitgenössischer sozialer Bewegungen bezüglich ihrer historischen Ursprünge zu verlassen. Insbesondere ist es verkehrt, den Bolschewismus als »Praxis gewordenen Marxismus« anzusehen. Stattdessen ist die linke Kritik des Bolschewismus, die die historischen Umstände zur Zeit der russischen Revolution berücksichtigt, weitaus zutreffender.[10]

Der linke, anti-bolschewistische Flügel der Arbeiterbewegung kritisierte die Leninisten, weil sie den Umbruch in Rußland nicht genügend für streng proletarische Ziele ausgenutzt hätten. Sie seien Gefangene der Umstände geblieben und benutzten die internationale revolutionäre Bewegung für die spezifischen Bedürfnisse der Sowjetunion, die bald mit den Bedürfnissen des bolschewistischen Einparteienstaates identisch wurden. Die »bürgerlichen« Aspekte der russischen Revolution wurden hier im Bolschewismus selbst entdeckt: Der Leninismus weiche von der internationalen Sozialdemokratie nur in taktischen Fragen ab.[11]

Wollte man innerhalb der anarchistischen Tradition eine einzelne Leitidee ausfindig machen, so müsste es, glaube ich, diejenige sein, die Bakunin zum Ausdruck brachte, als er sich selbst in einer Schrift über die Pariser Kommune wie folgt charakterisierte:

> Ich bin ein leidenschaftlicher Liebhaber der *Freiheit*, die ich für das einzige Milieu halte, in welchem die Intelligenz, die Würde und das Glück der Menschen sich entwickeln und wachsen können; – nicht jener ganz formellen, vom Staat aufgezwungenen, zugemessenen und reglementierten Freiheit, vom Staat der ewigen Lüge, die in Wirklichkeit nie etwas anderes vertritt, als das Vorrecht einzelner, gegründet auf die Sklaverei aller; – nicht jener individualistischen, egoistischen, kleinlichen und fiktiven Freiheit, welche die Schule J. J. Rousseaus und alle anderen Schulen des Bourgeoisliberalismus lobpreisen und welche das sogenannte Recht aller, das der Staat vertritt, als Grenze des Rechts jedes einzelnen betrachtet, was notwendigerweise immer das Recht des einzelnen auf Null reduziert. Nein, ich verstehe darunter die einzige dieses Namens wahrhaft würdige Freiheit, diejenige, welche in der vollen Entwicklung aller materiellen, geistigen und moralischen Kräfte besteht, die im Zustand schlummernder Fähigkeiten jedem zu eigen sind, die Freiheit, die keine anderen Beschränkungen kennt, als die uns von den Gesetzen unserer eigenen Natur vorgeschriebenen, so daß es, genau genommen, keine Beschränkungen sind, da diese Gesetze uns nicht von einem äußeren Gesetzgeber aufgelegt sind, der neben oder über uns existiert, – sie sind uns innewohnend und eigen, sie bilden die Grundlage unseres ganzen Wesens, des materiellen wie des intellektuellen und moralischen; statt also in ihnen eine Grenze zu sehen, müssen wir sie als die wahren Bedingungen und die tatsächliche Ursache unserer Freiheit betrachten.[12]

Diese Ideen entwuchsen der Aufklärung, ihre Wurzeln liegen in Rousseaus *Diskurs über die Ungleichheit*, Humboldts *Grenzen der Wirksamkeit des Staates*, in Kants Beharren darauf, dass, wie es in seiner Verteidigung der Französischen Revolution heißt, Freiheit die Vorbedingung für das Erlangen der Reife zur Freiheit ist, nicht ein Geschenk, das gewährt wird, wenn solche Reife erreicht worden ist (siehe Kapitel 4, S. 91f.). Mit der Entwicklung des industriellen Kapitalismus, eines neuen und unvorhergesehenen Systems der Ungerechtigkeit, ist es der libertäre Sozialismus, der die radikalhumanistische Botschaft der Aufklärung und die Ideale des klassischen Liberalismus, die zu einer Ideologie zum Zwecke des Erhalts der neu entstehenden Gesellschaftsordnung pervertiert wurden, bewahrt und erweitert hat. In der Tat sind unter genau denselben Prämissen, die den klassischen Liberalismus dazu brachten, die Eingriffe des Staates in das gesellschaftliche Leben abzulehnen, auch die kapitalistischen Gesellschaftsverhältnisse unerträglich. Dies wird zum Beispiel deutlich anhand von Humboldts klassischem Werk *Die Grenzen der Wirksamkeit des Staates*, das Mill vorwegnimmt und ihn vielleicht auch inspiriert hat und auf das wir weiter unten zurückkommen werden (Kapitel 4, S. 96-102). Dieser Klassiker des liberalen Denkens, vollendet im Jahre 1792, ist seinem Wesen nach zutiefst, wenn auch vor der Zeit, antikapitalistisch. Seine Ideen mussten bis zur Unkenntlichkeit verwässert werden, um in eine Ideologie des industriellen Kapitalismus umgewandelt werden zu können.

Humboldts Vision einer Gesellschaft, in der soziale Fesseln durch soziale Bindungen ersetzt werden und Arbeit aus freien Stücken übernommen wird, deutet auf den frühen Marx und seine Erörterungen über die »Entäußerung der Arbeit« voraus, die darin besteht, »daß die Arbeit dem Arbeiter *äußerlich* ist, d.h. nicht zu seinem Wesen gehört, daß er sich daher in seiner Arbeit nicht bejaht, sondern verneint … [und] seine Physis abkasteit und seinen Geist ruiniert«. Diese entfremdete Arbeit wirft »einen Teil der Arbeiter zu einer barbarischen Arbeit zurück und macht den andren Teil zur Maschine« und entzieht ihnen auf diese Weise ihren »Gattungscharakter«: die »freie bewußte Tätigkeit« und das »produktive Leben«. Ebenso entwirft Marx »einen neuen Menschentypus, der seine Mitmenschen *braucht* … [Die Assoziation der Arbeiter ist] die wahre Konstruktionsleistung zur Schaffung der Sozialstruktur zukünftiger menschlicher Beziehungen«.[13] Es ist richtig, dass klassisch-libertäres Denken staatliche Eingriffe in das gesellschaftliche Leben aufgrund tiefverwurzelter Annahmen über das menschliche Bedürfnis nach Freiheit, Vielfalt und freier Assoziation ablehnt. Die kapitalistischen Produktionsverhältnisse, Lohnarbeit, Konkurrenzdenken, die Ideologie des »Besitzindividualismus« – sie alle müssen unter denselben Annahmen als von Grund auf inhuman angesehen werden. Der libertäre Sozialismus ist recht eigentlich als Erbe der liberalen Ideale der Aufklärung anzusehen.

Aus der Sicht Rudolf Rockers treffen im modernen Anarchismus »zwei große Strömungen zusammen, die vor und nach der französischen Revolution einen sehr großen Ausdruck im geistigen Leben Europas gefunden haben: Sozialismus und Liberalismus«. Die klassisch-liberalen Ideale, argumentiert er, sind an den Realitäten der kapitalistischen Wirtschaftsformen zugrunde gegangen. Anarchismus ist notwendigerweise antikapitalistisch, insofern er sich der »Ausbeutung des Menschen durch den Menschen« entgegenstellt. Aber der Anarchismus stellt sich auch der »Herrschaft des Menschen über den Menschen« entgegen. Er besteht darauf: »*der Sozialismus wird frei oder er wird nicht sein.* Im Erkennen dieser Tatsache liegt die wahre und tiefe Rechtfertigung des Anarchismus«.[14] Aus dieser Perspektive könnte man den Anarchismus als den libertären Flügel des Sozialismus ansehen. Genau in diesem Geist ist Guérin an das Studium des Anarchismus herangegangen, in *Anarchismus* und anderen Werken.[15] Guérin zitiert Adolph Fischer, der sagte: »Jeder Anarchist ist Sozialist, aber nicht jeder Sozialist ist notwendigerweise ein Anarchist«. Ebenso hatte Bakunin in seinem »anarchistischen Manifest« von 1865, dem Programm seiner geplanten internationalen revolutionären Bruderschaft, den Grundsatz festgelegt, dass jedes Mitglied zunächst Sozialist zu sein habe.

Ein konsequenter Anarchist muss das Privateigentum an Produktionsmitteln und die Lohnsklaverei, die ein Bestandteil dieses Systems ist, als unvereinbar mit dem Grundsatz ablehnen, dass Arbeit aus freien Stücken übernommen werden und unter der Kontrolle der Produzenten stehen soll. Wie Marx es formulierte, sehen Sozialisten einer Gesellschaft entgegen, in der die Arbeit »nicht nur Mittel zum Leben, sondern selbst das erste Lebensbedürfnis geworden« ist[16] – eine Unmöglichkeit, wenn der Arbeiter durch externe Autorität oder Not angetrieben wird statt aus einem inneren Impuls heraus: »Keine Form der Lohnarbeit, obgleich die eine Mißstände der andren überwältigen mag, kann die Mißstände der Lohnarbeit selbst überwältigen«.[17] Ein konsequenter Anarchist muss nicht nur die entfremdete Arbeit, sondern auch die stumpfsinnige Spezialisierung der Arbeit ablehnen, die sich mit der Entwicklung der Produktionsmittel ergibt. Diese

> verstümmeln den Arbeiter in einen Teilmenschen, entwürdigen ihn zum Anhängsel der Maschine, vernichten mit der Qual seiner Arbeit ihren Inhalt, entfremden ihm die geistigen Potenzen des Arbeitsprozesses im selben Maße, worin letzterem die Wissenschaft als selbstständige Potenz einverleibt wird...[18]

Marx sah dies nicht als unvermeidliche Begleiterscheinung der Industrialisierung, sondern vielmehr als Besonderheit der kapitalistischen Produktionsverhältnisse.

Die Gesellschaft der Zukunft muss dafür Sorge tragen, den heutigen Detailarbeiter »zu ersetzen durch die absolute Disponibilität des Menschen für wechselnde Arbeitserfordernisse; das Teilindividuum ... durch das total entwickelte Individuum, für welches verschiedne gesellschaftliche Funktionen einander ablösende Betätigungsweisen sind«.[19] Die Voraussetzung dafür ist die Abschaffung von Kapital und Lohnarbeit als gesellschaftliche Kategorien (ganz zu schweigen von den industriellen Armeen des »Arbeitsstaats« oder den verschiedenen modernen Formen des Totalitarismus oder Staatskapitalismus). Die Reduktion des Menschen zu einem Anhängsel der Maschine, einem Spezialwerkzeug der Produktion könnte im Prinzip durch die richtige Entwicklung und Anwendung der Technologie überwunden werden, statt sie zu verstärken, aber nicht unter den Bedingungen einer autokratischen Kontrolle der Produktion durch diejenigen, die – in den Worten Humboldts – den Menschen zu einem Mittel ihrer Absichten machen und dabei über seine individuellen Zwecke hinwegsehen.

Anarchosyndikalisten haben selbst unter dem Kapitalismus versucht, »freie Assoziationen von freien Produzenten« zu schaffen, die sich dem militanten Kampf verschreiben und darauf vorbereiten sollten, die Organisation der Produktion auf demokratischer Basis zu übernehmen. Diese Assoziationen sollten als »eine praktische Schule des Anarchismus« dienen.[20] Wenn das Privateigentum an Produktionsmitteln, nach Proudhons oft zitierter Formulierung, lediglich eine Form von »Diebstahl« ist – »die Ausbeutung des Schwachen durch den Starken«[21] – dann schafft auch die Kontrolle der Produktion durch eine staatliche Bürokratie, wie wohlwollend ihre Absichten auch immer sein mögen, nicht die Bedingungen, unter denen die Arbeit, sei es körperliche oder geistige, das höchste Bedürfnis im Leben werden kann. Beides muss also überwunden werden.

Bei seinem Angriff gegen das Recht auf private oder bürokratische Kontrolle über die Produktionsmittel steht der Anarchist an der Seite derjenigen, die dafür kämpfen, die »dritte und letzte emanzipatorische Evolution in der Geschichte« herbeizuführen; die erste machte aus Sklaven Leibeigene, die zweite machte aus Leibeigenen Lohnabhängige und die dritte schafft das Proletariat in einem endgültigen Befreiungsakt ab, der die Kontrolle über die Ökonomie in die Hände der freien und freiwilligen Assoziationen der Produzenten legt (Fourier 1848).[22] Die unmittelbar drohende Gefahr für die »Zivilisation« ist, ebenfalls im Jahre 1848, von Tocqueville bemerkt worden:

> Als noch das Eigentumsrecht nur den Ursprung und die Grundlage für viele andere Rechte bildete, war es leicht zu verteidigen oder vielmehr wurde es nicht angegriffen. Es bildete damals gleichsam einen Schutzwall für die Gesellschaft, deren andere Rechte mit vorgeschobenen Verteidigungsstellungen zu vergleichen waren. Damals drangen die Angriffe nicht bis zum Eigentumsrecht durch; man versuchte nicht einmal ernsthaft, es zu treffen. Aber heute ist das anders. Heute erscheint das Eigentumsrecht nur noch als letzter Rest einer untergegangenen aristokratischen Welt; es steht allein noch aufrecht als ein isoliertes Privileg inmitten einer gleichgemachten Gesellschaft … Bedenken Sie nur, was in der Seele der Arbeiterklasse vor sich geht, die heute, ich gebe es zu, noch ruhig ist! Zwar wird sie jetzt nicht in demselben Grade von politischen Leidenschaften im eigentlichen Sinne des Wortes aufgewühlt wie früher; aber sehen Sie nicht, daß ihre politischen Leidenschaften sich in soziale gewandelt haben? Sehen Sie nicht, daß sich in der Arbeiterklasse allmählich Auffassungen und Ideen verbreiten, die nicht nur einzelne Gesetze, Ministerien oder vielleicht Regierungen beseitigen, sondern die heutigen Grundlagen der Gesellschaftsordnung selbst erschüttern und umstürzen werden?[23]

Die Arbeiter von Paris brachen 1871 ihr Schweigen und machten sich daran,

> das Eigentum, die Grundlage aller Zivilisation, ab[zu]schaffen! Jawohl, meine Herren, die Kommune wollte jenes Klasseneigentum abschaffen, das die Arbeit der vielen in den Reichtum der wenigen verwandelt. Sie beabsichtigte die Enteignung der Enteigner. Sie wollte das individuelle Eigentum zu einer Wahrheit machen, indem sie die Produktionsmittel, den Erdboden und das Kapital, jetzt vor allem die Mittel zur Knechtung und Ausbeutung der Arbeit, in bloße Werkzeuge der freien und assoziierten Arbeit verwandelt.[24]

Die Kommune wurde natürlich in Blut ertränkt. Das Wesen jener »Zivilisation«, die die Arbeiter von Paris in ihrem Angriff auf die »Grundlagen der Zivilisation selbst« zu überwinden suchten, zeigte sich wieder einmal, als die Truppen der Versailler Regierung Paris aus den Händen seiner Bewohner zurückeroberten. Wie Marx bitter, aber zutreffend schrieb:

> Die Zivilisation und Gerechtigkeit der Bourgeoisordnung tritt hervor in ihrem wahren, gewitterschwangern Licht, sobald die Sklaven in dieser Ordnung sich gegen die Herren empören. Dann stellt sich diese Zivilisation und Gerechtigkeit dar als unverhüllte Wildheit und gesetzlose Rache. … [D]ie höllischen Taten der Soldateska strahlen den eingebornen Geist jener Zivilisation [zurück], deren gemietete Vorkämpfer und Rächer sie sind. … Die Bourgeoisie der ganzen Welt sieht der Massenschlächterei nach der Schlacht wohlgefällig zu, aber sie entsetzt sich über die Entweihung von Dach und Fach! [Ebd., S. 74, 77.]

Trotz der gewaltsamen Zerstörung der Kommune schrieb Bakunin, dass Paris eine neue Zeit eröffnet, »die der endgültigen und vollständigen Befreiung der Volksmassen und ihrer jetzt vollständig wirklichen Solidarität über die Grenzen der Staaten hin und diesen zum Trotz; … die nächste internationale Revolution aller Völker wird die Auferstehung von Paris sein« – eine Revolution, auf die die Welt noch immer wartet.

Der konsequente Anarchist sollte also ein Sozialist sein, aber ein Sozialist besonderer Art. Er wird nicht nur entfremdete und spezialisierte Arbeit ablehnen und die Aneignung des Kapitals durch die Gesamtheit der Arbeiter als erstrebenswertes Ziel ansehen, sondern er wird auch darauf bestehen, dass diese Aneignung unmittelbar zu sein hat und nicht durch eine Elitekraft vollzogen wird, die im Namen des Proletariats handelt. Ablehnen wird er, kurzum,

> die Organisierung der Produktion durch den Staat. [Sie bedeutet] Staatssozialismus, Leitung der Produktion durch Staatsbeamte, Herrschaft der Direktoren, der Wissenschaftler und der Gewerkschaftsführer in der Fabrik. ... Das Ziel der Arbeiterklasse ist die Befreiung von der Ausbeutung. Dieses Ziel wird und kann nicht durch eine neue führende und herrschende Klasse erreicht werden, die die Bourgeoisie ersetzt. Dies kann nur dadurch erreicht werden, daß die Arbeiter selbst Herren über die Produktion werden.

Diese Äußerungen sind den *Fünf Thesen über den Kampf der Arbeiterklasse* des linken Marxisten Anton Pannekoek entnommen, einem der bedeutendsten linken Theoretiker der rätekommunistischen Bewegung. Und in der Tat fließt der radikale Marxismus mit anarchistischen Strömungen zusammen. Betrachten wir als ein weiteres Beispiel die folgende Charakterisierung des »revolutionären Sozialismus«:

> Der revolutionäre Sozialist bestreitet, dass Staatseigentum in irgendetwas anderem als bürokratischem Despotismus enden könne. Wir haben gesehen, warum der Staat die Industrie nicht demokratisch kontrollieren kann. Die Industrie kann nur von den Arbeitern demokratisch besessen und kontrolliert werden, die aus ihren eigenen Reihen Industrieverwaltungskomitees direkt wählen. Der Sozialismus wird im Grunde ein industrielles System sein, seine Wahlbezirke werden industriellen Charakters sein. So werden diejenigen, die die sozialen und industriellen Tätigkeiten in der Gesellschaft ausüben, direkt in den lokalen und zentralen Räten der gesellschaftlichen Verwaltung vertreten sein. Auf diese Weise werden die Machtbefugnisse solcher Delegierten von denjenigen nach oben weitergegeben, die die Arbeit verrichten und mit den Bedürfnissen der Gemeinschaft vertraut sind. Wenn das zentrale Industrieverwaltungskomitee zusammentritt, wird es jeden Bereich gesellschaftlicher Aktivität repräsentieren. Somit wird der politische und geographische

> Staat des Kapitalismus ersetzt durch das Industrieverwaltungskomitee des Sozialismus. Der Übergang von diesem zu jenem Gesellschaftssystem wird die *soziale Revolution* sein. Der politische Staat bedeutete die ganze Geschichte hindurch die Regierung der *Menschen* durch herrschende Klassen, die Republik des Sozialismus wird die Regierung der *Industrie* sein, die im Interesse des gesamten Gemeinwesens verwaltet wird. Erstere bedeutete die ökonomische und politische Unterwerfung der vielen, letztere wird die ökonomische Freiheit aller bedeuten – sie wird daher eine wahre Demokratie sein.

Diese programmatische Erklärung steht in William Pauls *The State, its Origins and Function*, geschrieben Anfang 1917 – kurz vor Lenins *Staat und Revolution*, seinem wohl libertärsten Werk (siehe Anm. 10). Paul war Mitglied der von Marx und De Leon beeinflussten Socialist Labour Party und später ein Mitbegründer der British Communist Party.[25] Seine Kritik des Staatssozialismus ähnelt der libertären Lehre der Anarchisten in ihrem Grundsatz, dass die soziale Revolution staatliches Eigentum und Verwaltung durch die industrielle Organisation der Gesellschaft mit direkter Arbeiterkontrolle ersetzen muss, da jene unweigerlich zu bürokratischem Despotismus führen. Viele ähnliche Aussagen ließen sich anführen.

Weit wichtiger ist, dass diese Ideen in spontanen revolutionären Aktionen verwirklicht worden sind, zum Beispiel in Deutschland und Italien nach dem Ersten Weltkrieg und 1936 in Spanien (nicht nur im agrarwirtschaftlich geprägten ländlichen Raum, sondern auch im industrialisierten Barcelona). Man könnte argumentieren, dass die natürliche Form des revolutionären Sozialismus in einer Industriegesellschaft irgendeine Form von Rätekommunismus ist. In ihr spiegelt sich die unmittelbare Erkenntnis, dass Demokratie erheblich eingeschränkt ist, wenn das Industriesystem von einer wie auch immer gearteten autokratischen Elite kontrolliert wird, seien es Eigentümer, Manager und Technokraten, eine »Avantgarde«-Partei oder eine staatliche Bürokratie. Unter solchen Bedingungen autoritärer Herrschaft lassen sich die klassisch libertären Ideale, wie sie von Marx und Bakunin und allen wahren Revolutionären weiterentwickelt worden sind, nicht verwirklichen, der Mensch wird nicht die Freiheit haben, seine eigenen Möglichkeiten in vollem Umfang zu entfalten und der Produzent wird ein »Teilmensch« bleiben, entwürdigt, ein Werkzeug im von oben geleiteten Produktionsprozess.

Die Formulierung »spontane revolutionäre Aktionen« könnte zu Missverständnissen führen. Die Anarchosyndikalisten zumindest haben Bakunins Äußerung, dass die Organisationen der Arbeiter »nicht nur die Ideen, sondern sogar die Tatsachen der Zukunft selbst« in der vorrevolutionären Periode schaffen müssen, sehr ernst genommen. Insbesondere die Errungenschaften der Volksrevolution in Spanien gründeten auf geduldiger, langjähriger Organisations- und Bildungsarbeit, Bestandteil einer langen Tradition von Engagement und Militanz. Die Resolutionen des Madrider Kongresses vom Juni 1931 und des Kongresses in Saragossa im Mai 1936 deuteten in vielerlei Hinsicht auf die Ereignisse der Revolution voraus, wie es auch die ein wenig anders gearteten Ideen taten, die Santillán (siehe Anm. 4) in seiner ziemlich genauen Beschreibung der von der Revolution zu errichtenden Gesellschafts- und Wirtschaftsorganisation umrissen hat. Guérin schreibt: »Die libertäre Revolution war vorbereitet im Bewußtsein der Volksmassen wie im Denken der libertären Theoretiker«. Und es existierten Arbeiterorganisationen, die die Struktur, die Erfahrung und die Erkenntnisse besaßen, um die Aufgabe eines Neuaufbaus der Gesellschaft in Angriff zu nehmen, als sich mit dem Putsch Francos die Unruhen zu Beginn des Jahres 1936 explosionsartig zur sozialen Revolution ausweiteten. In seiner Einleitung zu einer Sammlung von Dokumenten über die Kollektivierung in Spanien schreibt der Anarchist Augustin Souchy:

> Die Anarchisten und Syndikalisten Spaniens sahen die soziale Veränderung der Gesellschaft seit vielen Jahren als ihre oberste Aufgabe an. In den Versammlungen ihrer Gewerkschaften und Gruppierungen, in ihren Zeitungen, ihren Broschüren und Büchern wurde beständig und auf systematische Weise das Problem der sozialen Revolution diskutiert.[26]

All dies stand hinter den spontanen Errungenschaften, der Aufbauarbeit der spanischen Revolution.

Die Ideen des libertären Sozialismus im hier beschriebenen Sinne sind in den Industriegesellschaften des letzten halben Jahrhunderts untergegangen. Die herrschenden Ideologien waren die des Staatssozialismus oder des Staatskapitalismus (von zunehmend militarisiertem Charakter in den Vereinigten Staaten, aus Gründen, die nicht im Dunkeln liegen).[27] Doch flammte das Interesse an ihm in den letzten Jahren wieder auf. Die Thesen von Anton Pannekoek, die ich zitierte, sind einem aktuellen Pamphlet einer radikalen französischen Arbeitergruppierung entnommen (*Informations Correspondance Ouvrière*). Die Bemerkungen William Pauls über den revolutionären Sozialismus werden in einem Vortrag von Walter Kendall zitiert, den er auf der Nationalen Konferenz über Arbeiterkontrolle in Sheffield, England, im März 1969 gehalten hat. Die Bewegung für Arbeiterkontrolle ist in den letzten Jahren in England zu einer bedeutenden Kraft geworden. Sie hat mehrere Konferenzen organisiert und eine beträchtliche Menge an Flugschriften hervorgebracht, und zählt Vertreter einiger der wichtigsten Gewerkschaften zu ihren aktiven Anhängern. Die Amalgamated Engineering and Foundryworkers' Union zum Beispiel hat den Plan einer Verstaatlichung der Grundstoffindustrien unter »Arbeiterkontrolle auf allen Ebenen« in ihr offizielles Programm übernommen.[28] Auf dem Kontinent gibt es ähnliche Entwicklungen. Der Mai 1968 hat natürlich das Wachstum des Interesses am Rätekommunismus und verwandten Ideen in Frankreich und Deutschland genauso wie in England weiter beschleunigt.

Angesichts der generell konservativen Grundstruktur unserer äußerst ideologisierten Gesellschaft ist es nicht allzu überraschend, dass die Vereinigten Staaten von diesen Entwicklungen relativ unberührt geblieben sind. Aber auch das könnte sich ändern. Die Erosion der Mythologie des Kalten Krieges macht es immerhin möglich, diese Themen in weiten Kreisen anzusprechen. Wenn die derzeitige Repressionswelle zurückgeschlagen werden kann, wenn die Linke einige ihrer selbstmörderischsten Neigungen überwinden und auf dem aufbauen kann, was im letzten Jahrzehnt erreicht worden ist, dann sollte das Problem, wie eine Industriegesellschaft nach wahrhaft demokratischen Richtlinien, mit demokratischer Kontrolle am Arbeitsplatz und innerhalb des Gemeinwesens, zu organisieren ist, zu einer bestimmenden geistigen Frage für all jene werden, die ein reges Interesse für die Probleme der zeitgenössischen Gesellschaft haben, und in dem Maße, in dem sich eine Massenbewegung für den libertären Sozialismus entwickelt, dürfte die Spekulation zur Aktion übergehen.

In seinem Manifest von 1865 sagte Bakunin voraus, dass die Elemente der sozialen Revolution auch »den intelligenten und wirklich edlen Teil der Jugend« umfassen werden, »der zwar durch seine Geburt zu den privilegierten Klassen gehört, durch seine edelmütigen Überzeugungen und glühenden Aspirationen aber die Sache des Volks zur eigenen macht«. Vielleicht sieht man mit dem Aufkommen der Studentenbewegung der 1960er-Jahre erste Schritte hin zur Erfüllung dieser Prophezeiung.

Daniel Guérin hat unternommen, was er einen »Rehabilitierungsprozess« des Anarchismus genannt hat. Er argumentiert – überzeugend, wie ich glaube –, dass »die konstruktiven Ideen des Anarchismus ihre Lebendigkeit behalten, dass sie, wenn überprüft und gesichtet, dem zeitgenössischen sozialistischen Denken dabei helfen können, einen neuen Aufbruch zu unternehmen, ... [und] zur Bereicherung des Marxismus beitragen können«.[29] Vom »breiten Rücken« des Anarchismus hat er diejenigen Ideen und Aktionen zur genaueren Untersuchung ausgewählt, die sich als libertär-sozialistisch beschreiben lassen. Dies ist nur natürlich und richtig. Dieser Rahmen umfasst die bedeutenden Vertreter des Anarchismus ebenso wie die Massenaktionen, die durch anarchistische Gesinnungen und Ideale angeregt wurden. Guérin beschäftigt sich nicht nur mit dem anarchistischen Denken, sondern auch mit den spontanen Aktionen von Kräften des Volkes, die im Laufe des revolutionären Kampfes tatsächlich neue Gesellschaftsformen schaffen. Er beschäftigt sich mit der sozialen ebenso wie mit der intellektuellen Kreativität. Darüber hinaus versucht er, aus den Aufbauleistungen der Vergangenheit Lehren zu ziehen, die die Theorie der gesellschaftlichen Befreiung zukünftig bereichern werden. Für diejenigen, die die Welt nicht nur verstehen, sondern auch verändern wollen, ist dies der richtige Weg, die Geschichte des Anarchismus zu erforschen.

Guérin beschreibt den Anarchismus des 19. Jahrhunderts als im Wesentlichen theoretisch, während das 20. Jahrhundert für die Anarchisten eine Zeit der »revolutionären Praxis« gewesen ist.[30] In *Anarchismus* spiegelt sich dieses Urteil wider. Seine Interpretation des Anarchismus weist bewusst in die Zukunft. Arthur Rosenberg hat einst darauf hingewiesen, dass Volksrevolutionen üblicherweise »einen feudalen oder zentralistischen Gewaltapparat« durch eine Form kommunalen Gemeinwesens zu ersetzen suchen, das die »Zerschlagung oder Auflösung des alten Staates« miteinschließt. Ein solches System wird entweder sozialistisch oder eine »extreme Form der Demokratie« sein, die »die Voraussetzung für den Sozialismus [ist], der nur bei einem Höchstmaß menschlicher Freiheit vollendet werden kann«. Dieses Ideal, so merkt er an, habe Marx mit den Anarchisten gemein.[31] Dieser naturgemäße Befreiungskampf läuft der vorherrschenden Zentralisierungstendenz im wirtschaftlichen und politischen Leben zuwider.

Vor einem Jahrhundert schrieb Marx, dass die Bourgeoisie von Paris »fühlte, daß es nur noch eine Wahl gab: die Kommune oder das Kaisertum, gleichviel unter welchem Namen«.

> Das Kaisertum hatte [sie] ökonomisch ruiniert durch seine Verschleuderung des öffentlichen Reichtums, durch den von ihm großgezognen Finanzschwindel, durch seine Beihülfe zur künstlich beschleunigten Zentralisation des Kapitals und die dadurch bedingte Enteignung [in ihren eigenen Reihen]. Es hatte sie politisch unterdrückt, sie sittlich entrüstet durch seine Orgien, es hatte ihren Voltairianismus beleidigt durch Überlieferung der Erziehung ihrer Kinder an die »unwissenden Brüderlein«, es hatte ihr Nationalgefühl als Franzosen empört, indem es sie kopfüber in einen Krieg stürzte, der für alle die Verwüstung, die er anrichtete, nur einen Ersatz ließ – die Vernichtung des Kaisertums.[32]

Das elende Zweite Kaiserreich war »die einzige mögliche Regierungsform zu einer Zeit, wo die Bourgeoisie die Fähigkeit, die Nation zu beherrschen, schon verloren und wo die Arbeiterklasse diese Fähigkeit noch nicht erworben hatte«.

Es ist nicht besonders schwierig, diese Bemerkungen so umzuformulieren, dass sie auf die imperialen Systeme des Jahres 1970 passen. Die Aufgabe der »Befreiung des Menschen vom Fluch der ökonomischen Ausbeutung und der politischen und gesellschaftlichen Versklavung« bleibt die Aufgabe unserer Zeit. Solange dies so ist, werden die Lehren und die revolutionäre Praxis des libertären Sozialismus als Inspiration und Leitfaden dienen.

---

1 Octave Mirbeau, zitiert nach James Joll: *The Anarchists*. Boston: Little, Brown & Co. 1964, S. 145f.

2 Rudolf Rocker: *Anarchosyndicalism*. London: Secker & Warburg 1938, S. 31.

3 Zitiert ebd., S. 77. Dieses und das Zitat im nächsten Satz stammen aus Michail Bakunin: *The Program of the Alliance*, in: *Bakunin on Anarchy*. Hg. und übersetzt von Sam Dolgoff. New York: Alfred A. Knopf 1972, S. 255.

4 Diego Abad de Santillan: *After the Revolution*. New York: Greenberg Publishers 1937, S. 86. Im letzten Kapitel, geschrieben mehrere Monate nach dem Beginn der Revolution, bringt er seine Unzufriedenheit darüber zum Ausdruck, was bisher im Rahmen dieser Richtlinien erreicht wurde. Zu den Errungenschaften der Sozialrevolution in Spanien siehe mein Buch *American Power and the New Mandarins* (New York: Pantheon Books 1969), Kap. 1 [*Amerika und die neuen Mandarine*. Aus dem Amerikanischen übersetzt von Anna Kamp. Frankfurt am Main 1969], und die dort angeführten Literaturangaben; die wichtige Untersuchung von Broué und Témime ist mittlerweile ins Englische übersetzt worden. Seitdem sind mehrere wichtige Untersuchungen erschienen, insbesondere: Frank Mintz: *L'Autogestion dans l'Espagne libertaire*. Paris: Éditions Bélibaste 1971; César M. Lorenzo: *Les Anarchistes espagnols et le pouvoir 1868-1969*. Paris: Éditions du Seuil 1969; Gaston Leval: *Espagne libertaire 1936-1939. L'OEuvre constructive de la Révolution espagnole*. Paris: Éditions du Cercle 1971. Siehe auch Vernon Richards: *Lessons of the Spanish Revolution* (1936-1939). Erweiterte Aufl. London: Freedom Press 1972.

5 Zitiert von Robert C. Tucker: *The Marxian Revolutionary Idea*. New York: W. W. Norton & Co. 1969 im Rahmen seiner Erörterung von Marxismus und Anarchismus.

6 Bakunin 1866 in einem Brief an Herzen und Ogarjow. Zitiert von Daniel Guérin: *Jeunesse du socialisme libertaire*. Paris: Libraire Marcel Rivière 1959, S. 119.

7 Fernand Pelloutier, zitiert nach Joll, *Anarchists*. Die Quelle ist *L'Anarchisme et les syndicats ouvriers*, in: *Les Temps nouveaux*, 2. bis 8. November 1895. Der volle Text erscheint bei Daniel Guérin (Hg.): *Ni Dieu, ni maître*. Lausanne: La Cité Éditeur 1969, einer hervorragenden historischen Anthologie des Anarchismus.

8 Martin Buber: *Paths in Utopia*. Boston: Beacon Press 1958, S. 127.

9 »[K]ein Staat, wie demokratisch auch immer seine Formen sein mögen«, schrieb Bakunin, »und sei es die röteste *politische* Republik ... kann dem Volke das geben, was es braucht, nämlich die freie Organisation der eigenen Interessen von unten nach oben, ohne jede Einmischung, Bevormundung oder Nötigung von oben, weil jeglicher Staat, ... sogar der Pseudo-Volksstaat, wie ihn Marx geplant hat, letzten Endes nichts anderes darstellt als die Beherrschung der Massen von oben nach unten durch eine intellektuelle und eben dadurch privilegierte Minderheit, die angeblich die wahren Interessen des Volkes besser erkennt als das Volk selbst.« »Aber für das Volk wird es keineswegs leichter, wenn der Stock, mit dem man es schlägt, Stock des Volkes genannt wird« (*Statism and Anarchy* [1873], in: Dolgoff, *Bakunin on Anar-*

chy, S. 338) – mit dem »Stock des Volkes« ist die demokratische Republik gemeint. Marx sah die Sache natürlich anders. Siehe zur Diskussion der Auswirkungen der Pariser Kommune auf diese Auseinandersetzung Daniel Guérins Anmerkungen in *Ni Dieu, ni maître*; leicht erweitert erschienen diese auch in seinem *Pour un marxisme libertaire* (Paris: Robert Laffont 1969). Siehe auch Anm. 24.

10 Zu Lenins »Intellektueller Abweichung« nach links während des Jahres 1917 siehe Robert Vincent Daniels: *The State and Revolution. A Case Study in the Genesis and Transformation of Communist Ideology*, in: *American Slavic and East European Review* Bd. 12, Nr. 1 (1953).

11 Paul Mattick: *Marx and Keynes. The Limits of the Mixed Economy*. Boston: Porter Sargent 1969, S. 295.

12 Michail Bakunin: *La Commune de Paris et la notion de l'État*, abgedruckt in Guérin, *Ni Dieu, ni maître*. Bakunins letzte Bemerkung über die Gesetze der individuellen Natur als Ursache der Freiheit lässt sich mit dem Begriff von kreativem Denken vergleichen, wie er in der rationalistischen und romantischen Tradition entwickelt worden ist. Siehe meine *Cartesian Linguistics* (New York: Harper & Row 1966) [*Cartesianische Linguistik. Ein Kapitel in der Geschichte des Rationalismus*. Übersetzt von Richard Kruse. Tübingen: Niemeyer 1971] und *Language and Mind* (New York: Harcourt, Brace & World 1968) [*Sprache und Geist*. Aus dem Amerikanischen von Siegfried Kanngießer, Gerd Lingrün und Ulrike Schwartz. Mit einem Anhang: *Linguistik und Politik*. Aus dem Amerikanischen von Anna Kamp. Frankfurt am Main: Suhrkamp 1970].

13 Shlomo Avineri: *The Social and Political Thought of Karl Marx*. London: Cambridge University Press 1968, S. 142 mit Bezug auf Bemerkungen aus *Die heilige Familie*. Avineri stellt fest, dass innerhalb der sozialistischen Bewegung nur die israelischen Kibbutzim »erkannt haben, dass die Verfahren und Formen der gegenwärtigen Gesellschaftsorganisation die Struktur der zukünftigen Gesellschaft bestimmen werden«. Dies jedoch war eine charakteristische Position des Anarchosyndikalismus, wie oben bereits bemerkt.

14 Rocker, *Anarchosyndicalism*, S. 28.

15 Siehe Guérins oben genannte Werke.

16 Karl Marx: *Kritik des Gothaer Programms*.

17 Karl Marx: *Grundrisse der Kritik der politischen Ökonomie*, zitiert von Mattick, Marx and Keynes, S. 306. Siehe in diesem Zusammenhang auch Matticks Aufsatz *Workers Control*, in: Priscilla Long (Hg.): *The New Left. A Collection of Essays*. Boston: Porter Sargent 1969 und Avineri, *Social and Political Thought of Marx*.

18 Karl Marx: *Das Kapital*, zitiert von Robert Tucker, *Marxian Revolutionary Idea*, der zu Recht betont, dass Marx den Revolutionär eher als »frustrierten Produzenten« denn als »unzufriedenen Konsumenten« sieht. Diese radikalere Kritik der kapitalistischen Produktionsverhältnisse ist direkt aus dem libertären Denken der Aufklärung entwachsen.

19 Marx, *Das Kapital*, zitiert von Avineri, *Social and Political Thought*, S. 233.

20 Pelloutier, *L'Anarchisme*.

21 *Was ist das Eigentum?* Der Satz »Eigentum ist Diebstahl« missfiel Marx, der in seinem Gebrauch ein logisches Problem sah, da Diebstahl die legitime Existenz von Eigentum voraussetzt. Siehe Avineri, *Social and Political Thought*.

22 Zitiert nach Bubers *Paths in Utopia*, S. 19.

23 Zitiert nach J. Hampden Jackson: *Marx, Proudhon and European Socialism*. New York: Collier Books 1962, S. 60.

24 Karl Marx: *The Civil War in France*. New York: International Publishers 1941, S. 24. Avineri merkt an, dass sich diese und andere Kommentare von Marx zur Pariser Kommune gezielt auf deren Absichten und Pläne bezogen. Wie Marx an anderer Stelle klargemacht hat, war seine reflektierte Einschätzung kritischer als in dieser Ansprache.

25 Siehe Walter Kendall: *The Revolutionary Movement in Britain 1900-1921*. London: Weidenfeld & Nicholson 1969 für einige Hintergrundinformationen.

26 *Collectivisations. L'Œuvre constructive de la Révolution espagnole*, S. 8.

27 Siehe zur Diskussion Mattick, *Marx and Keynes* und Michael Kidron: *Western Capitalism Since the War*. London: Weidenfeld & Nicolson 1969. Siehe auch die Ausführungen und die zitierten Quellenangaben in meinem Buch *At War with Asia* (New York: Pantheon Books 1970), Kap. 1, S. 23-26 [*Indochina und die amerikanische Krise. Im Krieg mit Asien I*. Aus dem Amerikanischen von Jürgen Behrens. Frankfurt am Main: Suhrkamp 1972].

28 Siehe Hugh Scanlon: *The Way Forward for Workers' Control*. Nottingham 1968 (= Institute for Workers' Control Pamphlet Series, Nr. 1). Scanlon ist Präsident der AEF, einer der größten britischen Gewerkschaften. Das Institut wurde als Ergebnis der 6. Konferenz über Arbeiterkontrolle vom März 1968 gegründet und dient als Zentrum zur Verbreitung von Informationen und Forschungsförderung.

29 Guérin, *Ni Dieu, ni maître*, Einleitung.

30 Ebd.

31 Arthur Rosenberg: *A History of Bolshevism from Marx to the First Five Years' Plan*. Übersetzt von Ian F. Morrow. New York: Russell & Russell 1965, S. 88.

32 Marx, *Civil War in France*, S. 62f.

4

Sprache und Freiheit

Vortrag, gehalten auf dem »University Freedom and Human Sciences Symposium« der Loyola University, Chicago, vom 8. und 9. Januar 1970. Er erschien zunächst in: *Abraxas* Bd.1, Nr. 1 (1970) und *TriQuarterly* Bde. 23-24 (1972). Wiederabdruck in *For Reasons of State* (New York: Pantheon Books 1973).

Als man mich einlud, über das Thema »Sprache und Freiheit« zu sprechen, war ich verwirrt und fasziniert. Den größten Teil meines beruflichen Lebens habe ich der Erforschung der Sprache gewidmet. Es wäre keine große Schwierigkeit, in diesem Bereich ein Vortragsthema zu finden. Und über die Probleme von Freiheit und Befreiung, wie sie sich uns und anderen in der Mitte des 20. Jahrhunderts stellen, gibt es viel zu sagen. Das Problematische im Titel dieses Vortrags ist die Konjunktion »und«. Auf welche Weise sollen Sprache und Freiheit miteinander verbunden werden?

Lassen Sie mich einleitend ein Wort zur zeitgenössischen Sprachforschung sagen, so wie ich sie sehe. Es gibt viele Aspekte der Sprache und des Sprachgebrauchs, die spannende Fragen aufwerfen, aber nach meiner Einschätzung haben bislang nur wenige zu produktiver theoretischer Arbeit geführt. Die tiefsten Einsichten besitzen wir insbesondere auf dem Gebiet der formalen Struktur der Grammatik. Ein Mensch, der eine Sprache beherrscht, hat ein System von Regeln und Gesetzmäßigkeiten erworben – eine »generative Grammatik« in der Fachterminologie –, die Laute und Bedeutungen auf eine bestimmte Weise miteinander verbindet. Für eine ganze Reihe von Sprachen gibt es viele halbwegs gut begründete und, wie ich glaube, recht aufschlussreiche Hypothesen über den Charakter solcher Grammatiken. Darüber hinaus gab es ein erneuertes Interesse an der »universellen Grammatik«, worunter man heute die Theorie versteht, die die allgemeinen Eigenschaften derjenigen Sprachen zu bestimmen versucht, die auf die übliche Weise von Menschen gelernt werden können. Auch hier sind bedeutende Fortschritte erzielt worden. Dieses Fachgebiet ist von besonderer Wichtigkeit. Es erscheint angemessen, die universelle Grammatik als die Erforschung einer der wesentlichen Fähigkeiten des Geistes anzusehen. Es ist daher äußerst interessant herauszufinden – was wir meiner Meinung nach auch gerade tun –, dass die Gesetzmäßigkeiten der universellen Grammatik reichhaltig, abstrakt und restriktiv sind und dazu verwendet werden können, grundsätzliche Erklärungen für eine Reihe von Phänomenen aufzustellen. Wenn die Sprache ein Sprungbrett für die Untersuchung anderer Fragen der menschlichen Natur bereitstellen soll, dann sind es beim gegenwärtigen Stand unserer Erkenntnisse diese Aspekte der Sprache, denen wir unsere Aufmerksamkeit werden zuwenden müssen, aus dem einfachen Grund, weil nur diese Aspekte einigermaßen gut bekannt sind. In einem anderen Sinne verrät die Erforschung der formalen Eigenschaften von Sprache auf negative Weise etwas über die menschlichen Natur: Sie unterstreicht mit großer Deutlichkeit die Grenzen unserer Erkenntnisse über jene Eigenschaften des Bewusstseins, die offenbar nur dem Menschen eigen sind und auf enge, wenn auch noch recht unklare Weise mit seinen kulturellen Leistungen zusammenhängen müssen.

Auf der Suche nach einem Ausgangspunkt wendet man sich ganz selbstverständlich einem Zeitalter in der Geschichte des westlichen Denkens zu, in dem es möglich war zu glauben, dass der »Gedanke, die Freiheit einmal zum Eins und Alles der Philosophie zu machen, … den menschlichen Geist überhaupt … in Freiheit gesetzt und der Wissenschaft in allen ihren Teilen einen kräftigern Umschwung gegeben [hat] als irgend eine frühere Revolution«.[1] Das Wort »Revolution« bringt in dieser Passage vielfältige Assoziationen mit sich, denn Schelling verkündete auch, dass »der Mensch zum *Handeln*, nicht zum *Spekulieren* geboren sei«; und wenn er schreibt, dass es Zeit sei, »der *bessern* Menschheit die Freiheit der Geister zu verkünden, und nicht länger zu dulden, daß sie den Verlust ihrer Fesseln beweine«, dann hören wir das Echo des libertären Denkens und der revolutionären Taten des späten 18. Jahrhunderts. Schelling schreibt: »Der Anfang und das Ende aller Philosophie ist – *Freiheit*«. Diese Worte sind mit Bedeutung und Dringlichkeit aufgeladen in einer Zeit, da die Menschen darum kämpfen, ihre Ketten abzuwerfen, Widerstand gegen Herrschaft zu leisten, die ihren Legitimitätsanspruch verloren hat, und menschlichere und demokratischere Gesellschaftsinstitutionen aufzubauen. Es sind Zeiten wie diese, die den Philosophen dazu bewegen mögen, das Wesen der Freiheit und ihre Grenzen zu erforschen und vielleicht mit Schelling hinsichtlich des menschlichen Ichs zu dem Schluss zu kommen: »Das Wesen des Ichs ist Freiheit«, und dass hinsichtlich der Philosophie gilt: »Die höchste Würde der Philosophie besteht gerade darin, daß sie alles von der menschlichen *Freiheit* erwartet«.

Wir leben wieder einmal in einer solchen Zeit. Ein revolutionärer Gärungsprozess fegt durch die sogenannte Dritte Welt und erweckt gewaltige Menschenmassen aus Starre und Ergebung in traditionelle Herrschaftsverhältnisse. Es gibt manche, die fühlen, dass die Industriegesellschaften ebenso reif für revolutionäre Veränderung sind – und ich beziehe mich dabei nicht nur auf Vertreter der Neuen Linken. Siehe zum Beispiel die in Kapitel 6 von *For Reasons of State*, S. 308f. zitierten Äußerungen von Paul Ricœur.

Die drohende revolutionäre Veränderung ruft Repression und Reaktion hervor. Deren Anzeichen werden auf verschiedene Art und Weise sichtbar, in Frankreich, in der Sowjetunion, in den Vereinigten Staaten – und nicht zuletzt in der Stadt, in der wir gerade zusammengekommen sind. Es ist also nur natürlich, dass wir die Probleme der menschlichen Freiheit theoretisch durchdenken und unser Augenmerk mit Interesse und Ernsthaftigkeit dem Denken einer früheren Epoche zuwenden, in der archaische Gesellschaftsinstitutionen der kritischen Analyse und anhaltenden Angriffen ausgesetzt waren.

Eine der frühesten und bemerkenswertesten Untersuchungen über Freiheit und Knechtschaft im 18. Jahrhundert ist Rousseaus *Diskurs über die Ungleichheit* (1755), in vielerlei Hinsicht eine revolutionäre Abhandlung. Darin versucht er, »den Ursprung und den Fortschritt der Ungleichheit, die Errichtung und den Mißbrauch der politischen Gesellschaften darzustellen, soweit sich diese Dinge allein durch das Licht der Vernunft aus der Natur des Menschen ableiten lassen«. Seine Schlussfolgerungen waren so schockierend, dass die Jury des Preisausschreibens der Akademie von Dijon, der das Werk ursprünglich vorgelegt wurde, sich weigerte, das Manuskript ganz anzuhören.[2] Rousseau stellt darin die Legitimität nahezu jeder gesellschaftlichen Institution ebenso infrage wie die individuelle Verfügungsgewalt über Besitz und Vermögen. Diese sind »Usurpationen …, nur auf einem prekären und mißbräuchlichen Recht errichtet«. Und »da sie nur durch Gewalt erworben worden waren«, konnte »Gewalt sie ihnen [den Reichen] nehmen …, ohne daß sie Grund hätten, sich darüber zu beklagen«. Nicht einmal das durch persönlichen Fleiß erworbene Eigentum ist »auf bessere Rechtstitel« gegründet. Gegen einen solchen Anspruch könnte man einwenden: »Wißt ihr nicht, daß viele eurer Brüder sterben oder Not leiden an dem, was ihr zuviel habt, und daß ihr einer ausdrücklichen und einmütigen Zustimmung des Menschengeschlechtes bedurftet, um euch irgend etwas vom gemeinsamen Lebensunterhalt anzueignen, das über euren hinausging?« Es widerspricht dem Naturrecht, dass »eine Handvoll Leute überfüllt ist mit Überflüssigem, während die ausgehungerte Masse am Notwendigsten Mangel leidet«.

Rousseau argumentiert, dass die bürgerliche Gesellschaft kaum mehr als eine Verschwörung der Reichen zur Absicherung ihrer Plünderungen ist. Heuchlerisch rufen die Reichen ihre Nachbarn dazu auf, »Vorschriften der Gerechtigkeit und des Friedens auf[zu]stellen, denen nachzukommen alle verpflichtet sind, die kein Ansehen der Person gelten lassen und die in gewisser Weise die Launen des Glücks wiedergutmachen, indem sie den Mächtigen und den Schwachen gleichermaßen wechselseitigen Pflichten unterwerfen« – jene Gesetze also, die, wie Anatole France später sagen sollte, in ihrer Majestät den Reichen und den Armen gleichermaßen das Recht absprechen, nachts unter einer Brücke zu schlafen. Durch solche Argumente wurden die Armen und Schwachen verführt: »Alle liefen auf ihre Ketten zu, im Glauben, ihre Freiheit zu sichern«. So waren es die Gesellschaft und die Gesetze, die auf diese Weise »dem Schwachen neue Fesseln und dem Reichen neue Kräfte gaben, die natürliche Freiheit unwiederbringlich zerstörten, das Gesetz des Eigentums und der Ungleichheit für immer fixierten, aus einer geschickten Usurpation ein unwiderrufliches Recht machten und um des Profits einiger Ehrgeiziger willen fortan das ganze Menschengeschlecht der Arbeit, der Knechtschaft und dem Elend unterwarfen«.

Regierungen tendieren zwangsläufig zu willkürlicher Gewalt, die »ihre Korruption, ihr äußerstes Stadium« ist. Diese Gewalt ist »ihrer Natur nach illegitim« und neue Revolutionen müssen

> die Regierung völlig auflösen oder sie der legitimen Einrichtung näher bringen. … Der Aufruhr, der mit der Erdrosselung oder der Entthronung eines Sultans endet, ist ein ebenso rechtlicher Akt wie jene, durch die er am Tag zuvor über das Leben und die Güter seiner Untertanen verfügte. Die Gewalt allein hielt ihn, die Gewalt allein stürzt ihn.

Interessant in dem hier vorliegenden Zusammenhang ist der Pfad, den Rousseau ausgehend von seinen Vorstellungen über die Natur des Menschen einschlägt, um zu diesen Schlussfolgerungen »allein durch das Licht der Vernunft« zu gelangen. Er möchte den Menschen betrachten »wie ihn die Natur geformt hat«. Es ist die menschliche Natur, aus der die Prinzipien des Naturrechts und die Grundlagen des gesellschaftlichen Lebens abgeleitet werden müssen.

> Ebendieses Studium des ursprünglichen Menschen, seiner wahren Bedürfnisse und der grundlegenden Prinzipien seiner Pflichten ist auch das einzig gute Mittel, das man anwenden könnte, um jene Unmengen von Schwierigkeiten zu beheben, die sich hinsichtlich des Ursprunges der moralischen Ungleichheit, der wahren Grundlagen des Politischen Körpers, der gegenseitigen Rechte seiner Glieder und tausend anderer ähnlicher Fragen ergeben, die ebenso wichtig wie schlecht geklärt sind.

Um die Natur des Menschen zu bestimmen, geht Rousseau zunächst daran, Mensch und Tier zu vergleichen. Der Mensch ist ein »intelligente[s], freie[s] Wesen … das einzige Tier, das mit Vernunft begabt ist«. Tiere sind »der Einsicht und der Freiheit bar«.

> Ich sehe in jedem Tier nur eine kunstvolle Maschine, der die Natur Sinne gegeben hat, um sich selbst wieder aufzuziehen und sich bis zu einem gewissen Grade vor allem zu bewahren, was darauf hinzielt, sie zu zerstören oder in Unordnung zu bringen. Präzise dieselben Dinge stelle ich in der menschlichen Maschine fest, mit dem Unterschied, daß bei den Operationen des Tieres die Natur allein alles tut, wohingegen der Mensch bei den seinen als frei Handelnder mitwirkt. Jenes wählt oder verwirft aus Instinkt und dieser durch einen Akt der Freiheit, was bewirkt, daß das Tier von der Regel, die ihm vorgeschrieben ist, nicht abweichen kann, selbst dann nicht, wenn es vorteilhaft für es wäre, dies zu tun, und daß der Mensch oft zu seinem Schaden von ihr abweicht. … Es ist daher nicht so sehr der Verstand, der die spezifische Unterscheidung des Menschen unter den Tieren ausmacht, als vielmehr dessen Eigenschaft, ein frei Handelnder zu sein. Die Natur befiehlt jedem Lebewesen, und das Tier gehorcht. Der Mensch empfindet den gleichen Eindruck, aber er erkennt sich frei, nachzugeben oder zu widerstehen, und vor allem im Bewußtsein dieser Freiheit zeigt sich die Geistigkeit seiner Seele: Denn die Physik erklärt in gewisser Weise den Mechanismus der Sinne und die Bildung der Vorstellungen, aber in dem Vermögen zu wollen, oder vielmehr zu wählen, und im Gefühl dieses Vermögens stößt man nur auf rein geistige Akte, bei denen man mit den Gesetzen der Mechanik nichts erklärt.

Das Wesen der menschlichen Natur besteht also in der menschlichen Freiheit und dem Bewusstsein dieser Freiheit. Rousseau kann daher sagen: »[D]ie Rechtsgelehrten, die feierlich ausgesprochen haben, das Kind einer Sklavin werde als Sklave geboren, haben mit anderen Worten entschieden, daß ein Mensch nicht als Mensch geboren werde«.[3]

Sophistische Politiker und Intellektuelle suchen nach Wegen, um die Tatsache zu verschleiern, dass die entscheidende und wesensbestimmende Eigenschaft des Menschen seine Freiheit ist: Sie »schreiben den Menschen einen natürlichen Hang zur Knechtschaft zu, ohne zu bedenken, daß es mit der Freiheit dieselbe Bewandtnis hat, wie mit der Unschuld und der Tugend: Man fühlt ihren Wert nur soweit, als man sie selbst genießt, und der Geschmack an ihnen verliert sich, sobald man sie verloren hat«. Rousseau fragt dagegen rhetorisch, »ob man – da die Freiheit die edelste Fähigkeit des Menschen ist – nicht seine Natur herabwürdigt, sich auf die Stufe der Tiere stellt, die Sklaven des Instinktes sind, ob man nicht sogar den Urheber seines Seins beleidigt, wenn man auf die kostbarste aller seiner Gaben rückhaltlos verzichtet, wenn man sich dazu hergibt, alle Verbrechen zu begehen, die er uns verbietet, um einem grimmigen oder wahnsinnigen Herrn zu gefallen« – eine Frage, die in den letzten Jahren mit ähnlichen Worten von manch einem amerikanischen Kriegsdienstverweigerer und von vielen anderen gestellt worden ist, die sich von der Katastrophe der westlichen Zivilisation im 20. Jahrhundert zu erholen beginnen, einer Katastrophe, die auf so tragische Weise Rousseaus Einschätzung bestätigt hat:

> Hieraus gingen die Kriege zwischen den Nationen, die Schlachten, die Mordtaten, die Repressalien hervor, welche die Natur erschaudern lassen und die Vernunft schockieren, und all jene entsetzlichen Vorurteile, welche die Ehre, menschliches Blut zu vergießen, in den Rang der Tugenden erheben. Die rechtschaffensten Leute lernten, es unter ihre Pflichten zu rechnen, ihre Mitmenschen umzubringen; schließlich sah man, wie sich die Menschen zu Tausenden niedermetzelten, ohne zu wissen weshalb; und es wurden mehr Mordtaten an einem einzigen Gefechtstag begangen und mehr Greuel bei der Einnahme einer einzigen Stadt, als im Naturzustand während ganzer Jahrhunderte auf der gesamten Erdoberfläche begangen worden waren.

Den Beweis für seine Lehre, dass das Streben nach Freiheit ein Wesensmerkmal des Menschen ist und dass der Wert der Freiheit nur empfunden wird, solange man sie besitzt, sieht Rousseau in »den Wunderdingen ..., die alle freien Völker getan haben, um sich vor der Unterdrückung zu bewahren«. Es stimmt zwar, dass diejenigen, die das Leben freier Menschen aufgegeben haben

> nichts anderes tun, als unablässig den Frieden und die Ruhe zu preisen, die sie in ihren Ketten genießen. ... Aber wenn ich die anderen die Vergnügungen, die Ruhe, den Reichtum, die Macht und selbst das Leben für die Erhaltung dieses einzigen Gutes opfern sehe, das von jenen, die es verloren haben, so geringgeschätzt wird; wenn ich Tiere, die frei geboren sind und die Gefangenschaft verabscheuen, sich den Kopf an den Gitterstäben ihres Gefängnisses einrennen sehe; wenn ich Massen von nackten und bloßen Wilden die europäische Schwelgerei verachten und dem Hunger, dem Feuer, dem Schwert und dem Tod trotzen sehe, nur um sich ihre Unabhängigkeit zu erhalten, dann fühle ich, daß es Sklaven nicht zusteht, über Freiheit zu räsonieren.

Recht ähnliche Gedanken wurden vierzig Jahre später von Kant zum Ausdruck gebracht. Er kann, wie er sagt, die Prämisse nicht akzeptieren, dass bestimmte Menschen »zur Freiheit noch nicht reif« sind, zum Beispiel die Leibeigenen eines Grundherren:

> Nach einer solchen Voraussetzung ... wird die Freiheit nie eintreten; denn man kann zu dieser nicht *reifen*, wenn man nicht zuvor in Freiheit gesetzt worden ist (man muß frei sein, um sich seiner Kräfte in der Freiheit zweckmäßig bedienen zu können). Die ersten Versuche werden freilich roh, gemeiniglich auch mit einem beschwerlicheren und gefährlicheren Zustand verbunden sein, als man noch unter den Befehlen, aber auch der Vorsorge anderer stand; allein man reift für die Vernunft nie anders, als durch *eigene* Versuche (welche machen zu dürfen man frei sein muß). ... Aber es zum Grundsatze machen, daß denen, die ihnen einmal unterworfen sind, überhaupt die Freiheit nicht tauge, und man berechtigt sei, sie jederzeit davon zu entfernen, ist ein Eingriff in die Regalien der Gottheit selbst, der den Menschen zur Freiheit schuf.[4]

Diese Bemerkung ist besonders wegen ihres Kontextes interessant. Kant verteidigte hier die Französische Revolution während der Terrorherrschaft gegen diejenigen, die behaupteten, dies zeige, dass die Massen für das Privileg der Freiheit noch nicht bereit seien. Kants Bemerkungen haben eine aktuelle Bedeutung. Kein vernünftiger Mensch wird Gewalt und Terror gutheißen. Insbesondere der Terror von postrevolutionären Staaten, die in die Hände einer unerbittlichen Autokratie gefallen sind, hat mehr als einmal unbeschreibliche Ausmaße der Barbarei erreicht. Dennoch wird kein Mensch von Verstand oder Humanität vorschnell die Gewalt verurteilen, die auftritt, wenn sich lange unterjochte Massen gegen ihre Unterdrücker erheben oder erste Schritte in Richtung Freiheit und gesellschaftlichem Neuaufbau unternehmen.

Lassen Sie mich nun auf Rousseaus Argument gegen die Legitimität etablierter Herrschaft zurückkehren, sei es die der politischen Macht oder die des Reichtums. Es ist auffällig, dass seine Argumentation bis zu diesem Punkt einem bekannten kartesianischen Modell folgt. Einzig der Mensch befindet sich jenseits der Grenzen physikalischer Erklärungen; demgegenüber ist das Tier lediglich eine kunstvolle Maschine unter dem Kommando der Naturgesetze. Die Freiheit des Menschen und sein Bewusstsein dieser Freiheit unterscheiden ihn von der Tier-Maschine. Die Gesetzmäßigkeiten der Mechanik sind nicht in der Lage, diese menschlichen Eigenschaften zu erklären, obwohl sie Empfindungen und sogar die Verknüpfung von Ideen erklären können, in dieser Hinsicht unterscheidet sich der Mensch »vom Tier nur graduell«.

Für Descartes und seine Anhänger, wie zum Beispiel Cordemoy, ist das einzig sichere Anzeichen, dass ein anderer Organismus ein Bewusstsein besitzt und sich somit ebenfalls jenseits der Grenzen mechanischer Erklärungen befindet, sein Gebrauch der Sprache in der normalen, kreativen menschlichen Weise, frei von den Einflüssen erkennbarer äußerer Anreize, neu und innovativ, der jeweiligen Situation angemessen, kohärent und neue Gedanken und Ideen in unserem Verstand erzeugend.[5] Für die Kartesianer ist es aufgrund von Selbstbeobachtung offensichtlich, dass jeder Mensch ein Bewusstsein besitzt, eine Substanz, deren Wesen Denken ist; sein kreativer Gebrauch der Sprache spiegelt diese Freiheit des Denkens und Begreifens wider.

Wenn wir Anhaltspunkte dafür haben, dass ein anderer Organismus Sprache ebenfalls in dieser freien und kreativen Weise gebraucht, dann sind wir gehalten, ihm ein ebensolches Bewusstsein wie das unsrige zuzusprechen. Ausgehend von ähnlichen Annahmen bezüglich der immanenten Grenzen mechanischer Erklärungen, ihrer Unfähigkeit, die Freiheit des Menschen und das Bewusstsein seiner Freiheit zu erfassen, gelangt Rousseau zur Entwicklung seiner Kritik autoritärer Institutionen, die dem Menschen sein Gattungsmerkmal der Freiheit in unterschiedlichem Maße vorenthalten.

Würden wir diese beiden Hypothesen miteinander kombinieren, könnten wir eine interessante Verbindung zwischen Sprache und Freiheit herstellen. Sprache liefert mit ihren wesentlichen Merkmalen und der Art ihres Gebrauchs das grundlegende Kriterium für die Entscheidung, ob ein anderer Organismus ein Wesen ist, das mit einem menschlichen Bewusstsein und der menschlichen Fähigkeit, frei zu denken und sich auszudrücken, und mit dem menschlichen Grundbedürfnis nach Freiheit von den äußeren Zwängen repressiver Herrschaft ausgestattet ist. Darüber hinaus könnten wir ausgehend von einer detaillierten Untersuchung der Sprache und ihres Gebrauchs versuchen, zu einem tieferen und genaueren Verständnis des menschlichen Bewusstseins zu gelangen. Indem wir nach diesem Modell verfahren, könnten wir des Weiteren den Versuch unternehmen, andere Aspekte der menschlichen Natur zu erforschen, die, wie Rousseau zu Recht bemerkt, richtig erfasst werden müssen, wenn wir dazu imstande sein wollen, in der Theorie die Grundlagen für eine vernünftige Gesellschaftsordnung zu entwickeln.

Ich werde auf diese Frage zurückkommen, aber zuerst möchte ich Rousseaus Gedanken zu diesem Thema weiter nachzeichnen. Rousseau weicht von der kartesianischen Tradition in mehrfacher Hinsicht ab. Er bestimmt als das »spezifische Charakteristikum der menschlichen Art« des Menschen »Fähigkeit, sich zu vervollkommnen«, die, »mit Hilfe der Umstände, sukzessive alle anderen entwickelt und bei uns sowohl der Art als auch dem Individuum innewohnt«. Die Fähigkeit, sich zu vervollkommnen, und die Vervollkommnung der menschlichen Spezies durch kulturelle Überlieferung wird meines Wissens von den Kartesianern in keiner annähernd vergleichbaren Begrifflichkeit angesprochen. Dennoch glaube ich, dass Rousseaus Äußerungen eher als eine Weiterentwicklung der kartesianischen Tradition in eine bisher unerforschte Richtung denn als deren Ablehnung und Zurückweisung gedeutet werden können. Es existiert kein Widerspruch in der Auffassung, dass die restriktiven Eigenschaften des Bewusstseins einer sich geschichtlich entwickelnden menschlichen Natur zugrunde liegen, die sich innerhalb der von ihnen gesetzten Grenzen entwickelt, oder dass diese Eigenschaften des Bewusstseins die Möglichkeit zur Selbstvervollkommnung bieten oder dass diese Wesensmerkmale der menschlichen Natur, indem sie zu einem Bewusstsein von Freiheit verhelfen, dem Menschen die Gelegenheit geben, gesellschaftliche Bedingungen und Formen zu schaffen, die ein Maximum an Freiheit, Vielfalt und individueller Selbstverwirklichung ermöglichen. Um eine arithmetische Analogie zu gebrauchen: Die ganzen Zahlen hören nicht auf, eine unendliche Menge zu sein, nur weil sie die rationalen Zahlen nicht ausschöpfen. Analog stellt es keine Verneinung der menschlichen Fähigkeit zu unendlicher »Selbstvervollkommnung« dar, wenn man die Meinung vertritt, dass es dem Bewusstsein inhärente Eigenschaften gibt, die die Entfaltung des Menschen beschränken. Ich möchte behaupten, dass in gewisser Weise das Gegenteil richtig ist, dass es ohne ein System formaler Zwänge kein kreatives Handeln gibt; insbesondere kann es in Ermangelung von dem Bewusstsein inhärenten, restriktiven Eigenschaften nur das »Modellieren von Verhalten« geben, aber keine kreativen Handlungen der Selbstvervollkommnung. Außerdem bringt uns Rousseaus Beschäftigung mit dem evolutionären Charakter der Selbstvervollkommnung aus einem anderen Blickwinkel zurück zu einer Beschäftigung mit der menschlichen Sprache, die eine der Voraussetzungen für eine derartige Evolution von Gesellschaft und Kultur, für Rousseaus Vervollkommnung der Spezies über die primitivsten Formen hinaus zu sein scheint.

Rousseau vertritt die Meinung, dass, »obschon das Organ der Sprache dem Menschen natürlich ist, die Sprache selbst ihm gleichwohl nicht natürlich ist«. Wiederum sehe ich keinen Widerspruch zwischen dieser Äußerung und der klassisch kartesianischen Ansicht, dass angeborene Fähigkeiten »dispositionell« sind, Fähigkeiten, die dazu führen, dass wir unter bestimmten Bedingungen äußerer Anreize auf bestimmte Art und Weise Ideen (insbesondere angeborene Ideen) hervorbringen, die uns aber auch die Möglichkeit bieten, in unserem Denken ohne solche äußeren Einflüsse fortzufahren. Auch die Sprache ist dem Menschen also nur auf eine ganz bestimmte Weise angeboren. Dies ist eine wichtige und, wie ich glaube, recht grundlegende Erkenntnis der rationalistischen Linguisten, die unter dem Einfluss der empirischen Psychologie im 18. Jahrhundert und danach größtenteils ignoriert worden ist.[6]

Rousseau behandelt den Ursprung der Sprache recht ausführlich, gesteht sich selbst jedoch ein, das Problem nicht auf befriedigende Weise in den Griff bekommen zu können. Denn

> wenn die Menschen die Sprache nötig hatten, um denken zu lernen, so hatten sie noch viel nötiger, denken zu können, um die Kunst der Sprache herauszufinden; … so daß man über die Entstehung dieser Kunst, seine Gedanken mitzuteilen und einen Verkehr zwischen den Geistern zu begründen, kaum haltbare Vermutungen anstellen kann: Eine erhabene Kunst, die schon so weit von ihrem Ursprung entfernt ist …

Seiner Meinung nach können »die Allgemeinvorstellungen nur mit Hilfe der Wörter in den Geist gelangen; und der Verstand erfaßt sie nur durch Sätze« – ein Umstand, der die vernunftlosen Tiere daran hindert, solche Vorstellungen zu artikulieren oder jemals »die Perfektibilität zu erlangen …, die von diesen abhängt«. Folglich kann er die Mittel nicht begreifen, mit denen »unsere neuen Grammatiker … ihre Vorstellungen zu erweitern und ihre Wörter zu verallgemeinern begannen« oder neue Mittel zu entwickeln anfingen, »um alle Gedanken der Menschen auszudrücken«: »die Zahlen, die abstrakten Wörter, die Aoriste und alle Zeiten der Verben, die Partikel, die Syntax zu finden, um die Sätze, die Schlüsse zu verknüpfen und die ganze Logik der Rede auszubilden«. Er stellt zwar Vermutungen über spätere Stadien in der Vervollkommnung der Spezies an, »[a]ls die Vorstellungen der Menschen sich zu erweitern und zu vermehren begannen und eine engere Kommunikation unter ihnen aufkam« und »sie sich zahlreichere Zeichen und eine umfassendere Sprache zu verschaffen« suchten. Aber betrübt muss er von der »Diskussion des folgenden schwierigen Problems« absehen: »Was ist das Notwendigere gewesen – eine zuvor gebildete Gesellschaft für die Einführung der Sprachen, oder zuvor erfundene Sprachen für die Errichtung der Gesellschaft?«

Die Kartesianer durchschlugen den gordischen Knoten, indem sie die Existenz eines für die Spezies charakteristischen Merkmals postulierten, eine zweite Substanz, die neben dem »mechanischen Prinzip«, das das Verhalten der Tiere zur Gänze bestimmt, eine Funktion erfüllt, die wir als »kreatives Prinzip« bezeichnen könnten. Es bestand für sie keine Notwendigkeit, den Ursprung der Sprache im Verlauf der historischen Entwicklung zu erklären. Vielmehr ist die Natur des Menschen qualitativ verschieden: Es gibt keine Verbindung vom Körper zum Geist. Wir könnten diese Vorstellung in zeitgemäßeren Begriffen neu interpretieren, indem wir die Vermutung anstellen, dass recht plötzliche und einschneidende Mutationen zu einer Qualität an Intelligenz geführt haben könnten, die, soweit wir wissen, einzig dem Menschen eigen sind, wobei die Beherrschung von Sprache im menschlichen Sinne das deutlichste Anzeichen für diese neue Qualität wäre.[7] Wenn das, zumindest als eine erste Annäherung an die Tatsachen, stimmt, wäre von der Sprachforschung zu erwarten, dass sie einen ersten Anhaltspunkt oder vielleicht ein Modell für die Untersuchung der menschlichen Natur liefert, das die Grundlage einer viel umfassenderen Theorie der menschlichen Natur bilden könnte.

Um diese geschichtlichen Ausführungen abzuschließen, möchte ich mich, wie ich dies an anderer Stelle bereits getan habe,[8] Wilhelm von Humboldt zuwenden, einem der anregendsten und faszinierendsten Denker der Epoche. Humboldt war einerseits einer der profundesten Theoretiker der allgemeinen Sprachwissenschaft und andererseits ein früher und energischer Anwalt libertärer Werte. Das Grundkonzept seiner Philosophie ist *Bildung**, worunter er, wie J. W. Burrow es ausdrückt, »die vollständige, reichhaltigste und harmonischste Entwicklung der Fähigkeiten des Individuums, der Gemeinschaft oder des ganzen Menschengeschlechts verstand«.[9] Sein eigenes Denken mag hierfür als ein Musterbeispiel dienen. Obwohl er seine Gedanken über die Sprache meines Wissens nicht explizit mit seiner libertären Gesellschaftsphilosophie in Beziehung setzt, ist es ziemlich offensichtlich, dass eine gemeinsame Grundlage existiert,

* Deutsch im Original.

auf der sie entstanden sind, ein Begriff von der menschlichen Natur, der beide inspiriert hat. Mills Essay *Über die Freiheit* verwendet als Motto eine Formulierung Humboldts, die den obersten Grundsatz seines Denkens darstellt und besagt, dass »Alles auf die Ausbildung des Menschen in der höchsten Mannigfaltigkeit« ankomme. Humboldt beschließt seine Kritik des autoritären Staates mit den Worten: »Ich habe mich dabei von der tiefsten Achtung für die innere Würde des Menschen, und die Freiheit beseelt gefühlt, welche allein dieser Würde angemessen ist«. Seine Auffassung von der menschlichen Natur ist kurz gefasst diese:

> Der wahre Zweck des Menschen – nicht der, welchen die wechselnde Neigung, sondern welchen die ewig unveränderliche Vernunft ihm vorschreibt – ist die höchste und proportionierlichste Bildung seiner Kräfte zu einem Ganzen. Zu dieser Bildung ist Freiheit die erste, und unerlässliche Bedingung. Allein außer der Freiheit erfordert die Entwickelung der menschlichen Kräfte noch etwas andres, obgleich mit der Freiheit eng verbundenes, Mannigfaltigkeit der Situationen.[10]

Wie Rousseau und Kant ist er der Meinung, dass

> durch nichts ... diese Reife zur Freiheit in gleichem Grade befördert [wird], als durch Freiheit selbst. Diese Behauptung dürften zwar diejenigen nicht anerkennen, welche sich so oft gerade dieses Mangels der Reife, als eines Vorwandes bedient haben, die Unterdrückung fortdauern zu lassen. Allein sie folgt, dünkt mich, unwidersprechlich aus der Natur des Menschen selbst. Mangel an Reife zur Freiheit kann nur aus Mangel intellektueller und moralischer Kräfte entspringen; diesem Mangel wird allein durch Erhöhung derselben entgegengearbeitet; diese Erhöhung aber fordert Übung, und die Übung Selbsttätigkeit erweckende Freiheit. Nur freilich heißt es nicht Freiheit geben, wenn man Fesseln löst, welche der noch nicht, als solche, fühlt, welcher sie trägt. Von keinem Menschen der Welt aber, wie verwahrlost er auch durch die Natur, wie herabgewürdigt durch seine Lage sei, ist dies mit allen Fesseln der Fall, die ihn drücken. Man löse also nach und nach gerade in eben der Folge, wie das Gefühl der Freiheit erwacht, und mit jedem neuen Schritt wird man den Fortschritt beschleunigen.

Denjenigen, der dies nicht versteht, »hat man, und nicht mit Unrecht, in Verdacht, dass er die Menschheit misskennt, und aus Menschen Maschinen machen will«.

Der Mensch ist ganz grundsätzlich ein schöpferisches, forschendes, sich selbst vervollkommnendes Wesen: »Forschen und Schaffen – darum drehen und darauf beziehen sich wenigstens, wenn gleich mittelbarer oder unmittelbarer, alle Beschäftigungen des Menschen«. Doch Freiheit des Denkens und Aufklärung sind nicht nur für die Elite. Nochmals hallt Rousseau wider, wenn Humboldt feststellt: »Es liegt schon an sich etwas die Menschheit Herabwürdigendes in dem Gedanken, irgendeinem Menschen das Recht abzusprechen, ein Mensch zu sein«. Außerdem ist er optimistisch hinsichtlich der Auswirkungen all der Verbreitung, die »wissenschaftliche Erkenntnis durch Freiheit und Aufklärung erhält«. Aber »alle Bildung hat ihren Ursprung allein in dem Innern der Seele, und kann durch äußre Veranstaltungen nur veranlasst, nie hervorgebracht werden«. »Überhaupt wird der Verstand des Menschen doch, wie jede andre seiner Kräfte, nur durch eigne Tätigkeit, eigne Erfindsamkeit, oder eigne Benutzung fremder Erfindungen gebildet«. Bildung muss also die Möglichkeit zur Selbstentfaltung bieten; im besten Fall kann sie ein gehaltvolles und herausforderndes Umfeld bereitstellen, in dem das Individuum auf seine Weise forschen kann. Selbst eine Sprache kann man strenggenommen nicht lehren, sondern nur »im Gemüte wecken, man kann ihr nur den Faden hingeben, an dem sie sich von selbst entwickelt«. Ich glaube, dass Humboldt viele Gedanken Deweys über Bildung sympathisch gefunden hätte. Und er hätte wohl auch die aktuelle revolutionäre Ausweitung dieser Ideen begrüßt, zum Beispiel durch die radikalen Katholiken in Lateinamerika, die sich für ein »Erwachen des Bewusstseins« mit Bezug auf »die Umwandlung der passiven, ausgebeuteten Unterklassen in bewusste und kritische Herren ihres eigenen Schicksals«[11] engagieren, auf ganz ähnliche Weise wie die Revolutionäre in anderen Teilen der Dritten Welt. Er hätte, da bin ich sicher, ihrer Kritik an Schulen zugestimmt, die

> mehr mit der Wissensvermittlung beschäftigt sind als mit der Schaffung eines, neben anderen Werten, kritischen Geistes. Aus der gesellschaftlichen Perspektive betrachtet sind die Bildungssysteme auf die Erhaltung

> der bestehenden sozialen und ökonomischen Strukturen statt auf deren Umwandlung ausgerichtet.[12]

Aber Humboldts Interesse für Spontaneität geht weit über die Erziehungspraxis im engen Sinne hinaus. Es berührt auch die Frage von Arbeit und Ausbeutung. Die eben zitierten Ausführungen über die Bildung des Verstandes durch spontanes Handeln werden folgendermaßen fortgeführt:

> Nun aber hält der Mensch das nie so sehr für sein, was er besitzt, als was er tut, und der Arbeiter, welcher einen Garten *bestellt*, ist vielleicht in einem wahreren Sinne *Eigentümer*, als der müßige Schwelger, der ihn genießt. … So[13] ließen sich vielleicht aus allen Bauern und Handwerkern *Künstler* bilden, d.h. Menschen, die ihr Gewerbe um ihres Gewerbes willen liebten, durch eigen gelenkte Kraft und eigne Erfindsamkeit verbesserten, und dadurch ihre intellektuellen Kräfte kultivierten, ihren Charakter veredelten, ihre Genüsse erhöhten. So würde die Menschheit durch eben die Dinge geadelt, die jetzt, wie schön sie auch an sich sind, so oft dazu dienen, sie zu entehren. … Allein, freilich ist Freiheit die notwendige Bedingung, ohne welche selbst das seelenvollste Geschäft keine heilsamen Wirkungen dieser Art hervorzubringen vermag. Was nicht von dem Menschen selbst gewählt, worin er auch nur eingeschränkt und geleitet wird, das verrichtet er nicht eigentlich mit menschlicher Kraft, sondern mit mechanischer Fertigkeit.

Wenn ein Mensch rein mechanisch handelt, in Reaktion auf fremde Vorgaben oder Anweisungen statt auf eine von seinen eigenen Interessen und Kräften und Fähigkeiten bestimmte Weise, dann gilt: »Man bewundert, was er tut; man verachtet, was er ist«.[14]

Auf solche Vorstellungen gründet Humboldt seine Gedanken über die Rolle des Staates, der dazu neigt, »sich des Menschen, mit Übersehung der individuellen Zwecke desselben, eigenmächtig zu seinen Absichten zu bedienen«. Humboldts Konzeption ist die eines klassischen Liberalen, der über die minimalsten Eingriffe hinausgehende Formen staatlicher Interventionen in das persönliche oder gesellschaftliche Leben nachdrücklich ablehnt.

Humboldt, der dies in den 1790er-Jahren schrieb, hatte keine Vorstellung von den Formen, die der industrielle Kapitalismus annehmen sollte. Daher ist er nicht allzu besorgt hinsichtlich der Gefahren nichtstaatlicher Macht.

> Allein da, jenen Unterschied zwischen Theorie und Praxis noch abgerechnet, der Einfluss einer Privatperson durch Konkurrenz andrer, Versplitterung ihres Vermögens, selbst durch ihren Tod aufhören kann, lauter Dinge, die beim Staate nicht zutreffen; so steht noch immer der Grundsatz, dass der Staat sich in nichts mischen darf, was nicht allein die Sicherheit angeht …

Er spricht hier von den im Wesentlichen gleichen Bedingungen privater Bürger und hat selbstverständlich keine Vorstellung von der Art und Weise, in der der Begriff »Privatperson« im Zeitalter des Kapitalismus der Großkonzerne umgedeutet werden sollte. Er sah nicht voraus, dass die »Demokratie mit ihrem Motto der ›Gleichheit aller Bürger vor dem Gesetz‹, und der Liberalismus mit seinem ›Recht des Menschen auf seine Person‹ … beide an den Realitäten der kapitalistischen Wirtschaft« scheitern würden.[15] Er sah nicht voraus, dass staatliche Eingriffe in einer räuberischen kapitalistischen Wirtschaft zur absoluten Notwendigkeit werden sollten, um die Existenz des Menschen zu erhalten und die Zerstörung der natürlichen Umwelt zu verhindern – optimistisch gesprochen. Wie beispielsweise Karl Polanyi bemerkt hat, konnte der selbstregulierende Markt »über längere Zeiträume nicht bestehen, ohne die menschliche und natürliche Substanz der Gesellschaft zu vernichten; sie hätte den Menschen physisch zerstört und seine Umwelt in eine Wildnis verwandelt«.[16] Humboldt sah nicht die Folgen des Warencharakters der Arbeit voraus, die Doktrin, dass (in Polanyis Worten) die Ware »nicht darüber zu entscheiden [hat], wo sie zum Verkauf angeboten werden soll, zu welchem Zweck sie genutzt werden soll, zu welchem Preis sie den Besitzer wechseln darf, und auf welche Weise sie konsumiert oder zerstört werden soll«. Die Ware ist in diesem Fall aber ein Menschenleben und daher war soziale Absicherung ein grundlegendes Erfordernis, um die irrationale und zerstörerische Funktionsweise des klassischen freien Marktes zu beschränken. Auch hat Humboldt nicht gesehen, dass die kapitalistischen Wirtschaftsverhältnisse eine Form der Unfreiheit perpetuierten, die Simon Linguet schon 1767 sogar für schlimmer als die Sklaverei erklärt hatte:

> Es ist die Unmöglichkeit, von irgendwelchen anderen Mitteln zu leben, die unsere Landarbeiter zwingt, einen Boden zu pflügen, dessen Früchte sie nicht essen werden, und unsere Maurer, Häuser zu bauen, in denen sie nicht wohnen werden. Es ist der Mangel, der sie auf jene Märkte zerrt, wo sie auf Herren warten, die ihnen die Freundlichkeit erweisen, sie zu kaufen. Es ist der Mangel, der sie zwingt, vor dem Reichen auf die Knie zu gehen, um von ihm die Erlaubnis zu erhalten, ihn zu bereichern. … Welchen tatsächlichen Gewinn hat die Verdrängung der Sklaverei ihm gebracht? Er ist frei, sagt Ihr. Ah! Eben das ist sein Unglück. Der Sklave war seinem Herrn teuer wegen des Geldes, das er ihn gekostet hatte. Aber der Handarbeiter kostet den reichen Lebemann, der ihn anstellt, nichts. … Diese Menschen, sagt man, haben keinen Herren – sie haben einen, und zwar den schrecklichsten, den tyrannischsten aller Herren, nämlich die *Not*. Dies ist es, was sie in die grausamste Abhängigkeit treibt.[17]

Wenn in der Unfreiheit etwas für die menschliche Natur Entwürdigendes besteht, müssen wir auf eine neue Emanzipation hoffen, Fouriers »dritte und letzte emanzipatorische Evolution in der Geschichte«, die das Proletariat in freie Menschen verwandeln wird, indem sie den Warencharakter der Arbeit beseitigt, die Lohnsklaverei beendet und die Institutionen des Handels, der Industrie und des Finanzwesens unter demokratische Kontrolle bringt.[18]

Vielleicht hätte Humboldt diesen Schlussfolgerungen zugestimmt. Tatsächlich ist auch er der Meinung, dass staatliche Eingriffe in das gesellschaftliche Leben legitim sind, wenn die Freiheit »Resultate zerstört, ohne welche nicht nur keine Freiheit, sondern auch nicht einmal Existenz gedacht werden kann« – exakt die Gegebenheiten, die in einer uneingeschränkt kapitalistischen Wirtschaft entstehen. Auf jeden Fall steht Humboldts Kritik der Bürokratie und des autokratischen Staates weiterhin für eine beredte, frühe Warnung vor einigen der düstersten Seiten der modernen Geschichte und die Hauptpunkte seiner Kritik sind auf ein breiteres Spektrum von Zwangsinstitutionen anwendbar, als er es sich vorstellen konnte.

Obwohl er eine klassisch-liberale Glaubenslehre formuliert, ist Humboldt kein urtümlicher Individualist im Stile Rousseaus. Rousseau lobt den Wilden, der »in sich selbst« lebt; für den Gesellschaftsmenschen, der »immer außer sich, nur in der Meinung der anderen zu leben« weiß und »aus ihrem Urteil allein ... das Gefühl seiner eigenen Existenz« bezieht,[19] hat er wenig übrig. Humboldts Vision ist eine ganz andere:

> [D]ie ganze Absicht der hier vorgetragenen Ideen ließe sich ja vielleicht nicht unrichtig darin setzen, dass sie alle Fesseln in der Gesellschaft zu zerbrechen, aber auch dieselbe mit soviel Banden, als möglich, unter einander zu verschlingen bemüht ist. Der Isolierte vermag sich eben so wenig zu bilden, als der Gefesselte.

Ihm schwebte also eine Gemeinschaft der freien Assoziation ohne Zwang durch den Staat oder andere autoritäre Institutionen vor, in der freie Menschen schaffen und forschen und die größte Entfaltung ihrer Fähigkeiten erreichen können. Seiner Zeit weit voraus, legt er eine anarchistische Vision vor, die vielleicht dem nächsten Stadium der Industriegesellschaft entspricht. Wir sehen vielleicht einem Tag entgegen, an dem diese verschiedenen Stränge innerhalb der Rahmenordnung des libertären Sozialismus zusammengebracht werden, einer Gesellschaftsform, die heute so gut wie nicht existiert, auch wenn man Elemente von ihr wahrnehmen kann: in der Garantie der Rechte des Einzelnen, die ihre höchste Form – obgleich noch immer in tragischer Weise mit Mängeln behaftet – in den westlichen Demokratien erreicht hat; in den israelischen Kibbuzim; in den Experimenten mit Arbeiterräten in Jugoslawien; in dem Versuch, das Bewusstsein des Volkes zu wecken und eine neue Beteiligung am Gesellschaftsprozess zu schaffen, die in beunruhigendem Nebeneinander mit nicht zu rechtfertigenden autoritären Praktiken ein grundlegender Bestandteil der Revolutionen der Dritten Welt ist.

Eine ähnliche Konzeption der menschlichen Natur liegt Humboldts Arbeiten über Sprache zugrunde. Sprache ist ein Prozess der freien Gestaltung; seine Gesetze und Prinzipien sind festgelegt, aber die Art und Weise, in der die generativen Prinzipien Anwendung finden, ist unbegrenzt variabel. Selbst die Interpretation und die Verwendung von Wörtern beinhalten einen Prozess der freien Gestaltung. Der normale Sprachgebrauch und Spracherwerb beruht auf etwas, das Humboldt die feste Form der Sprache nennt, ein System generativer Prozesse, die in der Natur des menschlichen Bewusstseins verwurzelt sind und die freien Gestaltungen der normalen Intelligenz – oder, auf höherem und eigenständigerem Niveau, des großen Schriftstellers oder Denkers – beschränkt, aber nicht determiniert. Humboldt ist einerseits ein Platoniker, der darauf insistiert, dass Lernen eine Art von Erinnern ist, bei dem der Geist, angeregt durch Erfahrung, aus seinen eigenen inneren Quellen schöpft und einem Weg folgt, den er selbst bestimmt, und er ist auch ein Romantiker, eingestellt auf kulturelle Vielfalt und die unendlichen Möglichkeiten für die geistigen Arbeiten des schöpferischen Genius. Darin besteht ebenso wenig ein Widerspruch wie im Beharren der ästhetischen Theorie auf der Tatsache, dass die individuellen Werke des Genies durch Gesetze und Regeln beschränkt sind. Der normale, kreative Sprachgebrauch, der für den kartesianischen Rationalisten das beste Anzeichen für die Existenz eines anderen Bewusstseins ist, setzt ein System von Regeln und generativen Gesetzmäßigkeiten voraus, deren Beschaffenheit die rationalistischen Grammatiker mit einigem Erfolg zu bestimmen und deutlich zu machen versuchten.

Die vielen modernen Kritiker, die in der Annahme, dass freie Gestaltung innerhalb eines Systems der Zwänge und herrschenden Gesetzmäßigkeiten stattfindet bzw. dieses vielmehr voraussetzt, einen Widerspruch erkennen, sind gründlich im Irrtum; es sei denn, sie sprechen von »Widerspruch« in dem freien und metaphorischen Sinne von Schelling, als er schrieb: »[O]hne den Widerspruch von Notwendigkeit und Freiheit würde nicht Philosophie allein, sondern jedes höhere Wollen des Geistes in den Tod versinken, der jenen Wissenschaften eigen ist, in welchen er keine Anwendung hat«. Ohne diese Spannung zwischen Notwendigkeit und Freiheit, Regel und Wahlmöglichkeit kann es keine Kreativität, keine Kommunikation, kein sinnvolles Handeln geben.

Ich habe diese überlieferten Ideen ausführlich behandelt, nicht aus antiquarischem Interesse, sondern weil ich glaube, dass sie wertvoll und im Wesentlichen zutreffend sind und dass sie einen Weg entwerfen, dem wir mit Gewinn folgen können. Soziales Handeln muss inspiriert sein von einer Vision der zukünftigen Gesellschaft, von klaren Werturteilen über den Charakter dieser zukünftigen Gesellschaft. Diese Urteile müssen aus irgendeinem Begriff der menschlichen Natur abgeleitet werden, und man könnte die empirischen Grundlagen dafür ermitteln, indem man die menschliche Natur des Menschen untersucht, wie sie sich im Verhalten des Menschen und in seinen materiellen, geistigen und sozialen Hervorbringungen zeigt. Wir haben vielleicht einen Punkt in der Geschichte erreicht, an dem es möglich ist, ernsthaft über eine Gesellschaft nachzudenken, in der frei eingegangene soziale Bindungen die Fesseln autokratischer Institutionen ersetzen, durchaus in der Bedeutung, die von den Ausführungen Humboldts, die ich zitiert habe, vermittelt wird und die in der Tradition des libertären Sozialismus in den darauffolgenden Jahren weiter ausgearbeitet worden ist.[20]

Der räuberische Kapitalismus hat ein komplexes Industriesystem und eine hochentwickelte Technologie hervorgebracht, er hat eine beträchtliche Erweiterung der demokratischen Praxis erlaubt und bestimmte liberale Werte gefördert, jedoch innerhalb gewisser Grenzen, die heute unter Druck geraten und überwunden werden müssen. Er ist kein angemessenes System für die Mitte des 20. Jahrhunderts. Er ist unfähig, menschlichen Bedürfnissen zu begegnen, die nur in kollektiven Begriffen ausgedrückt werden können, und seine Vorstellung vom Konkurrenzmenschen, der nur nach der Maximierung von Reichtum und Macht strebt, der sich den Marktverhältnissen und fremder Autorität unterwirft, ist im wahrsten Sinne inhuman und unerträglich. Ein autokratischer Staat ist kein annehmbarer Ersatz, noch können der militarisierte Staatskapitalismus, der sich in den Vereinigten Staaten herausbildet, oder der bürokratisierte, zentralisierte Wohlfahrtsstaat ein akzeptables Ziel der menschlichen Existenz sein. Die einzige Rechtfertigung für repressive Institutionen ist materieller oder kultureller Mangel. Aber auf bestimmten Stufen der Geschichte verstetigen solche Institutionen diesen Mangel und bringen ihn hervor und sie bedrohen sogar das menschliche Überleben. Moderne Wissenschaft und Technologie sind in der Lage, die Menschen vom Zwang spezialisierter, verdummender Arbeit zu befreien. Grundsätzlich könnten sie die Basis für eine vernünftige, auf freier Assoziation und demokratischer Kontrolle beruhende Gesellschaftsordnung bereitstellen, wenn wir den Willen haben, diese zu schaffen.

Eine Vision einer zukünftigen Gesellschaftsordnung beruht ihrerseits auf einem bestimmten Begriff von der menschlichen Natur. Wenn die Menschen tatsächlich unbegrenzt formbare, vollkommen modellierbare Wesen ohne angeborene Bewusstseinsstrukturen und inhärente Bedürfnisse kultureller oder sozialer Art sind, dann sind sie geeignete Subjekte für die »Verhaltensmodellierung« durch die Staatsmacht, den Konzernmanager, den Technokraten oder das Zentralkomitee. Wer ein gewisses Vertrauen in die menschliche Spezies hat, wird hoffen, dass dem nicht so ist, und versuchen, die inhärenten menschlichen Eigenschaften zu ermitteln, die die Rahmenbedingungen für die Entwicklung des Intellekts und des moralischen Bewusstseins, kulturelle Leistungen und die Partizipation in einer freien Gemeinschaft vorgeben. In teils analoger Weise sprach eine klassische Tradition vom künstlerischen Genie, das im Rahmen bestimmter Regeln tätig wird und diesen in mancher Hinsicht auch infrage stellt. Hier berühren wir Dinge, über die man wenig weiß. Mir scheint, dass wir mit einem Großteil der modernen Sozial- und Verhaltenswissenschaften scharf und radikal brechen müssen, wenn wir zu einem tieferen Verständnis dieser Dinge gelangen wollen.[21]

Auch hier hat, glaube ich, die Tradition, die ich kurz umrissen habe, etwas beizutragen. Wie ich bereits bemerkte, wurden diejenigen, die sich mit Eigenart und Potenzial des Menschen beschäftigten, wiederholt auf eine Auseinandersetzung mit den Eigenschaften von Sprache geführt. Ich glaube, dass die Sprachforschung ein wenig Licht in das Verständnis regelgeleiteten Verhaltens und der Möglichkeiten für freies und kreatives Handeln im Rahmen eines Regelsystems bringen kann, das zumindest teilweise die inhärenten Eigenschaften der Organisationsweise des menschlichen Bewusstseins widerspiegelt. Es erscheint mir angemessen, die heutige Sprachforschung in mancherlei Hinsicht als eine Rückkehr zum Humboldt'schen Konzept der Sprachform zu betrachten: einem System generativer Prozesse, das in den angeborenen Eigenschaften des Bewusstseins verwurzelt ist und, mit den Worten Humboldts, einen unbegrenzten Gebrauch begrenzter Mittel erlaubt. Sprache lässt sich nicht als ein System der Verhaltensorganisation beschreiben. Um zu verstehen, wie Sprache gebraucht wird, müssen wir vielmehr die abstrakte Humboldt'sche Sprachform erkunden – ihre generative Grammatik, in moderner Begrifflichkeit gesprochen. Eine Sprache zu lernen heißt, dieses abstrakte System für sich selbst zu rekonstruieren, natürlich unbewusst. Der Linguist und der Psychologe können bei der Erforschung des Gebrauchs und Erwerbs von Sprache nur in dem Maße vorankommen, in dem sie einen Begriff von den Eigenschaften des Systems haben, das sich die Person, die eine Sprache beherrscht, angeeignet hat. Zudem scheint mir vieles für die auf Empirie beruhende Behauptung zu sprechen, dass ein solches System unter den gegebenen Zeitumständen und Zugangsbedingungen nur von einem Intellekt erworben werden kann, der mit bestimmten Eigenschaften ausgestattet ist, die wir heute annäherungsweise in einigen ihrer Details beschreiben können. Solange wir uns konzeptionell auf die Untersuchung von Verhalten, seiner Organisation und seiner Entwicklung durch Interaktion mit der Umwelt beschränken, werden uns diese spezifischen Merkmale von Sprache und Geist zwangsläufig entgehen. Andere Aspekte der menschlichen Psychologie und Kultur könnten im Prinzip auf ähnliche Weise erforscht werden.

Denkbar wäre, dass wir auf diese Weise eine Gesellschaftswissenschaft entwickeln können, die auf empirisch wohlbegründeten Aussagen über die menschliche Natur beruht. Ebenso wie wir das Spektrum der für den Menschen erreichbaren Sprachen mit einigem Erfolg erforschen, könnten wir auch versuchen, die Formen künstlerischen Ausdrucks oder, wenn wir schon dabei sind, der wissenschaftlichen Erkenntnisse zu erforschen, die Menschen sich ausdenken können, und vielleicht sogar das Spektrum der ethischen Systeme und gesellschaftlichen Strukturen, in denen Menschen in Anbetracht ihrer inhärenten Fähigkeiten und Bedürfnisse leben und arbeiten können. Vielleicht könnte man daraufhin das Konzept einer Gesellschaftsorganisation entwerfen, das – unter den gegebenen Bedingungen materieller und geistiger Kultur – das grundlegende menschliche Bedürfnis – falls es eines ist – nach spontanen Aktionen, schöpferischer Arbeit, Solidarität und dem Streben nach sozialer Gerechtigkeit am besten fördert und ihm Platz bietet.

Ich will die Rolle der Sprachforschung nicht überhöhen, wie ich es ohne Zweifel getan habe. Sprache ist das Produkt der menschlichen Intelligenz, das der Forschung momentan am zugänglichsten ist. Eine reichhaltige Tradition hielt Sprache für einen Spiegel des Geistes. In gewissem Maße beinhaltet diese Vorstellung sicherlich eine wahre und nützliche Erkenntnis.

Ich bin durch das Thema »Sprache und Freiheit« nicht weniger verwirrt, als ich es zu Beginn war – und nicht weniger fasziniert. Diese spekulativen und skizzenhaften Ausführungen enthalten Lücken, die so groß sind, dass man sich fragen könnte, was davon übrigbliebe, wenn man die Metaphern und unbelegten Vermutungen fortließe. Es ist ernüchternd, wenn man sich klarmacht – was wir meines Erachtens tun müssen –, wie wenig wir in unseren Erkenntnissen über Mensch und Gesellschaft oder auch nur in der klaren Formulierung der Fragen, die ernsthaft erforscht werden könnten, vorangekommen sind. Aber es gibt, denke ich, einige Anhaltspunkte, die ziemlich gesichert zu sein scheinen. Ich möchte gerne glauben, dass die intensive Erforschung eines Aspekts der menschlichen Psychologie – der menschlichen Sprache – zu einer humanistischen Sozialwissenschaft beizutragen vermag, die auch als Instrument für gesellschaftliches Handeln dienen wird. Es ist unnötig zu betonen, dass gesellschaftliches Handeln nicht auf eine fest gegründete Theorie der menschlichen Natur und Gesellschaft warten kann, noch kann die Gültigkeit letzterer von unseren Hoffnungen und moralischen Urteilen bestimmt werden. Beide, Spekulieren und Handeln, müssen, so gut sie können, vorangehen und auf den Tag warten, an dem theoretische Forschung eine stabile Richtschnur für den unendlichen, oft harten, aber niemals hoffnungslosen Kampf für Freiheit und soziale Gerechtigkeit liefern wird.

---

1 F. W. J. Schelling: *Philosophical Inquiries into the Nature of Human Freedom.* Übersetzt und hg. von James Gutman. Chicago: Open Court Publishing Co. 1936.

2 R. D. Masters: Einleitung seiner Edition der *First and Second Discourses* von Jean-Jacques Rousseau. New York: St. Martin's Press 1964.

3 Vergleiche Proudhon, ein Jahrhundert später: »Ich bräuchte nicht viele Worte, um zu zeigen, dass die Macht, einem Menschen die Gedanken, den Willen die Persönlichkeit zu nehmen, eine Macht über Leben und Tod ist und dass es Mord ist, einen Menschen zu versklaven«.

4 Zitiert nach Michail Bakunin: *Etatisme et anarchie*. Hg. von Arthur Lehning. Leiden: E. J. Brill 1967, Anmerkung des Herausgebers Nr. 50, aus Paul Schrecker: *Kant et la révolution française*, in: *Revue philosophique* (September-Dezember 1939).

5 Ich habe diese Fragen in *Cartesian Linguistics* (New York: Harper & Row 1966) und *Language and Mind* (New York: Harcourt Brace Jovanovich, erw. Aufl. 1972) behandelt [*Cartesianische Linguistik. Ein Kapitel in der Geschichte des Rationalismus*. Übersetzt von Richard Kruse. Tübingen: Niemeyer 1971 bzw. *Sprache und Geist*. Aus dem Amerikanischen von Siegfried Kanngießer, Gerd Lingrün und Ulrike Schwartz. Mit einem Anhang: *Linguistik und Politik*. Aus dem Amerikanischen von Anna Kamp. Frankfurt am Main: Suhrkamp 1970].

6 Siehe die Literaturhinweise in Anm. 5 sowie meine *Aspects of the Theory of Syntax* (Cambridge, MA: MIT Press 1969), Kap. 1, Abschn. 8 [*Aspekte der Syntax-Theorie*. Übersetzt und hg. unter der Leitung von Ewald Lang. Frankfurt am Main: Suhrkamp 1970].

7 Ich brauche wohl kaum hinzuzufügen, dass dies nicht die vorherrschende Sichtweise darstellt. Siehe zur Diskussion E. H. Lenneberg: *Biological Foundations of Language*. New York: John Wiley & Sons 1967; mein Buch *Language and Mind*; E. A. Drewe, G. Ettlinger, A. D. Milner und R. E. Passingham: *A Comparative Review of the Results of Behavioral Research on Man and Monkey*. Institute of Psychiatry, London, unveröffentlichtes Manuskript 1969; P. H. Lieberman und W. H. Wilson: *Vocal Tract Limitations on the Vowel Repertoires of Rhesus Monkeys and other Nonhuman Primates*, in: *Science*, 6. Juni 1969 und P. H. Lieberman: *Primate Vocalizations and Human Linguistic Ability*, in: *Journal of the Acoustical Society of America* Bd. 44, Nr. 6 (1968).

8 In den oben genannten Büchern und in *Current Issues in Linguistic Theory* (New York: Humanities Press 1964).

9 J. W. Burrow: Einleitung seiner Edition von Wilhelm von Humboldts *The Limits of State Action* (London: Cambridge University Press 1969), aus der die meisten der folgenden Zitate entnommen sind.

10 Vergleiche die oben zitierten Äußerungen Kants. Der Aufsatz von Kant erschien 1793, Humboldts Essay wurde 1791-1792 niedergeschrieben. Teile daraus wurden veröffentlicht, aber er erschien zu seinen Lebzeiten nicht vollständig. Siehe Burrow, Einführung zu Humboldt, *Limits of State Action*.

11 Thomas G. Sanders: *The Church in Latin America*, in: *Foreign Affairs* Bd. 48, Nr. 2 (1970).

12 Siehe zum Beispiel: Mitchell Cohen und Dennis Hale (Hg.): *The New Student Left*. Überarbeitete Aufl. Boston: Beacon Press 1967, Kap. 3.

13 Nämlich unter der Voraussetzung, dass der Mensch »zu einer entzückenden Schönheit auf[blüht] in einer Lebensweise, die mit seinem Charakter übereinstimmt« - das heißt, wenn sein Handeln aus innerem Antrieb erfolgt.

14 Das letztere Zitat stammt aus Humboldts Anmerkungen zur französischen Verfassung, 1791 - teilweise übersetzt in: Marianne Cowan (Hg.): *Humanist Without Portfolio. An Anthology*. Detroit: Wayne State University Press 1963.

15 Rudolf Rocker: *Anarchism and Anarcho-Syndicalism*, in: Paul Eltzbacher (Hg.): *Anarchism*. London: Freedom Press 1960. In seinem Buch *Nationalism and Culture* (London: Freedom Press 1937) bezeichnet Rocker Humboldt als »den bedeutendsten Vertreter« der Naturrechtslehre und des Widerstands gegen den autoritären Staat innerhalb Deutschlands. Rousseau sieht er als einen Vorläufer autoritärer

Glaubenslehren an, er berücksichtigt aber nur den *Gesellschaftsvertrag*, nicht den weitaus libertäreren *Diskurs über die Ungleichheit*. Burrow merkt an, dass Humboldts Aufsatz »einen Großteil der populistisch, anarchistisch und syndikalistisch gearteten politischen Theorie des 19 Jahrhunderts« vorwegnahm und erkennt darin Hinweise auf den frühen Marx. Siehe auch meine *Cartesian Linguistics*, Anm. 51 für weitere Erläuterungen.

16 Karl Polanyi: *The Great Transformation. The Political and Economic Origins of Our Time*. Boston: Beacon Press 1957.

17 Zitiert von Paul Mattick: *Workers' Control*, in: Priscilla Long (Hg.): *The New Left*. Boston: Porter Sargent 1969, S. 377.

18 Zitiert nach Martin Buber: *Paths in Utopia*. Boston: Beacon Press 1958, S. 19.

19 Dennoch verpflichtet sich Rousseau als ein Mann, der seine »ursprüngliche Einfachheit« verloren hat und nicht mehr der »Gesetze und Oberhäupter entbehren« kann, dazu, »die heiligen Bande« seiner Gesellschaft zu achten und »peinlich genau den Gesetzen [zu] gehorchen und den Menschen, die deren Urheber und Diener sind«, während er zugleich »eine Verfassung« verachtet, »die sich nur mit Hilfe so vieler achtbarer Leute aufrechterhalten läßt ... und aus der, all ihren Bemühungen zum Trotz, stets mehr wirkliches Unglück und wirkliche Not entstehen als scheinbare Vorteile«.

20 Siehe Kap. 3 dieses Buches.

21 Siehe mein Buch *For Reasons of State* (New York: Pantheon Books 1973), Kap. 7, für eine Diskussion der in dieser Hinsicht betrügerischen Ansprüche von bestimmten Spielarten der Verhaltenswissenschaft.

5

Objektivität und liberale Wissenschaft (Abschnitt II)

Teile dieses Essays wurden im März 1968 als Vorlesung im Rahmen der »Albert Schweitzer Lecture Series« an der New York University gehalten und erschienen in Conor Cruise O'Brien und William D. Vanech (Hg.): *Power and Consciousness*. New York: New York University Press 1969. Erweiterter Neudruck in Noam Chomsky: *American Power and the New Mandarins*. New York: Pantheon Books 1969.

Wenn es plausibel ist, dass Ideologie gewöhnlich als Maske des Eigeninteresses dient, dann ist es nur natürlich anzunehmen, dass Intellektuelle bei der Interpretation der Geschichte oder der Konzeption von Politik dazu neigen werden, eine elitäre Position zu beziehen, die Volksbewegungen und die Beteiligung der Massen an Entscheidungsprozessen verurteilt und im Gegenzug die Notwendigkeit betont, dass diejenigen die Aufsicht übernehmen, die das Wissen und das Verständnis besitzen, die (wie sie behaupten) erforderlich sind, um die Gesellschaft zu führen und sozialen Wandel zu kontrollieren. Dies ist nicht gerade ein neuer Gedanke. Vor einem Jahrhundert war ein wesentlicher Bestandteil der anarchistischen Kritik am Marxismus die folgende, von Bakunin formulierte Prophezeiung:

> [N]ach der Theorie von Marx darf das Volk ihn [den Staat] nicht nur nicht zerstören, es muß ihn im Gegenteil unterstützen und stärken und sich in dieser Hinsicht seinen Wohltätern, Vormündern und Lehrern, den Anführern der kommunistischen Partei, voll zur Verfügung stellen, mit einem Wort, Marx und seinen Freunden, die die Befreiung auf ihre Art beginnen. Sie werden die Zügel der Regierung in einer starken Hand konzentrieren, weil das unwissende Volk einer sehr starken Betreuung bedarf; sie werden eine einzige Staatsbank gründen, die die ganze kommerziell-industrielle, landwirtschaftliche und sogar wissenschaftliche Produktion auf sich konzentriert, und die Masse des Volkes in zwei Armeen aufteilen: in eine industrielle und in eine landwirtschaftliche, unter dem unmittelbaren Kommando von staatlichen Ingenieuren, welche eine neue privilegierte, wissenschaftlich-politische Klasse bilden werden.[1]

Man kommt nicht umhin, verblüfft zu sein über die Parallelität zwischen dieser und der Prophezeiung von Daniel Bell, dass in der neuen postindustriellen Gesellschaft »nicht nur die besten Talente, sondern letztendlich der ganze Komplex von sozialem Prestige und sozialem Status mit den intellektuellen und wissenschaftlichen Zirkeln verbunden sein werden«. Verfolgt man diese Parallele einen Augenblick lang weiter, ließe sich die Frage stellen, ob die linke Kritik des leninistischen Elitedenkens unter gänzlich anderen Voraussetzungen auf die liberale Ideologie der intellektuellen Elite angewendet werden kann, die eine beherrschende Rolle bei der Führung des Wohlfahrtsstaates anstrebt.[2]

Rosa Luxemburg argumentierte 1918, das bolschewistische Elitedenken werde zu einer Gesellschaftsverfassung führen, in der allein die Bürokratie als aktives Element des sozialen Lebens übrigbleiben werde – heute wäre dies allerdings der »rote Bürokratismus« jenes Staatssozialismus, den Bakunin lange vorher als »die abscheulichste und furchtbarste Lüge« bezeichnete hatte, »die unser Jahrhundert hervorbrachte«.[3] Eine wahre Sozialrevolution erfordert eine »geistige Umwälzung in den durch Jahrhunderte bürgerlicher Klassenherrschaft degradierten Massen«;[4] »nur durch die völlige Entwurzelung des sklavischen Disziplingeistes kann die Arbeiterklasse zum Verständnis einer neuen Art von Disziplin, der freiwilligen Selbstdisziplin gelangen«.[5] In einer Schrift von 1904 sagte sie voraus, dass Lenins Organisationsprinzipien »eine noch junge Arbeiterbewegung den Herrschaftsgelüsten der Akademiker« unterwerfen und »zum gefügigen Werkzeug eines ›Komitees‹« machen würden.[6] In der elitären Doktrin der Bolschewisten von 1918 sah sie eine Herabsetzung der kreativen, spontanen, sich selbst verbessernden Kraft der Massenaktionen, die allein, wie sie meinte, die abertausend Probleme des gesellschaftlichen Wiederaufbaus lösen und jene geistige Umwälzung bewirken könnten, die das Wesen einer wahren Sozialrevolution ausmacht. Als sich die bolschewistische Herangehensweise zum Dogma verhärtete, wurde die Furcht vor der Eigeninitiative des Volkes und spontanen Massenaktionen, die nicht unter der Leitung und Kontrolle der ordnungsgemäß eingesetzten Vorhut stehen, zu einem dominierenden Element der sogenannten »kommunistischen« Ideologie.

Feindschaft gegenüber Massenbewegungen und sozialen Veränderungen, die sich der Kontrolle privilegierter Eliten entziehen, ist auch ein hervorstechendes Wesensmerkmal der heutigen liberalen Ideologie.[7] In der Außenpolitik kommt sie in den bereits beschriebenen Formen zum Ausdruck. Um diese Erörterung über konterrevolutionäre Subordination abzuschließen, möchte ich untersuchen, wie sich diese spezifische Voreingenommenheit in der amerikanischen liberalen Ideologie in einem recht entscheidenden Beispiel selbst in der Deutung von vergangenen Ereignissen, bei denen die Vereinigten Staaten eher am Rande beteiligt waren, und in historischer Forschung von sehr hoher Qualität nachweisen lässt.

1966 sprach die American Historical Association ihren alle zwei Jahre verliehenen Preis für die beste Arbeit über europäische Geschichte Gabriel Jackson für seine Studie über Spanien in den 1930er-Jahren zu.[8] Unter den Dutzenden von Büchern über diese Zeit gehört das von Jackson ohne jede Frage zu den besten und ich ziehe nicht in Zweifel, dass er den Preis verdient hat. Der Spanische Bürgerkrieg ist eines der entscheidendsten und auch eines der am ausgiebigsten untersuchten Ereignisse der neueren Geschichte. Hier begegnen wir einem Wechselspiel von Kräften und Ideen, die die europäische Geschichte seit der industriellen Revolution beherrscht haben. Darüber hinaus ähnelte die Beziehung Spaniens zu den Großmächten in vielerlei Hinsicht derjenigen der Länder, die man heute die Dritte Welt nennt. Auf manche Weise geben also die Ereignisse des Spanischen Bürgerkriegs einen Vorgeschmack dessen, was die Zukunft bereithalten mag, denn Revolutionen in der Dritten Welt entwurzeln traditionelle Gesellschaften, bedrohen die imperiale Vorherrschaft, verschärfen die Rivalität zwischen den Großmächten und bringen die Welt in die gefährliche Nähe eines Krieges, der, falls er nicht verhindert wird, sicherlich die letzte Katastrophe der modernen Geschichte sein wird. Mein Vorhaben, eine herausragende liberale Analyse des Spanischen Bürgerkriegs zu untersuchen, ist demnach zweifach motiviert: Erstens durch die Bedeutung, die diesen Ereignissen innewohnt, und zweitens durch die Erkenntnisse, die diese Analyse hinsichtlich der zugrunde liegenden elitären Voreingenommenheit liefern könnte, von der ich annehme, dass sie die Wurzel des Phänomens der konterrevolutionären Subordination bildet.

In seiner Untersuchung der spanischen Republik unternimmt Jackson nicht den Versuch, seine eigene Parteilichkeit zugunsten der liberalen Demokratie zu verbergen, die von solchen Persönlichkeiten wie Azaña, Casares Quiroga, Martínez Barrio[9] und den anderen »verantwortungsvollen nationalen Führern« vertreten wurde. Indem er diese Haltung einnimmt, spricht er für einen Großteil der liberalen Wissenschaft; es ist nur recht und billig anzunehmen, dass Persönlichkeiten ähnlich den eben Genannten von amerikanischen Liberalen in Lateinamerika, Asien oder Afrika unterstützt würden, wenn dies möglich wäre. Überdies unternimmt Jackson kaum den Versuch, seine Antipathie gegenüber den Kräften der Volksrevolution in Spanien oder deren Zielen zu verschleiern.

Es stellt keinen Einwand gegen Jacksons Untersuchung dar, dass sein Standpunkt und seine Sympathien darin mit solcher Klarheit zum Ausdruck kommen. Im Gegenteil, der Wert dieser Arbeit als einer Interpretation historischer Ereignisse wird durch die Tatsache erhöht, dass die Parteilichkeiten des Autors so klar und deutlich herausgestellt werden. Aber ich glaube, man kann zeigen, dass Jacksons Darstellung der Volksrevolution, die sich in Spanien ereignete, irreführend und in Teilen ziemlich unfair ist, und dass der Mangel an Objektivität, den er offenbart, insofern sehr bezeichnend ist, als er charakteristisch für die Einstellung ist, die von liberalen (und kommunistischen) Intellektuellen gegenüber revolutionären Bewegungen eingenommen wird, die großenteils spontan und nur lose organisiert sind, aber in tiefempfundenen Bedürfnissen und Idealen der enteigneten Massen ihre Wurzel haben. In der Wissenschaft ist es Konvention, die Verwendung von Ausdrücken wie denen des vorangegangenen Satzes als einen Beweis für Naivität und konfuse Sentimentalität zu sehen. Jedoch stützt sich diese Konvention eher auf ideologische Überzeugung als auf die Geschichte oder die Untersuchung der Erscheinungsformen des gesellschaftlichen Lebens. Diese Überzeugung wird, wie ich glaube, durch Ereignisse wie die Revolution, die im Sommer 1936 über weite Teile Spaniens hinwegfegte, Lügen gestraft.

Sicherlich findet sich in den unterentwickelten Ländern heute nirgendwo eine genaue Kopie der spanischen Verhältnisse in den 1930er-Jahren. Dennoch deuten die wenigen Informationen, die wir vor allem über Volksbewegungen in Asien besitzen, auf gewisse Ähnlichkeiten hin, die weitaus ernsthaftere und wohlwollendere Untersuchungen verdienen als diejenigen, die ihnen bisher gewidmet wurden.[10] Unzureichende Informationen machen jeden Versuch, solche Vergleiche zu ziehen, zu einem Wagnis, aber ich halte es durchaus für möglich, seit langem bestehende Tendenzen in der Reaktion von liberalen wie kommunistischen Intellektuellen auf derartige Massenbewegungen aufzuzeigen.

Wie ich bereits bemerkte, ist der Spanische Bürgerkrieg nicht nur eines der entscheidenden, sondern auch eines der am eingehendsten untersuchten Ereignisse der neueren Geschichte. Doch gibt es erstaunliche Lücken. Während der Monate, die auf Francos Aufstand im Juli 1936 folgten, fand in weiten Teilen Spaniens eine soziale Revolution von nie dagewesenem Ausmaß statt. Sie besaß keine »revolutionäre Vorhut« und scheint weitgehend spontan gewesen zu sein; dabei beteiligte sich eine große Masse von Stadt- und Landarbeitern an einer radikalen Umwälzung der sozialen und ökonomischen Verhältnisse, die mit bemerkenswertem Erfolg durchgehalten wurde, bis man sie durch gewaltsames Eingreifen zerstörte. Diese überwiegend anarchistische Revolution und die durch sie hervorgerufene gewaltige Transformation der Gesellschaft werden in neueren historischen Studien als eine Art von Verirrung, als ein lästiges Ärgernis behandelt, das einer erfolgreichen Kriegsführung zum Schutz der bürgerlichen Regierung vor dem Aufstand Francos im Weg stand. Viele Historiker würden vermutlich der Ansicht von Eric Hobsbawm[11] zustimmen, dass für das *Scheitern* der Sozialrevolution in Spanien »die Anarchisten verantwortlich« waren, dass der Anarchismus »eine Katastrophe« war, eine Art »moralischer Turnübung« ohne »irgendwelche konkreten Ergebnisse« und bestenfalls »ein höchst bewegendes Schauspiel« »für jemanden, der Volksreligionen untersucht«. Die umfassendste historische Untersuchung der anarchistischen Revolution[12] ist relativ schwer zugänglich, und offensichtlich sind weder ihr Autor, der jetzt in Südfrankreich lebt, noch die vielen Flüchtlinge, die niemals ihre Memoiren schreiben werden, aber persönliche Zeitzeugnisse von unschätzbarem Wert liefern könnten, von den Verfassern der wichtigsten historischen Arbeiten konsultiert worden.[13] Die einzig bisher publizierte Sammlung von Dokumenten, die sich mit der Kollektivierung befassen,[14] wurde lediglich in einem anarchistischen Verlag veröffentlicht und ist folglich für breitere Leserschichten kaum zugänglich; auch sie ist nur selten zu Rate gezogen worden – sie erscheint beispielsweise nicht in Jacksons Bibliographie, obwohl Jacksons Darstellung eine soziale und politische, nicht bloß eine militärische Geschichte sein will. In der Tat scheint dieser erstaunliche soziale Umbruch weitgehend aus dem Gedächtnis verschwunden zu sein. Das Drama und Leid des Spanischen Bürgerkriegs sind keinesfalls verblasst; die Wirkung des Films »Sterben für Madrid« vor einigen Jahren legt dafür Zeugnis ab. Doch findet sich in diesem Film (worauf Daniel Guérin hinweist) keinerlei Bezug auf die Volksrevolution, die große Teile der spanischen Gesellschaft umgestaltet hatte.

Ich werde mich hier mit den Ereignissen von 1936-37[15] und einem bestimmten Aspekt des unübersichtlichen Kampfes beschäftigen, an dem Franco-Nationalisten, Republikaner (einschließlich der kommunistischen Partei), Anarchisten und sozialistische Arbeitergruppen beteiligt waren. Der Aufstand Francos ereignete sich vor dem Hintergrund von monatelangen Streiks, Enteignungen und Schlachten zwischen Bauern und der Guardia Civil. Der linke Sozialistenführer Largo Caballero hatte im Juni die Bewaffnung der Arbeiter gefordert, was von Azaña abgelehnt worden war. Als der Putsch dann kam, war die republikanische Regierung gelähmt. In Madrid und Barcelona bewaffneten sich die Arbeiter selbst, indem sie die Arsenale der Regierung und sogar die Schiffe im Hafen ausraubten, und schlugen den Aufstand nieder, während die Regierung schwankte, hin- und hergerissen zwischen den beiden gleich großen Gefahren, sich Franco zu unterwerfen oder die Arbeiterklasse zu bewaffnen. In weiten Teilen Spaniens ging die tatsächliche Befehlsgewalt in die Hände der anarchistischen und sozialistischen Arbeiter über, die bei der Niederschlagung des Aufstands eine wesentliche, zumeist dominante Rolle gespielt hatten.

Die nächsten Monate sind häufig als eine Periode der »Doppelherrschaft« bezeichnet worden. In Barcelona wurden Industrie und Handel zu weiten Teilen kollektiviert, und eine Welle der Kollektivierung verbreitete sich über ländliche Gegenden sowie Kleinstädte und Dörfer in Aragón, Kastilien und die Levante und in geringerem, aber immer noch erheblichem Ausmaß in vielen Regionen von Katalonien, Asturien, der Estremadura und Andalusien. Die militärische Gewalt wurde von Verteidigungskomitees ausgeübt; die soziale und wirtschaftliche Organisation nahm viele Formen an, die in wesentlichen Grundzügen dem Programm des Kongresses der anarchistischen CNT in Saragossa vom Mai 1936 folgten. Die Revolution war »unpolitisch« in dem Sinne, dass ihre Macht- und Verwaltungsorgane von der republikanischen Zentralregierung getrennt blieben und selbst, nachdem einige führende Anarchisten im Herbst 1936 in die Regierung eingetreten waren, weiterhin ziemlich unabhängig arbeiteten, bis die Revolution schließlich zwischen den faschistischen und den republikanischen Mächten unter Führung der Kommunisten zerrieben wurde. Der Erfolg der Kollektivierung von Industrie und Handel in Barcelona beeindruckte sogar Beobachter ohne jede anarchistische Sympathien wie Borkenau. Das Ausmaß der ländlichen Kollektivierung wird durch folgende Daten aus anarchistischen Quellen angedeutet: in Aragón vierhundertfünzig Kollektive mit fünfhunderttausend Mitgliedern; in der Levante neunhundert Kollektive, die etwa die Hälfte der landwirtschaftlichen Produktion und siebzig Prozent des Vertriebs in dieser, der landwirtschaftlich ergiebigsten Region Spaniens beisteuerten; in Kastilien dreihundert Kollektive mit ungefähr hunderttausend Mitgliedern.[16] In Katalonien behielt die von Companys geleitete bürgerliche Regierung die nominelle Herrschaftsgewalt, doch die wirkliche Macht war in den Händen der von Anarchisten beherrschten Komitees.

Die Zeit vom Juli bis September kann als eine Periode spontaner, weitreichender Revolution bezeichnet werden, die jedoch unvollendet blieb.[17] Etliche Anarchistenführer traten in die Regierung ein; der Grund war einer Erklärung Federica Montsenys vom 3. Januar 1937 zufolge dieser: »Die Anarchisten sind in die Regierung eingetreten, um zu vermeiden, daß die Revolution von ihrem Wege abkommt, um sie noch über den Krieg hinaus fortzusetzen und um jedem Versuch einer Diktatur entgegenzuarbeiten, von welcher Seite sie auch kommen mag«.[18] Die Zentralregierung geriet zunehmend unter die Kontrolle der Kommunisten – in Katalonien unter die Kontrolle der von Kommunisten beherrschten PSUC –, großenteils aufgrund der wertvollen militärischen Unterstützung aus Russland. Am erfolgreichsten waren die Kommunisten in den reichen Agrarregionen der Levante (die Regierung zog nach Valencia um, die Hauptstadt einer der Provinzen), wo sich vermögende Hofeigentümer in Scharen der Bauern-Föderation anschlossen, die die Partei zum Schutz der wohlhabenden Bauern gegründet hatte; diese Föderation »war ein machtvolles Instrument, um der ländlichen Kollektivierung Einhalt zu gebieten, die von den Landarbeitern der Provinz vorangetrieben wurde«.[19] Auch an anderen Orten spiegelten konterrevolutionäre Erfolge den zunehmenden Einfluss der Kommunisten in der Republik wider.

Die erste Phase der Konterrevolution waren die Legalisierung und Regulierung derjenigen Errungenschaften der Revolution, die irreversibel erschienen. Eine Verordnung des kommunistischen Landwirtschaftsministers Vicente Uribe vom 7. Oktober legalisierte bestimmte Enteignungen – und zwar von Ländereien, die Personen gehörten, die sich an Francos Putsch beteiligten. Natürlich hatten diese Enteignungen bereits stattgefunden, ein Tatbestand, der die kommunistische Presse nicht davon abhielt, die Verordnung als »die tiefgreifendste revolutionäre Maßnahme« zu bezeichnen, »die seit dem militärischen Aufstand ergriffen wurde«.[20] Da die Güter von Landbesitzern, die sich nicht direkt an der Erhebung Francos beteiligten, ausgenommen wurden, bedeutete die Verordnung, vom Standpunkt der Revolutionäre aus, in Wirklichkeit einen Rückschritt und sie wurde nicht nur von der CNT, sondern auch von der an die UGT angeschlossenen sozialistischen Föderation der Landarbeiter kritisiert. Die Forderung nach einer weitergehenden Verordnung war für das kommunistisch geführte Ministerium unannehmbar, da die kommunistische Partei »bei den besitzenden Klassen Unterstützung für den Kampf gegen Franco suchte« und es sich daher »nicht leisten konnte, die Inhaber kleiner und mittlerer Betriebe vor den Kopf zu stoßen, die der Arbeiterbewegung vor dem Bürgerkrieg feindlich gesonnen waren«.[21] Zu diesen »Inhabern kleiner Betriebe« scheinen in Wirklichkeit auch die Eigentümer von beträchtlichem Grundbesitz gehört zu haben. Die Verordnung zwang die Pächter, weiterhin Miete zu zahlen, sofern die Landeigentümer Franco nicht unterstützt hatten, und indem es früheren Landbesitz garantierte, verhinderte es die Verteilung des Bodens an die Armen des Dorfes. Ricardo Zabalza, Generalsekretär der Föderation der Landarbeiter, bezeichnete die daraus resultierende Situation als eine »ärgerliche Ungerechtigkeit«; »die Sykophanten der ehemaligen politischen Bosse erfreuen sich noch immer einer privilegierten Position auf Kosten derjenigen, die nicht einmal das kleinste Stück Land pachten konnten, weil sie Revolutionäre waren«.[22]

Die Phase der Legalisierung und Beschränkung des bisher Erreichten schloss eine Verordnung vom 24. Oktober 1936 ab, das von einem Mitglied der CNT, das in der katalanischen Generalidad Wirtschaftsrat geworden war, verkündet wurde und die Kollektivierung der Industrie in Katalonien rechtlich sanktionierte. Auch in diesem Fall handelte es sich, aus revolutionärer Sicht, um einen Schritt zurück. Die Kollektivierung wurde auf Unternehmen beschränkt, die mehr als hundert Arbeiter beschäftigten, und es wurde eine Vielzahl von Bestimmungen eingeführt, die den Arbeiterkomitees die Kontrolle wegnahm und auf die Staatsbürokratie übertrug.[23]

Das zweite Stadium der Konterrevolution, von Oktober 1936 bis Mai 1937, beinhaltete die Zerstörung der lokalen Komitees, die Ersetzung der Miliz durch eine konventionelle Armee und die Restauration des vorrevolutionären Sozial- und Wirtschaftssystems, wo immer dies möglich war. Im Mai 1937 kam es schließlich zu einem direkten Angriff auf die Arbeiterklasse in Barcelona (den Mai-Tagen).[24] Im Anschluss an den Erfolg dieses Angriffs wurde der Liquidierungsprozess der Revolution vollendet. Die Kollektivierungsverordnung vom 24. Oktober wurde aufgehoben und die Industrie von der Arbeiterkontrolle »befreit«. Von Kommunisten geführte Armeeeinheiten fegten durch Aragón und zerstörten viele Kollektive und lösten deren Organisationen auf und brachten das Land ganz allgemein unter die Kontrolle der Zentralregierung. In allen republikanisch beherrschten Gebieten handelte die Regierung, nun unter kommunistischer Vorherrschaft, in Übereinstimmung mit dem am 17. Dezember 1936 in der *Pravda* verkündeten Vorhaben: »Was Katalonien betrifft, so hat die Säuberung von den trotzkistischen und anarcho-syndikalistischen Elementen bereits eingesetzt, und sie wird dort mit derselben Energie durchgeführt werden wie in der UdSSR«[25] – und, so könnten wir hinzufügen, auf sehr ähnliche Art und Weise.

Kurz, die Zeit vom Sommer 1936 bis 1937 war eine Periode der Revolution und Konterrevolution: Die Revolution war großenteils spontan unter Beteiligung der Massen in Gestalt anarchistischer und sozialistischer Industrie- und Landarbeiter; die Konterrevolution stand unter der Leitung der Kommunisten, wobei die kommunistische Partei in zunehmendem Maße den rechten Flügel der Republik repräsentierte. Während dieser Zeit und nach dem Erfolg der Konterrevolution führte die Republik einen Krieg gegen den Aufstand Francos; dies ist in zahlreichen Veröffentlichungen sehr detailliert beschrieben worden, und ich werde hier wenig dazu sagen. Der konterrevolutionäre Kampf unter kommunistischer Führung muss natürlich vor dem Hintergrund des andauernden antifaschistischen Krieges und des allgemeineren Versuchs der Sowjetunion gesehen werden, ein breites antifaschistisches Bündnis mit den westlichen Demokratien aufzubauen. Ein Grund für die rigorose konterrevolutionäre Politik der Kommunisten war ihre Annahme, dass England einen Sieg der Revolution in Spanien niemals tolerieren würde, wo England wie Frankreich und in geringerem Maße die Vereinigten Staaten bedeutende wirtschaftliche Interessen besaß.[26] Ich werde darauf weiter unten zurückkommen. Ich halte es jedoch für wichtig, dass es zweifellos auch andere Faktoren gab. Die Äußerungen Rudolf Rockers sind, wie ich glaube, recht zutreffend:

> [D]as spanische Volk [befindet sich] in einem verzweifelten Kampf gegen einen unbarmherzigen Feind und ist dazu noch dem geheimen Ränkespiel der imperialistischen Großmächte Europas ausgesetzt. Trotzdem griffen die spanischen Revolutionäre nicht zu den verhängnisvollen Mitteln der Diktatur und achteten jede ehrliche Überzeugung. Jeder, der nach den Juli-Kämpfen Barcelona besuchte, ob Freund oder Gegner der CNT, war überrascht von der Freiheit des öffentlichen Lebens und von der Abwesenheit aller Institutionen, die den Zweck haben, den freien Meinungsausdruck zu unterbinden.
> Zwei Jahrzehnte lang haben die Anhänger des Bolschewismus den Massen eingehämmert, daß die Diktatur eine Lebensnotwendigkeit sei, um die sogenannten proletarischen Interessen gegen die Anschläge der Konterrevolution zu verteidigen und dem Sozialismus den Weg zu bahnen. Sie haben mit dieser Propaganda nicht die Sache des Sozialismus gefördert, sondern in Italien, Deutschland und Österreich lediglich dem Faschismus die Bahn geebnet, indem sie Millionen Menschen vergessen ließen, daß die extremste Form der Tyrannei, die Diktatur, nie und nimmer zur sozialen Befreiung führen kann. In Rußland hat die sogenannte Diktatur des Proletariats nicht zum Sozialismus, sondern zur Herrschaft einer neuen Bürokratie über das Proletariat und das ganze Volk geführt. …
> Was die russischen Machthaber und ihre Anhänger am meisten fürchten, ist, daß ein Erfolg des freiheitlichen Sozialismus in Spanien ihren blinden Nachläufern den Beweis erbringen müßte, daß die vielgerühmte »Notwendigkeit der Diktatur« nur eine einzige große Lüge gewesen ist, die in Rußland zum Despotismus Stalins führte, und die heute in Spanien dazu dienen soll, der Konterrevolution zum Siege über die revolutionäre Bewegung der Arbeiter und Bauern zu verhelfen.[27]

Nach Jahrzehnten der antikommunistischen Indoktrination ist es schwierig, zu einer Perspektive zu gelangen, die es ermöglicht, ernsthaft das Ausmaß abzuschätzen, in dem sich Bolschewismus und westlicher Liberalismus in ihrer Opposition gegen Volksrevolutionen einig gewesen sind. Ich glaube jedoch nicht, dass man die Ereignisse in Spanien verstehen kann, ohne diese Perspektive zu erlangen.

Mit dieser kurzen Skizze – parteilich, aber korrekt, wie ich glaube – im Hintergrund möchte ich mich Jacksons Darstellung dieses Aspekts des Spanischen Bürgerkriegs zuwenden (siehe Anm. 8). Jackson nimmt an (S. 259), dass die sowjetische Unterstützung der republikanischen Sache in Spanien von zwei Faktoren geleitet wurde: erstens von der Sorge um die sowjetische Sicherheit, zweitens von der Hoffnung, dass ein Sieg der Republikaner »die Sache der weltweiten ›Revolution des Volkes‹« vorantreiben werde, »mit der sich die sowjetischen Führer zu identifizieren hofften«. Seiner Meinung nach trieben sie ihre revolutionären Ziele nicht voran, weil »es vorerst notwendig war, die Mittelschichten oder die westlichen Regierungen nicht zu verschrecken«.

Hinsichtlich der Sorge um die sowjetische Sicherheit hat Jackson zweifellos recht. Klar ist, dass die sowjetische Unterstützung der Republik ein Teil des Versuches war, gemeinsam mit den westlichen Demokratien gegen die faschistische Bedrohung vorzugehen. Jacksons Vorstellung von der Sowjetunion als einer revolutionären Macht – voller Hoffnung, dass ein Sieg der Republikaner »die unterbrochene Entwicklung zur Weltrevolution« vorantreiben werde, und danach strebend, sich mit »der Sache der weltweiten ›Revolution des Volkes‹« zu identifizieren – erscheint mir jedoch vollkommen falsch. Jackson führt keine Beweise an, um diese Interpretation der sowjetischen Politik zu stützen, und mir sind auch keine bekannt. Es ist interessant zu sehen, wie unterschiedlich die Ereignisse zur Zeit des Spanischen Bürgerkriegs interpretiert wurden, nicht nur von Anarchisten wie Rocker, sondern auch von solchen Kommentatoren wie Gerald Brenan und Franz Borkenau, die mit der Situation in Spanien eng vertraut waren. Wie Brenan bemerkt, war die konterrevolutionäre Politik der Kommunisten (die seines Erachtens »sehr vernünftig« war)

> auch eine für die Kommunisten vorzügliche Politik. In Rußland existiert ein von der Bürokratie beherrschtes totalitäres Regime. Die Geisteshaltung seiner Führer, die durch den gewalttätigsten Umsturz der Geschichte zur Macht gekommen waren, ist zynisch und opportunistisch, die gan-

> ze Staatsmaschinerie dogmatisch und autoritär. Es stand außer Frage, daß solche Leute niemals eine soziale Revolution in einem Land wie Spanien, wo der wildeste Idealismus mit größter Freiheitsliebe gepaart ist, anführen konnten. Die Russen könnten in Wirklichkeit über eine ganze Menge von Idealismus ihrer ausländischen Bewunderer verfügen, aber sie würden dies nur dazu verwenden, einen eisernen bürokratischen Staat zu schaffen, in dem jeder gleich denkt und den Befehlen des Vorgesetzten gehorcht.[28]

Er sieht im russischen Verhalten in Spanien keinerlei Anzeichen für irgendein Interesse an einer »Revolution des Volkes«. Vielmehr wandten sich die Kommunisten »nicht nur gegen die spontan entstandenen agrarischen und industriellen Kollektive, sondern überschwemmten das Land auch mit einer Politik, die – wie die russische O.G.P.U. – auf der Basis von Befehlen der Partei und nicht von Anweisungen des Innenministers funktionierte«. Die Kommunisten waren darauf bedacht, Impulse zu »Spontaneität in Reden oder Aktionen« vollständig zu unterdrücken, denn ihre »gesamte Natur und ihre Geschichte brachte sie dazu, lokalen und spontanen Bewegungen zu mißtrauen und ihr Heil in Ordnung, Disziplin und bürokratischer Uniformität zu suchen«, – sie also eine oppositionelle Haltung zu den revolutionären Kräften in Spanien einnehmen ließ. Wie Brenan ebenfalls bemerkt, zogen die Russen ihre Unterstützung zurück, sobald klar wurde, dass die Briten sich nicht von ihrer Appeasementpolitik abbringen ließen, eine Tatsache, die zusätzliche Bestätigung für die These liefert, dass nur außenpolitische Überlegungen die Sowjetunion dazu brachten, die Republik zu unterstützen.

Borkenaus Deutung ist ähnlich. Er billigt die kommunistische Politik wegen ihrer »Effizienz«, aber er weist darauf hin, dass die Kommunisten »die sozialrevolutionären Aktivitäten« beendeten und »ihre Ansicht durch[setzten], nach der hier keine Revolution stattfinden, sondern ganz einfach eine legale Regierung verteidigt werden sollte«, und dass »die kommunistische Politik in Spanien weniger von den Notwendigkeiten des spanischen Kampfes als vielmehr von den Interessen der intervenierenden ausländischen Macht bestimmt war, Rußland«, ein Land, das »eine revolutionäre Vergangenheit, aber keine revolutionäre Gegenwart hat«. Die Kommunisten handelten »nicht mit dem Ziel, chaotischen Enthusiasmus in einen disziplinierten zu verwandeln [was nach Borkenaus Einschätzung notwendig gewesen ist], sondern mit dem Ziel, durch diszipliniertes militärisches und administratives Vorgehen die Massenaktionen zu ersetzen und schließlich ganz zu beenden«. Diese Politik, betont er, richtete sich »direkt gegen die Interessen und Forderungen der Massen« und schwächte so den Rückhalt in der Bevölkerung. Die nunmehr teilnahmslosen Massen würden sich nicht für die Verteidigung einer kommunistischen Diktatur engagieren, die die ehemaligen Machtverhältnisse wiederherstellte und sogar »eine ausgesprochene Vorliebe für die Polizeikräfte des alten Regimes [zeigte], die von den Massen so gehaßt wurden«. Mir scheint, dass die Quellen diese Interpretation der kommunistischen Politik und ihrer Auswirkungen maßgeblich unterstützen, während Borkenaus Annahme, dass kommunistische »Effizienz« notwendig war, um den Kampf gegen Franco zu gewinnen, sehr viel zweifelhafter ist – eine Frage, auf die ich weiter unten zurückkommen werde.[29]

Es ist wichtig, an diesem Punkt festzustellen, dass sich eine Reihe von spanischen Kommunistenführern widerwillig zu ähnlichen Schlussfolgerungen genötigt sahen. Bolloten führt mehrere Beispiele an,[30] insbesondere den Militärkommandanten »El Campesino« und Jesús Hernández, einen Minister der Regierung Caballero. Der Erstere erklärte nach seiner Flucht aus der Sowjetunion 1949, er habe die »revolutionäre Solidarität« der Sowjetunion während des Bürgerkriegs für selbstverständlich gehalten – ein äußerst bemerkenswertes Maß an Arglosigkeit – und erst später erkannt, »dass der Kreml nicht dem Interesse der Völker der Welt dient, sondern sie seinen eigenen Interessen dienen lässt, dass er sich mit Verrat und Heuchelei ohnegleichen der internationalen Arbeiterklasse als eines Pfandes für seine politischen Intrigen bedient«. Hernández gibt in einer kurz nach dem Bürgerkrieg gehaltenen Rede zu, dass die spanischen Kommunistenführer »mehr wie sowjetische Staatsbürger denn wie Söhne des spanischen Volkes handelten«. »Es mag absurd, unglaublich erscheinen«, fügt er hinzu, »aber unsere Schulung unter sowjetischer Aufsicht hatte uns in einem solchen Grade deformiert, dass wir vollständig entnationalisiert waren; uns wurde unsere nationale Seele herausgerissen und durch einen fanatisch chauvinistischen Internationalismus ersetzt, der mit den Türmen des Kreml begann und endete«.

Kurz nach dem Dritten Weltkongress der Kommunistischen Internationale 1921 schrieb der holländische »Ultra-Linke« Herrmann Gorter, dass der Kongress »vorläufig das Los der Weltrevolution besiegelt [hat]. Die Richtung, die aus der Weltrevolution … Ernst machen wollte, ist aus der russischen Internationale ausgestoßen. Und die kommunistischen Parteien Westeuropas und der Welt, die noch innerhalb der russischen Internationale bleiben, werden zu nichts anderem als zu Mitteln, die russische Revolution und die Sowjetrepublik instand zu halten«.[31] Diese Vorhersage erwies sich als ziemlich genau. Jacksons Auffassung, dass die Sowjetunion in den späten 1930er-Jahren eine revolutionäre Macht gewesen sei oder dass sich die Sowjetführer wirklich in Verbindung mit der Weltrevolution gesehen hätten, entbehrt jeder faktischen Grundlage. Es ist eine Fehlinterpretation, die parallel zur amerikanischen Mythologie des Kalten Krieges verläuft, die eine von Moskau (heute von Peking) gelenkte »internationale kommunistische Verschwörung« erfand, um ihre eigene interventionistische Politik zu rechtfertigen.

Wenden wir uns den Ereignissen im revolutionären Spanien zu. Jackson beschreibt die ersten Stadien der Kollektivierung wie folgt: Die Gewerkschaften in Madrid »wie in Barcelona und Valencia missbrauchten ihre plötzliche Macht, indem sie das Zeichen *incautado* [unter Arbeiterkontrolle gestellt] an Gebäuden und Fahrzeugen jeglicher Art anbrachten« (S. 279). Warum war dies ein *Missbrauch* von Macht? Dies erklärt Jackson nicht. Die Wortwahl zeigt den Widerwillen auf Seiten Jacksons, trotz seiner Darstellung des Zusammenbruchs der republikanischen Autorität die Realität der revolutionären Situation anzuerkennen. Die Feststellung, dass die Arbeiter »ihre plötzliche Macht missbrauchten«, indem sie Kollektivierungen durchführten, beruht auf einem moralischen Werturteil, das an jenes von Ithiel Pool erinnert, der die Landreform in Vietnam als »Plünderung der eigenen Nachbarn« bezeichnet, oder von Franz Borkenau, der Enteignungen in der Sowjetunion als »Raub« anspricht, der einen »Charakterzug von moralischer Indifferenz« bezeuge.

Innerhalb weniger Monate, informiert uns Jackson, »begann die revolutionäre Flut in Katalonien abzuebben«, nachdem »zunehmende Probleme bei der Lebensmittelversorgung und die Erfahrungen in der Verwaltung von Dörfern, Grenzstationen und öffentlichen Einrichtungen den Anarchisten schnell die unerwartete Komplexität der modernen Gesellschaft aufzeigten« (S. 313f.). In Barcelona »war der naive Optimismus der revolutionären Errungenschaften im vorangegangenen August einem Gefühl der Verbitterung und dem Eindruck gewichen, irgendwie betrogen worden zu sein«, da sich die Lebenshaltungskosten verdoppelten, das Brot knapp war und die Polizeigewalt ein Niveau wie in der Monarchie erreichte. »Die POUM und die anarchistische Presse lobten die Kollektivierung und führten gleichzeitig die Produktionsausfälle auf die Politik in Valencia zurück, die die katalanische Wirtschaft boykottiert und die Bourgeoisie begünstigt habe. Sie führten den Verlust Málagas vor allem auf die niedrige Moral und die Orientierungslosigkeit des andalusischen Proletariats zurück, das mitansehen musste, wie sich die Regierung in Valencia beständig nach rechts entwickelte« (S. 368). Jackson glaubt offensichtlich, dass diese linke Deutung der Ereignisse unsinnig war, und dass es in Wirklichkeit anarchistische Inkompetenz oder Verrat war, die für die Schwierigkeiten verantwortlich gewesen sind: »In Katalonien trödelten die Fabrikkomitees der CNT bei der Kriegsproduktion herum und behaupteten dabei, dass die Regierung ihnen Rohstoffe vorenthielte und die Bourgeoisie begünstige« (S. 365).

In Wirklichkeit »begann die revolutionäre Flut in Katalonien« unter einem von der kommunistischen Partei geführten Angriff der Mittelklasse »abzuebben«, nicht aufgrund der Einsicht in die »Komplexität des modernen Lebens«. Und darüber hinaus war es durchaus richtig, dass die kommunistisch beherrschte Zentralregierung mit großem Erfolg versuchte, die kollektivierte Industrie und Landwirtschaft zu behindern und die Kollektivierung des Handels zum Erliegen zu bringen. Die ersten Stadien der Konterrevolution erwähnte ich bereits. Eine weitergehende Untersuchung der Quellen, auf die sich Jackson bezieht, und anderer Dokumente zeigt, dass die Anschuldigungen der Anarchisten nicht grundlos waren, wie Jackson unterstellt. Bolloten führt eine Menge Belege zur Unterstützung seiner Aussage an, dass

> die Kommunisten auf dem Land eine beherzte Verteidigung der kleinen und mittleren Betriebseigentümer und Pächter gegen die Kollektivierungskampagne der lohnabhängigen Landarbeiter, gegen die Politik der Gewerkschaften, die einem Bauer verbot, mehr Land zu besitzen als

> er mit seinen eigenen Händen bebauen konnte, und gegen die Praktiken der revolutionären Komitees unternahmen, die Ernten beschlagnahmten, sich in den privaten Handel einmischten und von den Pächtern Abgaben einzogen.[32]

Die Politik der Regierung wurde vom kommunistischen Landwirtschaftsminister klar und deutlich ausgesprochen: »Wir erklären, dass das Eigentum des kleinen Bauern heilig ist und dass jene, die dieses Eigentum angreifen oder versuchen es anzugreifen, als Feinde der Regierung angesehen werden müssen«.[33] Gerald Brenan, kein Anhänger von Kollektivierungen, erklärt das Scheitern der Kollektivierung folgendermaßen (S. 321):

> Die Zentralregierung und speziell ihre kommunistischen und sozialistischen Mitglieder wollten die Kollektive unter die direkte Kontrolle des Staates bringen. Sie verweigerten ihnen daher die für den Ankauf von Rohstoffen nötigen Kredite: Sobald der Vorrat an Rohbaumwolle erschöpft war, stellten die Webereien die Arbeit ein … selbst [die Munitionshersteller in Katalonien] wurden von den neuen bürokratischen Organen des Ministeriums für Versorgung nicht in Ruhe gelassen.[34]

Er zitiert den bürgerlichen Präsidenten Kataloniens, Companys, der erklärte, dass »die Arbeiter in den Rüstungsbetrieben wöchentlich 56 Stunden und länger arbeiteten, und daß Fälle von Sabotage und Disziplinlosigkeit nicht auftraten«, bis die Arbeiter durch die von der Zentralregierung und der kommunistischen Partei auferlegte Bürokratisierung – später Militarisierung – demoralisiert wurden.[35] Seine eigene Schlussfolgerung ist, dass »jetzt Valencia die P.S.U.C. gegen die C.N.T. [verwendete], aber … nicht, weil etwa die katalanischen Arbeiter Sorgen bereitet hätten, sondern weil die Kommunisten die C.N.T. erst schwächen und dann endgültig vernichten wollten«.

Das zitierte Schreiben von Companys an Prieto stellt Richards (S. 47) zufolge einen Beweis für den Erfolg der kollektivierten katalanischen Kriegsindustrie dar und zeigt, »wieviel mehr hätte erreicht werden können, wenn die Mittel für den Ausbau der Industrie von der Zentralregierung nicht verweigert worden wären«. Richards zitiert auch eine Stellungnahme des Untersekretariats für Munition und

Bewaffnung der Regierung in Valencia, in der zugegeben wird, dass »die Kriegsindustrie Kataloniens zehnmal mehr produziert hatte als die restliche spanische Industrie zusammengenommen«, und bestätigt wird, »dass diese ab Anfang September* hätte vervierfacht werden können, wenn Katalonien Zugriff auf die notwendigen Mittel für den Kauf von Rohstoffen gehabt hätte, die in spanischem Territorium nicht verfügbar sind«. Es ist wichtig, daran zu erinnern, dass die Zentralregierung enorme Goldreserven hatte (die bald in die Sowjetunion übersendet werden sollten), so dass die Rohstoffe für die katalanische Industrie wahrscheinlich hätten erworben werden können, trotz der feindseligen Haltung der westlichen Demokratien gegenüber der Republik während der Revolutionsperiode (siehe unten). Zudem wurden Rohstoffe wiederholt angefordert. Am 24. September 1936 berichtete Juan Fabregas, der Delegierter der CNT im Wirtschaftsrat von Katalonien und zum Teil für die oben angeführte Kollektivierungsverordnung verantwortlich war, dass die finanziellen Schwierigkeiten Kataloniens durch die Weigerung der Zentralregierung geschaffen wurden, »irgendwelche Hilfestellung in wirtschaftlichen oder finanziellen Fragen zu geben, vermutlich weil sie wenig Sympathie für die praxisorientierte Arbeit hat, die in Katalonien durchgeführt wird«[36] – das heißt, die Kollektivierung. Er »berichtete weiter, dass eine Kommission, die nach Madrid ging, um Kredite zum Kauf von Kriegsmaterial und Rohstoffen zu erbitten und 1000 Millionen Peseten in bei der Bank von Spanien hinterlegten Sicherheiten anbot, auf direkte Ablehnung stieß. Für die Madrider Regierung genügte es, dass die neue katalanische Kriegsindustrie von Arbeitern der C.N.T. kontrolliert wurde, um jede Hilfe, die nicht an Bedingungen gebunden wäre, zu verweigern. Nur im Austausch gegen Kontrolle durch die Regierung hätten sie Finanzhilfen gegeben«.[37]

Broué und Témime vertreten eine recht ähnliche Position. Hinsichtlich des gegen die kollektivierte Industrie gerichteten Vorwurfs der »Untüchtigkeit« betonen sie, dass »die schweren Lasten des Krieges« nicht »außer Betracht bleiben« dürften. Trotz dieser Lasten, so

---

* Die zitierte Stellungnahme stammt vom 1. September 1937, vermutlich bezieht sie sich auf den September 1936.

bemerken sie, ermöglichten die »Umstellung der innerbetrieblichen Organisation und die Streichung der ... Dividendenausschüttung ... einen fühlbaren Preisabbau« und die in vielen Betrieben getroffenen »Mechanisierungs- und Rationalisierungsmaßnahmen« erbrachten »eine beträchtliche Produktionssteigerung. Die Arbeiter waren bereit, Mehrarbeit zu leisten und Opfer auf sich zu nehmen, weil sie in den meisten Fällen von der Vorstellung ausgingen, daß der Betrieb jetzt ihnen gehöre und daß ihnen nun endlich beschieden sei, für sich selbst und ihresgleichen zu arbeiten. Auch in manch anderer Hinsicht wehte in der spanischen Wirtschaft eine neue Luft: Unendlich zersplitterte Betriebe wurden zu größeren Einheiten zusammengefaßt; organisatorische Neuerungen erlaubten die Vereinfachung und Verkürzung der Absatzwege; betriebliche Sozialleistungen für Alte, Invaliden und Kranke, für die Kinder der Arbeitenden, schließlich für alle Arbeitnehmer wurden zu einem umfassenden System ausgebaut« (S. 150f.). Die große Schwäche der Revolution, argumentieren sie, bestand in der Tatsache, dass sie nicht zum Abschluss geführt wurde. Teils war dies kriegsbedingt, teils eine Folge der Politik der Zentralregierung. Auch sie unterstreichen die Weigerung der Madrider Regierung in den frühen Phasen der Kollektivierung, Kredite oder Finanzhilfen an die kollektivierte Industrie und Landwirtschaft zu gewähren – selbst wenn, wie im Falle Kataloniens, umfangreiche Sicherheiten angeboten wurden. So waren die kollektivierten Unternehmen gezwungen, mit den Vermögenswerten auszukommen, die sie zur Zeit der Revolution beschlagnahmt hatten. Durch die Kontrolle über Gold und Kredite konnte die Regierung »die vergesellschafteten Betriebe nach Belieben fördern oder benachteiligen« (S. 144).

Laut Broué und Témime waren es die Kreditrestriktionen, die letztendlich die kollektivierte Industrie zerstörten. Die Regierung Companys in Katalonien weigerte sich, eine Industriekreditbank zu schaffen, wie es CNT und POUM forderten, und die Zentralregierung (die sich in diesem Fall auf die Kontrolle der Banken durch die sozialistische UGT verließ) war in der Lage, den Kapitalfluss zu kontrollieren und »Kredite nur privaten Firmen zu bewilligen«. Sie machen geltend, dass alle Versuche, Kredite für die kollektivierte Industrie zu erhalten, erfolglos waren und »die Kollektivierungswelle zunächst eingedämmt, dann ganz zum Stillstand gebracht [wurde]. Allerdings behielt die Regierung über die Banken … die faktische Verfügungsgewalt über die Industrie« und später mithilfe »der entsprechenden Auswahl der Leitungs- und Aufsichtsbeamten«, die sich häufig als die früheren Eigentümer und Leiter unter neuen Bezeichnungen entpuppten. Im Fall der kollektivierten Landwirtschaft war die Situation ähnlich (S. 204f.).

Die Situation wurde im Westen richtig erkannt. Die *New York Times* bemerkte im Februar 1938: »Im loyalistischen Spanien wird das Prinzip der staatlichen Intervention und Kontrolle in Handel und Industrie gegenüber der Arbeiterkontrolle unter dem Deckmantel der Kollektivierung durch eine Reihe jetzt erscheinender Verordnungen allmählich wieder eingeführt. Gleichzeitig sollen auch das Prinzip des Privateigentums und die Ansprüche von Kapitalgesellschaften und Unternehmen auf den ihnen laut Verfassung rechtmäßig zustehenden Besitz wieder eingesetzt werden«.[38]

Morrow führt (S. 64/65) eine Reihe von Maßnahmen durch die katalanische Regierung an, mit denen die Kollektivierung eingeschränkt wurde, sobald sich die Machtverhältnisse zuungunsten der neuen, von der Arbeiterrevolution im Juli 1936 gebildeten Institutionen verschoben hatten. Am 3. Februar wurde die Kollektivierung der Milchwirtschaft für unrechtmäßig erklärt.[39] Im April »annullierte die Generalidad die Arbeiterkontrolle über den Zoll, indem sie sich weigerte, das Eigentumsrecht der Arbeiter über Material zu bestätigen, welches exportiert worden war und in ausländischen Lagerhallen auf Antrag der früheren Besitzer festgehalten wurde; fortan befanden sich die Waren exportierenden Fabriken und landwirtschaftlichen Kollektive in der Gewalt der Regierung«. Im Mai wurde, wie schon bemerkt, die Kollektivierungsverordnung vom 24. Oktober aufgehoben mit der Begründung, dass die Verordnung »durch die Generalidad ohne Befugnis diktiert worden war«, weil »es keine Gesetzesvorschriften des [spanischen] Staates gab oder gibt, die diesbezüglich Anwendung finden könnten«, und »Artikel 44 der Verfassung … die Enteignung und Sozialisierung zu Aufgaben des Staates« erklärt. Eine Verordnung vom 28. August gab »der Regierung das Recht, in jedem Bergbau- und Verhüttungsbetrieb einzugreifen oder ihn zu übernehmen«. Die anarchistische Zeitung *Solidaridad Obrera* berichtete im Oktober über einen Beschluss der Einkaufsabteilung des Verteidigungsministeriums, dass es Kaufverträge nur mit Unternehmen abschließen werde, die »auf der Basis ihrer alten Besitzer« oder »gemäß der entsprechenden Vermittlung unter der Kontrolle durch das Finanz- und Wirtschaftsministerium« betrieben werden.[40]

Um auf Jacksons Aussage, dass »in Katalonien die Fabrikkomitees der CNT bei der Kriegsproduktion herumtrödelten und dabei behaupteten, dass die Regierung ihnen Rohstoffe vorenthielte und die Bourgeoisie begünstige«, zurückzukommen – man muss, glaube ich, zu dem Schluss gelangen, dass diese Aussage mehr ein Ausdruck von Jacksons Voreingenommenheit zugunsten der kapitalistischen Demokratie ist denn eine Beschreibung der historischen Tatsachen. Zumindest können wir soviel sagen: Jackson legt keine Beweise vor, um seine Aussage zu stützen; es gibt eine hinreichende Faktengrundlage, um sie infrage zu stellen. Ich habe eine Reihe von Quellen zitiert, die der liberale Historiker durchaus zutreffend als parteiisch zugunsten der Revolution betrachten würde. Worauf ich hinauswill, ist, dass der Mangel an Objektivität, die tiefsitzende Voreingenommenheit der liberalen Historiker im Allgemeinen viel weniger als selbstverständlich vorausgesetzt werden und dass es gute Gründe für die Annahme gibt, dass dieser Mangel an Objektivität die Urteile, die über den Charakter der spanischen Revolution recht unüberlegt weitergereicht werden, erheblich verzerrt hat.

Um mit der Analyse von Jacksons Urteilen, die durch keinerlei angeführte Belege gestützt werden, fortzufahren, prüfen wir seine oben zitierte Bemerkung, dass in Barcelona »der naive Optimismus der revolutionären Errungenschaften im vorangegangenen August einem Gefühl der Verbitterung und dem Eindruck gewichen war, irgendwie betrogen worden zu sein«. Es ist eine Tatsache, dass es im Januar 1937 in Barcelona große Unzufriedenheit gab. Aber war dies nur eine Folge der »unerwarteten Komplexität der modernen Gesellschaft«? Wenn wir die Sache etwas genauer betrachten, zeigt sich uns ein ganz anderes Bild. Unter russischem Druck erhielt die PSUC erheblichen Einfluss in der katalanischen Regierung, »indem sie [im Dezember 1936] den Mann ins Versorgungsministerium setzte, der sich in der gegenwärtigen katalanischen Politik am weitesten rechts bewegt, Comorera«[41] – dank seiner politischen Ansichten der willigste Zuarbeiter der allgemeinen kommunistischen Parteilinie. Jackson zufolge »unternahm er sofortige Schritte, um Tauschhandel und Beschlagnahmungen zu beenden, und wurde zum Verteidiger der Bauern gegen die Revolution« (S. 314); er »setzte den Beschlagnahmungen ein Ende, führte Geld wieder als Zahlungsmittel ein und schützte die katalanischen Bauern vor weiteren Kollektivierungen« (S. 361). Das ist alles, was Jackson zu Juan Comorera zu sagen hat.

Aus anderen Quellen erfahren wir mehr: zum Beispiel von Borkenau, der im Januar 1937 zum zweiten Mal in Barcelona war – und allgemein als ein kenntnisreicher und erfahrener Beobachter anerkannt ist, mit stark anti-anarchistischen Einstellungen. Borkenau zufolge vertrat Comorera »eine politische Haltung ..., die bestenfalls mit dem extrem rechten Flügel der deutschen Sozialdemokratie zu vergleichen ist. Den Kampf gegen den Anarchismus hatte er immer als das Hauptziel einer sozialistischen Politik in Spanien betrachtet. ... Für seine Abneigung [gegen die politischen Maßnahmen der Anarchisten] hatte er zu seiner Überraschung in den Kommunisten unerwartete Verbündete gefunden«.[42] Es war unmöglich, die Kollektivierung der Industrie in dieser Phase des konterrevolutionären Prozesses rückgängig zu machen; was Comorera hingegen gelang, war die Abschaffung des zur Versorgung von Barcelona organisierten Systems, nämlich die zumeist unter dem Einfluss der CNT stehenden Dorfkomitees, die in (vielleicht, wie Borkenau zu verstehen gibt, widerwilliger) Kooperation Mehl in die Städte geliefert hatten. Weiter beschreibt Borkenau die Situation wie folgt:

> Comorera hielt an jenen Prinzipien eines abstrakten Liberalismus fest, denen keine Regierung während des Krieges gefolgt war, deren entschiedene und treueste Bewunderer aber die Sozialisten des rechten Flügels sind, und setzte anstelle der chaotischen Brot-Komitees keine zentralistische Verwaltung. Er erneuerte ganz einfach und umfassend den privaten Brothandel. Jetzt im Januar gab es in Barcelona nicht einmal ein Konzept für eine Rationierung. Die Arbeiter mußten auf eigene Faust, so gut sie konnten, sich ihr Brot besorgen, mit Löhnen, die sich bei steigenden Preisen seit Mai kaum verändert hatten. Dies bedeutete in der Praxis, daß die Frauen von morgens bis vier Uhr nachmittags Schlange stehen mußten. Die Ressentiments in den Arbeitervierteln waren natürlich akut, um so mehr, als die Brotknappheit rapide zunahm, nachdem Comorera das Amt übernommen hatte.[43]

Kurz, die Arbeiter von Barcelona überließen sich nicht bloß einem »Gefühl der Verbitterung und dem Eindruck, irgendwie betrogen worden zu sein«, als sie »die unerwartete Komplexität der modernen Gesellschaft« kennenlernten. Vielmehr hatten sie guten Grund anzunehmen, dass sie *tatsächlich* betrogen wurden, durch den alten Hund mit dem neuen Halsband.

Auch George Orwells Beobachtungen sind von erheblicher Wichtigkeit:

> Jeder, der während des Krieges im Abstand von einigen Monaten Barcelona zweimal besuchte, hat sich zu dem außerordentlichen Wechsel geäußert, der in dieser Zeit stattfand. Ob jemand zuerst im August und dann im Januar hingekommen war oder, wie ich selbst, zuerst im Dezember und dann wieder im April, er sagte merkwürdigerweise immer das gleiche: Die Atmosphäre der Revolution war verschwunden. Zweifellos sah für jeden, der im August dagewesen war, als das Blut in den Straßen kaum getrocknet und die Miliz in den feinen Hotels einquartiert war, Barcelona im Dezember bürgerlich aus. Für mich glich es, als ich gerade frisch aus England kam, eher eine Arbeiterstadt als irgend etwas sonst, was ich mir vorgestellt hatte. Aber jetzt [im April] war die Flut zurückgerollt. Es war wieder eine gewöhnliche Stadt, ein wenig vom Krieg gezwickt und zerstört, aber sonst ohne ein äußeres Zeichen der Vorherrschaft der Arbeiterklasse. … Überall gab es fette, wohlhabende Männer, elegante Frauen und rassige Autos. … Die Offiziere der neuen Volksarmee, ein Typ, der kaum existierte, als ich Barcelona verließ, zeigten sich in überraschender Anzahl. … [Sie] trugen eine elegante Khakiuniform mit enger Taille. Sie sahen ungefähr wie die Uniformen der britischen Armeeoffiziere aus, nur noch übertriebener. Ich glaube nicht, daß mehr als einer von zwanzig schon an der Front gewesen war. Aber sie alle trugen automatische Pistolen, die sie an ihr Koppel geschnallt hatten, während wir an der Front weder für Geld noch für gute Worte eine Pistole bekommen konnten. …* Ein einschneidender Wechsel war über die Stadt gekommen. Zwei Tatsachen boten den Schlüssel für alles andere. Einmal hatten die Leute – also

* Orwell war soeben von der Aragón-Front zurückgekehrt, wo er bei der POUM-Miliz in einem von linken (POUM- und anarchistischen) Truppen beherrschten Gebiet gedient hatte.

> die Zivilbevölkerung – sehr viel von ihrem Interesse am Krieg verloren; zum Zweiten behauptete sich wieder die normale Unterscheidung der Gesellschaft in reich und arm, Ober- und Unterklasse.[44]

Während Jackson das Abebben der revolutionären Flut der Entdeckung der unerwarteten Komplexität der modernen Gesellschaft zuschreibt, legen Orwells Beobachtungen aus erster Hand, wie jene von Borkenau, eine viel einfachere Erklärung nahe. Was nach einer Erklärung verlangt, ist nicht die Unzufriedenheit der Arbeiter Barcelonas, sondern es sind die merkwürdigen Konstruktionen des Historikers.

Ich möchte an dieser Stelle Jacksons Äußerungen über Juan Comorera wiederholen: Comorera »unternahm sofortige Schritte, um Tauschhandel und Beschlagnahmungen zu beenden und wurde zum Verteidiger der Bauern gegen die Revolution«; er »setzte den Beschlagnahmungen ein Ende, führte Geld wieder als Zahlungsmittel ein und schützte die katalanischen Bauern vor weiteren Kollektivierungen«. Diese Äußerungen unterstellen, dass die Bauernschaft Kataloniens in ihrer Gesamtheit die Revolution ablehnte und dass Comorera der von ihnen gefürchteten Kollektivierung ein Ende setzte. Jackson weist an keiner Stelle auf irgendwelche Spaltungen innerhalb der Bauernschaft im Bezug auf diese Frage hin und bietet keinen Beleg für die implizite Behauptung, dass zur Zeit von Comoreras Machtübernahme Kollektivierungen im Gange waren. In Wahrheit ist es fraglich, ob Comoreras Aufstieg zur Macht den Verlauf der Kollektivierung beeinflusst hat. Es ist schwer, an Belege zu gelangen, aber es scheint, als sei die Kollektivierung der Landwirtschaft in Katalonien keinesfalls umfangreich gewesen und als sei sie im Dezember, als Comorera sein Amt antrat, nicht ausgeweitet worden. Wir wissen aus anarchistischen Quellen, dass es in Katalonien Fälle von erzwungener Kollektivierung gegeben hat,[45] aber ich kann keinen Beleg dafür finden, dass Comorera die Bauernschaft vor erzwungener Kollektivierung »schützte«. Außerdem ist es – bestenfalls – irreführend zu unterstellen, dass sich die Bauernschaft *als Ganzes* der Kollektivierung widersetzte. Ein genaueres Bild bietet Bolloten (S. 56), der betont: »Wenn der einzelne Bauer die schnelle und umfassende Entwicklung der kollektivierten Landwirtschaft auch mit Bestürzung betrachten mochte, so sahen die Landarbeiter der anarchosyndikalistischen CNT und der sozialistischen UGT in ihr hingegen den Beginn einer neuen Ära«. Kurz, es fand ein komplexer Klassenkampf auf dem Land statt, doch aus Jacksons grob vereinfachender und irreführender Darstellung erfährt man wenig darüber. Die Annahme erscheint gerechtfertigt, dass dieses Zerrbild wiederum Jacksons Antipathie gegen die Revolution und ihre Ziele widerspiegelt. Ich werde bald auf diese Frage mit Bezug auf Gebiete zurückkommen, in denen die landwirtschaftliche Kollektivierung sehr viel umfassender war als in Katalonien.

Die Komplexitäten der modernen Gesellschaft, die die ahnungslosen anarchistischen Arbeiter Barcelonas vor Rätsel stellten und verwirrten, waren laut der Aufzählung Jacksons die folgenden: zunehmende Probleme bei der Lebensmittelversorgung und die Verwaltung von Dörfern, Grenzstationen und öffentlichen Einrichtungen. Wie soeben bemerkt, scheinen die Probleme bei der Lebensmittelversorgung am schnellsten unter der brillanten Führung Juan Comoreras zugenommen zu haben. Was die Grenzstationen betrifft, war die Situation, so wie sie Jackson an anderer Stelle beschreibt (S. 368), im Wesentlichen folgende: »In Katalonien hatten die Anarchisten seit dem 18. Juli die Zollstationen an der französischen Grenze kontrolliert. Am 17. April 1937 begannen die neuorganisierten Carabineros auf Anweisung des Finanzministers Juan Negrín die Grenze wieder zu besetzen. Mindestens acht Anarchisten wurden bei Zusammenstößen mit den Carabineros getötet. Abgesehen von diesem zugegebenermaßen ernsten Zwischenfall scheint es kaum Gründe zu der Annahme zu geben, dass das Problem der Besetzung von Grenzstationen zum Abebben der revolutionären Flut beigetragen habe. Die verfügbaren Quellen deuten nicht darauf hin, dass die Probleme bei der Verwaltung von Dörfern und öffentlichen Einrichtungen für die katalanischen Arbeiter entweder unerwartet auftraten oder zu komplex waren – eine bemerkenswerte und unerwartete Entwicklung, die jedoch gleichwohl durch das uns zugängliche Belegmaterial bestätigt zu werden scheint. Ich möchte noch einmal betonen, dass Jackson keine Beweise vorlegt, die seine Aussagen über das Abebben der revolutionären Flut und die Gründe für die Unzufriedenheit der katalanischen Arbeiter stützen. Wiederum halte ich es für gerechtfertigt, seine Aussagen eher der elitären Voreingenommenheit des liberalen Intellektuellen als den historischen Quellen zuzuschreiben.

Betrachten wir als nächstes Jacksons Äußerung, dass die Anarchisten »den Verlust Málagas vor allem auf die niedrige Moral und die Orientierungslosigkeit des andalusischen Proletariats zurückführten, das mitansehen musste, wie sich die Regierung in Valencia beständig nach rechts entwickelte«. Wiederum scheint es, als sähe Jackson hierin nur ein weiteres Anzeichen für die Naivität und Unvernunft der spanischen Anarchisten. Doch auch hier steckt mehr hinter der Geschichte. Eine der Hauptquellen, die Jackson anführt, ist Borkenau, und dies ist ganz natürlich, da Borkenau unmittelbar vor dem Fall Málagas am 8. Februar 1937 einige Tage in dieser Gegend verbrachte. Aber Borkenaus genaue Beobachtungen scheinen die Erklärung der Anarchisten zumindest teilweise zu bestätigen. Er glaubte, dass Málaga hätte gerettet werden können, aber nur durch einen »Verzweiflungskampf« unter Beteiligung der Massen, von der Art, wie ihn »die Anarchisten wahrscheinlich … geführt« hätten. Aber zwei Faktoren verhinderten eine solche Verteidigung: Erstens interpretierte der mit der Verteidigungsführung beauftragte Offizier, Oberstleutnant Villalba, »seine Aufgabe als rein militärische, während er in Wirklichkeit keine anderen militärischen Mittel zu Verfügung hatte als die Kräfte der Volksbewegung«; er war ein Berufsoffizier, »der im Grunde seines Herzens den Geist der Miliz haßte« und unfähig war, den »politischen Faktor« zu erfassen.[46] Ein zweiter Faktor war der signifikante Verfall des politischen Bewusstseins und der Beteiligung der Massen im Februar. Die anarchistischen Komitees arbeiteten nicht mehr, die Herrschaft von Polizei und Guardia Civil war wiederhergestellt. »Zwar ist das Ärgernis Hunderter unabhängiger Dorfpolizeistellen verschwunden, aber mit ihnen das leidenschaftliche Interesse des Dorfes am Bürgerkrieg. … Das kurze Zwischenspiel das spanischen Rätesystems war zu Ende« (S. 212). Nach einer Rückschau auf die Situation vor Ort in Málaga und die Konflikte innerhalb der Regierung in Valencia (die es nicht schaffte, der Miliz, die Málaga verteidigte, Unterstützung und Waffen zur Verfügung zu stellen), kommt Borkenau zu dem Schluss (S. 228): »Die spanische Republik zahlte mit dem Fall Málagas für die Entscheidung ihres rechten Flügels, der Sozialrevolution ein Ende zu bereiten, und für die ihres linken Flügels, dies nicht zuzulassen«. Jacksons Erörterung des Falls von Málaga verweist auf den Terror und die politischen Rivalitäten innerhalb der Stadt, enthält aber keinen

Hinweis auf die Tatsache, dass Borkenaus Beschreibung und die dazugehörige Deutung durchaus die Ansicht bestärkt, dass die Niederlage vor allem aufgrund der niedrigen Moral und der Unfähigkeit oder mangelnden Bereitschaft der Regierung in Valencia erfolgte, einen Volkskrieg zu führen. Vielmehr kommt er zu dem Schluss, die Tatsache, dass es Oberst Villalba an Mitteln »zur Kontrolle der erbitterten politischen Rivalitäten« fehlte, sei eine der Faktoren gewesen, die ihn an der Ausführung der entscheidenden militärischen Aufgaben hinderten. Also scheint er sich die Ansicht zu eigen zu machen, die Borkenau verwirft, nämlich dass die Aufgabe eine »rein militärische« war. Borkenaus Augenzeugenbericht scheint mir weitaus überzeugender zu sein.

Auch in diesem Fall hat Jackson die Situation auf eine etwas irreführende Weise beschrieben, vielleicht wiederum aufgrund der elitären Voreingenommenheit, die in den liberalen und kommunistischen Interpretationen des Bürgerkriegs vorherrschen. Wie Oberstleutnant Villalba lassen auch die liberalen Historiker oft eine starke Abneigung gegen »die Kräfte der Volksbewegung« und »den Geist der Miliz« erkennen. Und es lässt sich argumentieren, dass sie gleichermaßen unfähig sind, den »politischen Faktor« zu erfassen.

Während der Mai-Tage von 1937 wurde der Revolution in Katalonien der Todesstoß versetzt. Am 3. Mai erschien der Beauftragte für öffentliche Ordnung, das PSUC-Mitglied Rodríguez Salas, ohne Vorwarnung und Absprache mit den anarchistischen Ministern in der Regierung mit einem Polizeiaufgebot vor dem Gebäude des Telegraphenamtes, um das Fernmeldewesen zu übernehmen. Das Amt, zuvor Eigentum von IT&T, war im Juli von Arbeitern aus Barcelona eingenommen worden und arbeitete seitdem unter der Aufsicht eines UGT-CNT-Komitees sowie einem Abgeordneten der Regierung, durchaus in Übereinstimmung mit dem Kollektivierungsdekret vom 24. Oktober 1936. Dem Londoner *Daily Worker* (11. Mai, 1937) zufolge schickte Salas die bewaffnete republikanische Polizei, um die dortigen Angestellten, zumeist Teilnehmer der CNT-Aktionen, zu entwaffnen. Anlass war laut Juan Comorera, »einer abnormen Situation ein Ende zu setzen«, nämlich dass niemand per Telefon sprechen konnte, »ohne dass das indiskrete Ohr des Kontrolleurs Bescheid wusste«.[47] Bewaffneter Widerstand im Gebäude des Telegraphenamts verhinderte dessen Besetzung. Lokale Verteidigungskomitees errichteten Barrikaden in ganz Barcelona. Companys und die Anarchistenführer baten die Arbeiter inständig, die Waffen niederzulegen. Ein unsicherer Waffenstillstand dauerte bis zum 6. Mai an, als die ersten Abteilungen der Sturmgarde eintrafen, die damit gegen die Zusicherungen der Regierung verstießen, den Waffenstillstand einzuhalten und die militärischen Kräfte abzuziehen. Die Truppen standen unter dem Befehl von General Pozas, ehemals Befehlshaber der verhassten Guardia Civil und nun ein Mitglied der Kommunistischen Partei. In den Kämpfen, die folgten, wurden ungefähr fünfhundert Menschen getötet und über tausend verwundet. »[I]n Wirklichkeit läuteten die Mai-Tage von Barcelona die Sterbestunde der Revolution ein; allen Beteiligten kündigten sie die kommende politische Niederlage an, und einigen der revolutionären Führer verhießen sie den Tod«.[48]

Diese Ereignisse – von enormer Wichtigkeit in der Geschichte der spanischen Revolution – skizziert Jackson in groben Zügen als unbedeutenden Vorfall. Natürlich muss die Darstellung des Historikers selektiv sein; aus linksliberaler Sicht, die Jackson mit Hugh Thomas und vielen anderen teilt, war die Liquidierung der Revolution in Katalonien ein unbedeutendes Ereignis, wie auch die Revolution selbst lediglich eine Art belangloses Ärgernis war, eine kleine Irritation, die die Kräfte vom Kampf zur Rettung der bürgerlichen Republik ablenkte. Der Entschluss, die Revolution gewaltsam niederzuschlagen, wird folgendermaßen beschrieben:

> Am 5. Mai erzielte Companys einen fragilen Waffenstillstand auf der Grundlage, dass sich die Verordneten der PSUC aus der Regionalregierung zurückziehen sollten, und die Frage der Telefongesellschaft wurde zukünftigen Verhandlungen überlassen. Noch in derselben Nacht allerdings wurde Antonio Sesé, ein UGT-Funktionär, der im Begriff stand, in das umgebildete Kabinett einzutreten, ermordet. Jedenfalls war die Obrigkeit in Valencia nicht in der Stimmung, länger mit der katalanischen Linken Geduld zu haben. Am 6. Mai trafen mehrere tausend *asaltos* in der Stadt ein und die republikanische Marine demonstrierte im Hafen.[49]

Was an dieser Beschreibung interessant ist, ist das, was ungesagt bleibt. Es findet sich zum Beispiel keine Bemerkung über die Tatsache, dass die Entsendung der *asaltos* den »fragilen Waffenstillstand« verletzte, der von den Arbeitern Barcelonas und den in der Nähe stationierten Truppen der Anarchisten und der POUM akzeptiert worden war, und kaum eine Erwähnung der blutigen Konsequenzen oder der politischen Bedeutung des Unwillens, »länger mit der katalanischen Linken Geduld zu haben«. Es findet sich keine Erwähnung der Tatsache, dass neben Sesé Berneri und andere Anarchistenführer ermordet worden sind, nicht nur während der Mai-Tage, sondern auch in den vorhergehenden Wochen.[50] Jackson weist nicht auf die Tatsache hin, dass zusammen mit der republikanischen Marine auch britische Schiffe im Hafen »demonstrierten«.[51] Noch verweist er auf Orwells vielsagende Beobachtungen über die Sturmgardisten im Vergleich zu den Truppen an der Front, wo er die vorangegangen Monate verbracht hatte. Die Sturmgardisten »waren ausgezeichnete Truppen, bei weitem die besten, die ich in Spanien gesehen habe. ... Ich war an die zerlumpte, kaum bewaffnete Miliz der aragonischen Front gewöhnt und wußte nicht, daß die Republik über solche Truppen verfügte. ... Die Zivilgardisten und die Carabineros, die überhaupt nicht an die Front sollten, waren besser bewaffnet und viel besser eingekleidet als wir selbst. Ich argwöhne, das ist in allen Kriegen so – immer der gleiche Kontrast zwischen der feinen Polizei in der Etappe und den zerlumpten Soldaten an der Front«.[52] (Siehe unten S. 141.)

Der Kontrast verrät eine Menge über den Charakter des Krieges, wie ihn die Regierung in Valencia verstand. Später sollte Orwell diese Schlussfolgerung explizit aussprechen: »Eine Regierung, die Jungen von 15 Jahren mit 40 Jahre alten Gewehren an die Front schickt und die stärksten Männer und die neuesten Waffen in der Nachhut behält, fürchtet die Revolution offenkundig mehr als die Faschisten. Daher die kraftlose Kriegspolitik der vergangenen sechs Monate und daher der Kompromiß, mit dem der Krieg ganz sicher enden wird«.[53] Jacksons Darstellung dieser Ereignisse mit all ihren Auslassungen und Vermutungen legt den Schluss nahe, er teile möglicherweise die Ansicht, dass die größte Gefahr in Spanien ein Sieg der Revolution gewesen wäre.

Offensichtlich schätzt Jackson den Wert von Orwells Aussagen einigermaßen gering ein, wenn er bemerkt, dass »der Leser Orwells eigene, aufrichtige Feststellung bedenken möge, er habe sehr wenig über die politischen Verwicklungen des Kampfes gewusst«. Dies ist eine seltsame Äußerung. Zunächst einmal hält sich Orwells Deutung der »politischen Verwicklungen des Kampfes« auch nach dreißig Jahren recht gut; wenn sie einen Fehler hat, dann besteht dieser vermutlich in Orwells Neigung, der POUM im Vergleich zu den Anarchisten ein zu großes Gewicht zu geben – wenig überraschend in Anbetracht der Tatsache, dass er bei der POUM-Miliz war. Seine Entlarvung des albernen Blödsinns, der damals in der stalinistischen und liberalen Presse veröffentlicht wurde, scheint recht präzise zu sein und spätere Forschungsergebnisse haben wenig Grund gegeben, die grundlegenden Tatsachen seines Berichts und seine in der Hitze des Kampfes vorgelegte Interpretation infrage zu stellen. Tatsächlich spricht Orwell einmal von seiner eigenen »politischen Unwissenheit«. Als er sich über die endgültige Niederwerfung der Revolution im Mai äußert, bemerkt er: »Ich erkannte wegen meiner politischen Unwissenheit vielleicht nicht so klar, wie ich sollte, daß die Regierung in dem Augenblick, da sie sich sicherer fühlte, Vergeltungsmaßnahmen ergreifen würde«. Aber diese Form der »politischen Unwissenheit« hat sich in neueren historischen Arbeiten nur verstärkt.

Kurz nach den Mai-Tagen stürzte die Regierung Caballero und Juan Negrín wurde Premierminister des republikanischen Spanien. Negrín wird von Broué und Témime wie folgt beschrieben: »Er verteidigte vorbehaltlos das kapitalistische Eigentum und war entschiedener Gegner aller Kollektivierung; er stand der CNT bei all ihren Vorschlägen im Wege. Der gründliche Umbau der Zollbeamtenschaft war sein Werk. Er war es auch, der die Verbringung der Goldvorräte der Republik in die Sowjetunion veranlaßte. Er genoß das Vertrauen der Gemäßigten. … Mit den Kommunisten stand er ausgezeichnet«.

Die erste große Amtshandlung der Regierung Negrín war die Unterdrückung der POUM und die Konsolidierung der Zentralherrschaft über Katalonien. Als nächstes wandte sich die Regierung Aragón zu, das von den ersten Tagen der Revolution an großenteils unter anarchistischer Kontrolle gestanden hatte und wo die landwirtschaftlichen Kollektivierungen weitreichend und die kommunistischen Elemente sehr schwach waren. Die Gemeinderäte Aragóns wurden vom Aragón-Rat unter der Leitung von Joaquín Ascaso koordiniert, einem bekannten CNT-Kämpfer, der einen seiner Brüder während der Mai-

Tage verloren hatte. Unter der Regierung Caballero hatten die Anarchisten zugestimmt, anderen antifaschistischen Parteien einschließlich der Kommunisten Gemeindevertreter zu gewähren, aber die Mehrheit blieb anarchistisch. Im August verkündete die Regierung Negrín die Auflösung des Aragón-Rates und entsandte eine Division der spanischen Armee unter dem Kommando des kommunistischen Offiziers Enrique Líster, um die Auflösung der lokalen Komitees durchzusetzen, die Kollektive zu zerstören und die Herrschaft der Zentralregierung zu etablieren. Ascaso wurde unter der Anklage verhaftet, für den Diebstahl von Schmuck verantwortlich gewesen zu sein – nämlich den Schmuck, den der Rat im Herbst 1936 für den eigenen Bedarf »gestohlen« hatte. Die lokale anarchistische Presse wurde zugunsten einer kommunistischen Zeitung unterdrückt und allgemein wurden anarchistische Zentren gewaltsam besetzt und geschlossen. Die letzte Hochburg der Anarchisten wurde am 21. September mit Panzern und Artillerie eingenommen. Aufgrund der durch die Regierung verhängten Zensur gibt es sehr wenig an unmittelbaren Zeugnissen dieser Ereignisse und die großen historischen Darstellungen gehen schnell über sie hinweg.[54] Morrow zufolge verglich »die offizielle CNT-Presse … den Angriff auf Aragón mit der Unterwerfung Asturiens durch López Ochoa im Oktober 1934« – Letztere eine der blutigsten Unterdrückungsaktionen in der neueren spanischen Geschichte. Obwohl dies eine Übertreibung darstellt, ist es eine Tatsache, dass die Verwaltungsorgane des Volkes von Lísters Legionen vernichtet wurden und die Revolution, soweit es Aragón betraf, nun zu Ende war.

Zu diesen Ereignissen hat Jackson die folgenden Bemerkungen:

> Am 11. August verkündete die Regierung die Auflösung des *Consejo de Aragón*, des anarchistisch dominierten Verwaltungsorgans, das im Dezember 1936 von Largo Caballero anerkannt worden war. Man wusste von den Bauern, dass sie den *Consejo* hassten, die Anarchisten waren während der Kämpfe in Barcelona von der Front desertiert und schon allein die Existenz des *Consejo* war eine beständige Herausforderung der Autorität der Zentralregierung. Aus all diesen Gründen zögerte Negrín nicht, Truppen zu entsenden und die anarchistischen Funktionäre zu verhaften. Sobald ihre Herrschaft gebrochen war, wurden sie jedoch freigelassen.[55]

Diese Bemerkungen sind höchst interessant. Betrachten wir als erstes die Anschuldigung, die Anarchisten seien während der Mai-Tage von der Front desertiert. Es ist richtig, dass Teile bestimmter anarchistischer und POUM-Divisionen bereit waren, nach Barcelona vorzurücken, aber nachdem am 5. Mai der »fragile Waffenstillstand« festgesetzt worden war, taten sie dies nicht; keine anarchistischen Streitkräfte kamen auch nur in die Nähe von Barcelona, um das Proletariat Barcelonas und seine Einrichtungen gegen Angriffe zu verteidigen. Jedoch wurde eine motorisierte Kolonne von fünftausend Sturmgardisten durch die Regierung von der Front abgezogen, um den »fragilen Waffenstillstand« zu brechen.[56] Somit waren die einzigen Streifkräfte, die während der Kämpfe in Barcelona »von der Front desertierten«, diejenigen, die von der Regierung entsendet wurden, um den Auftrag zur gewaltsamen Niederschlagung der Revolution zu Ende zu bringen. Man erinnere sich an die oben, S. 138, zitierten Beobachtungen Orwells.

Wie steht es mit Jackson Feststellung, dass »man von den Bauern wusste, dass sie den *Consejo* hassten«? Wie in den anderen von mir angeführten Fällen gibt Jackson keinen Hinweis auf irgendwelches Belegmaterial, auf das sich ein solches Urteil stützen könnte. Die ausführlichsten Untersuchungen der Kollektive stammen aus anarchistischen Quellen und diese zeigen, dass Aragón eines der Gebiete war, in denen die Kollektivierung am umfassendsten und erfolgreichsten war.[57] Sowohl die Landarbeiter-Föderation der CNT als auch der UGT unterstützten die Kollektivierung nach Kräften, und es besteht kein Zweifel, dass beide Massenorganisationen waren. Einige Nicht-Anarchisten, die die Kollektivierungen unmittelbar beobachteten, lieferten äußerst positive Berichte und betonten den freiwilligen Charakter der Kollektivierung.[58] Gaston Leval zufolge, einem anarchistischen Augenzeugen, der eine ausführliche Untersuchung der ländlichen Kollektivierung durchführte, haben sich in Aragón »75 Prozent der Kleinbesitzer freiwillig der neuen Ordnung angeschlossen« und andere wurden nicht gezwungen, in den Kollektiven mitzumachen.[59] Andere anarchistische Beobachter – vor allem Augustin Souchy – lieferten genaue Angaben über die Arbeitsweise der Kollektive in Aragón. Wenn man nicht ein fantastisches Ausmaß an Fälschung zu unterstellen bereit ist, lassen sich ihre Beschreibungen unmöglich mit der

Behauptung in Einklang bringen, dass »man von den Bauern wusste, dass sie den *Consejo* hassten« – es sei denn natürlich, man engt den Begriff »Bauer« ein auf »individueller Hofeigentümer«; für diesen Fall mag sie durchaus richtig sein, würde aber die Auflösung des Rates nur unter der Annahme rechtfertigen, dass die Rechte des individuellen Hofeigentümers vorrangig zu sein haben, nicht die des landlosen Arbeiters. Es gibt kaum einen Zweifel, dass die Kollektive wirtschaftlich erfolgreich waren,[60] was wenig wahrscheinlich ist, wenn die Kollektivierung erzwungen und innerhalb der Bauernschaft verhasst gewesen wäre.

Ich habe bereits Bollotens allgemeine Einschätzung zitiert, das auf äußerst umfangreichem dokumentarischem Belegmaterial beruht: Während der einzelne Bauer die Entwicklung der kollektivierten Landwirtschaft auch mit Bestürzung betrachten mochte, »so sahen die Landarbeiter der anarchosyndikalistischen CNT und der sozialistischen UGT in ihr hingegen den Beginn einer neuen Ära«. Diese Einschätzung scheint aufgrund des Quellenmaterials, das verfügbar ist, durchaus angemessen. Insbesondere mit Blick auf Aragón bemerkt er, dass »die Ideen der CNT und FAI auf die von Schulden geplagten Bauern einen starken Einfluss ausübten, ein Umstand, der der kollektiven Landwirtschaft einen mächtigen, spontanen Auftrieb gab«, auch wenn von anarchistischen Quellen, die im Umgang mit Fehlschlägen im Allgemeinen recht ehrlich zu sein scheinen, Schwierigkeiten angeführt werden. Bolloten zitiert unter anderem zwei kommunistische Quellen, die besagen, dass ungefähr siebzig Prozent der Bevölkerung in den ländlichen Gebieten Aragóns in Kollektiven lebten (S. 71); er fügt hinzu, dass »viele der vierhundertfünfzig Kollektive der Region großenteils freiwillig waren«, obwohl »die Präsenz von Milizsoldaten aus der Nachbarregion Katalonien, von denen die überwältigende Mehrheit Mitglieder der CNT und FAI waren«, »in einem gewissem Maße« für die umfassende Kollektivierung verantwortlich war. Er weist auch darauf hin, dass sich Bauern mit Grundbesitz, die nicht gezwungen wurden, sich dem Kollektivsystem anzuschließen, dies in vielen Fällen aus anderen Gründen dennoch taten: »… nicht nur wurden sie daran gehindert, Lohnarbeiter zu beschäftigen und frei über ihre Ernte zu verfügen, … ihnen wurden oft auch alle Vorteile verweigert, die die Mitglieder genossen« (S. 72). Bolloten erwähnt den Versuch der Kommunisten im April 1937, in »Gebieten, wo die CNT und UGT Kollektive in gegenseitigem Einverständnis eingerichtet hatten«, Zwietracht zu säen (S. 195), was laut CNT-Quellen in manchen Fällen zu offenen Feldschlachten und Dutzenden von Ermordungen führte.[61]

Bollotens detaillierte Analyse der Ereignisse des Sommers 1937 wirft beträchtliches Licht auf die Frage nach der Einstellung der Bauern gegenüber der Kollektivierung:

> Es war unvermeidlich, dass sich die Angriffe auf die Kollektive ungünstig auf die ländliche Wirtschaft und auf die Moral auswirken sollten, denn es stimmt zwar, dass die Kollektivierung in manchen Gebieten für die Mehrheit der Bauern ein Dorn im Auge war, aber es stimmt nicht weniger, dass in anderen landwirtschaftliche Kollektive von einem Großteil der Landbevölkerung aus eigenem Antrieb eingerichtet wurden. In der Provinz Toledo beispielsweise, wo sogar vor dem Krieg landwirtschaftliche Kollektive existierten, entschieden sich laut einer den Kommunisten wohlgesonnenen Quelle 83 Prozent der Bauern für den kollektiven Ackerbau. Als die Kampagne gegen die Kollektive kurz vor der Sommerernte [1937] ihren Höhepunkt erreichte, … senkte sich ein Leichentuch aus Furcht und dunklen Vorahnungen auf die Landarbeiter herab. Die Feldarbeit wurde an vielen Orten eingestellt oder nur apathisch fortgesetzt und es bestand die Gefahr, dass ein wesentlicher Teil der Ernte, lebenswichtig für die Kriegsanstrengungen, der Fäulnis überlassen würde. [S. 196|.

Es waren diese Umstände, betont Bolloten, die die Kommunisten zwangen, ihre Politik zu ändern und die Kollektive – vorübergehend – zu tolerieren. Eine Verordnung wurde erlassen, die die Kollektive »*für die Dauer des gegenwärtigen Erntejahres*« (Hervorhebung von Bolloten) legalisierte und ihnen eine gewisse Unterstützung gewährte. Dies »löste auf dem Land ein Gefühl der Erleichterung während der so wichtigen Erntezeit aus«. Unmittelbar nachdem die Ernte eingefahren worden war, verwandelte sich die Politik wieder in eine der brutalen Repression. Bolloten zitiert kommunistische Quellen, die besagen, dass »eine kurze, aber erbitterte Kampagne Anfang August« den Weg für die Auflösung des Aragón-Rates bereitete. Dem Auflösungsdekret gemäß »befahl der neu ernannte Generalgouverneur José Ignacio Mantécon, ein Mitglied der linksrepublikanischen Partei, aber heimlicher Anhänger der Kommunisten [der im Exil nach dem Krieg in die Partei eintrat], … die Zerschlagung der landwirtschaftlichen Kollektive«. Das Hilfsmittel: Lísters Division, die die alte Ordnung mit Gewalt und Terror wiederherstellte. Bolloten führt kommunistische Quellen an, die die übermäßige Härte von Lísters Methoden eingestehen. Er zitiert den kommunistischen Generalsekretär des Instituts für Agrarreform, der einräumt, dass die Maßnahmen, die zur Auflösung der Kollektive unternommen wurden, »ein sehr schwerer Fehler« waren »und eine ungeheure Unordnung auf dem Land erzeugten«, denn »die Menschen, die mit den Kollektiven unzufrieden waren, … nahmen sie im Sturm, trugen die Ernte und landwirtschaftliche Geräte davon und teilten sie unter sich auf, ohne die Kollektive zu verschonen, die ohne Gewalt oder Zwang gebildet worden waren, die erfolgreich waren, die ein Vorbild für die Organisation waren. … Infolgedessen wurde die Feldarbeit fast gänzlich eingestellt und ein Viertel des Bodens war zur Saatzeit nicht vorbereitet worden« (S. 200). Einmal mehr war es notwendig, die brutale Repression gegen die Kollektive abzumildern, um eine Katastrophe zu verhindern. In seiner Zusammenfassung dieser Ereignisse beschreibt Bolloten die daraus resultierende Situation wie folgt:

> Aber obwohl sich die Lage in Aragón in gewissem Maße verbesserte, wurden die Hassgefühle und die Verbitterungen, hervorgerufen durch die Zerschlagung der Kollektive und durch die darauffolgende Unterdrückung, nie ganz ausgeräumt. Noch wurde die Ernüchterung, die den Kampfgeist der anarchosyndikalistischen Kräfte an der Aragón-Front untergrub, jemals völlig beseitigt, eine Ernüchterung, die ohne Zweifel zum Zusammenbruch der Front einige Monate später beigetragen hat. … [N]ach der Zerstörung der landwirtschaftlichen Kollektive in Aragón war die kommunistische Partei gezwungen, ihre Politik zu ändern und die Kollektive auch in anderen Gebieten gegen ehemalige Eigentümer zu unterstützen, die die Rückgabe des beschlagnahmten Landes anstrebten… [S. 200f.].

Kehren wir zurück zu Jacksons Ausführungen. Ich glaube, wir müssen den Schluss ziehen, dass sie die Situation entschieden falsch darstellen.[62] Die Auflösung des Aragón-Rates und die umfassende Zerstörung der Kollektive durch militärische Gewalt waren nur ein weiteres Stadium in der Auslöschung der Volksrevolution und der Wiederherstellung der alten Ordnung. Ich möchte betonen, dass ich Jackson nicht wegen seiner ablehnenden Haltung gegenüber der sozialen Revolution kritisiere, sondern vielmehr für den Mangel an Objektivität bei seiner Auseinandersetzung mit der Revolution und der darauffolgenden Repression.

Unter den Historikern des Spanischen Bürgerkriegs herrscht die Ansicht vor, dass die Politik der Kommunisten in wesentlichen Teilen die richtige war – dass es zur Konsolidierung der in- und ausländischen Unterstützung für die Republik notwendig war, die soziale Revolution aufzuhalten und dann rückgängig zu machen. Jackson zum Beispiel behauptet, dass Caballero »erkannte, dass es unbedingt notwendig war, die Entscheidungsgewalt des republikanischen Staates wiederherzustellen und eng mit den Liberalen der Mittelschicht zusammenzuarbeiten«. Die Anarchistenführer, die in die Regierung eintraten, teilten diese Ansicht, als sie auf die guten Absichten von Liberalen wie Companys vertrauten und glaubten – naiverweise, wie die Ereignisse zeigen sollten –, dass ihnen die westlichen Demokratien zu Hilfe kommen würden.

Eine diametral entgegengesetzte Politik wurde von Camillo Berneri vertreten. In seinem offenen Brief an die anarchistische Ministerin Federica Montseny[63] fasst er seine Ansichten folgendermaßen zusammen: »Die Alternative Krieg oder Revolution hat keinen Sinn mehr. *Die einzige Alternative ist folgende: entweder Sieg über Franco dank dem revolutionären Krieg oder Niederlage*« (Hervorhebung von Berneri). Er argumentierte, dass Marokko die Unabhängigkeit gewährt werden und der Versuch gemacht werden sollte, in ganz Nordafrika Aufstände zu entfachen. Auf diese Weise sollte ein revolutionärer Kampf gegen den westlichen Kapitalismus in Nordafrika und gleichzeitig gegen die bürgerliche Regierung in Spanien geführt werden, die die Errungenschaften der Juli-Revolution schrittweise zerstörte. Die Hauptfront sollte politisch sein. Franco stützte sich in erheblichem Maße auf maurische Truppenkontingente, darunter eine bedeutende Anzahl aus Französisch-Marokko. Die Republik könne sich diesen Tatbestand zunutze machen, indem sie die nationalistischen Kräfte demoralisiert und sie vielleicht sogar durch politische Agitation basierend auf der konkreten Möglichkeit einer panislamischen – speziell marokkanischen – Revolution für die revolutionäre Sache gewinnt. Mit seiner Schrift vom April 1937 drängte Berneri darauf, dass die Armee der Republik zur Verteidigung der Revolution reorganisiert werde, um den Geist der Volksbeteiligung aus den ersten Tagen der Revolution zurückzuerlangen. Er zitiert die Worte seines Landsmanns Louis Bertoni, der von der Front bei Huesca schrieb:

> Der spanische Krieg, jeden neuen Glaubens, jeden Gedankens einer sozialen Veränderung und jeden allgemeinen Sinnes beraubt, ist nur noch ein normaler Krieg für nationale Unabhängigkeit, der geführt werden muß, um die Ausrottung zu vermeiden, die durch die Weltplutokratie beabsichtigt wird. Er stellt außerdem eine furchtbare Lebensfrage dar, er ist aber nicht mehr ein Krieg für die Behauptung eines neuen Regimes und einer neuen Menschheit.

In einem solchen Krieg ist die menschliche Komponente, die den Sieg über den Faschismus bringen könnte, verlorengegangen.

Rückblickend scheinen Berneris Ideen durchaus vernünftig. Delegationen marokkanischer Nationalisten traten tatsächlich an die Regierung in Valencia mit der Bitte um Waffen und Ausrüstung heran, wurden aber von Caballero abgewiesen, der stattdessen Frankreich und England territoriale Zugeständnisse in Nordafrika unterbreitete, um zu versuchen, ihre Unterstützung zu gewinnen. In ihrer Stellungnahme zu diesen Vorgängen bemerken Broué und Témime, dass diese politischen Maßnahmen die Republik um »das revolutionäre Werkzeug einer defätistischen Propaganda unter den Truppen des Feindes« und sogar um eine mögliche Waffe gegen eine italienische Intervention brachten. Jackson hingegen verwirft Berneris Vorschlag mit der Bemerkung, dass die Unabhängigkeit für Marokko (und, was das betrifft, selbst die Unterstützung der marokkanischen Nationalisten) »eine Geste« gewesen wäre, »die Paris und London sehr begrüßt hätten«. Natürlich ist es richtig, dass Frankreich und Großbritannien diese Entwicklung kaum begrüßt hätten. Wie Berneri bemerkt: »Selbstverständlich kann man nicht gleichzeitig die englischen und französischen Interessen in Marokko bewahren und ein Werk des Aufruhrs betreiben«. Aber Jacksons Kommentar berührt nicht die Kernfrage, ob nämlich die spanische Revolution durch einen Revolutionskrieg von der Art, wie ihn die Linken vorschlugen, sowohl gegen die Faschisten an der Front als auch gegen die bürgerlich-kommunistische Koalition innerhalb der Republik hätte erhalten werden können – oder ob, was das betrifft, die Republik nicht durch einen politischen Kampf hätte gerettet werden können, der Francos maurische Invasionstruppen eingebunden oder zumindest deren Moral untergraben hätte. In Anbetracht seines Vertrauens auf eine letztendliche Unterstützung durch die westlichen Demokratien ist es leicht ersichtlich, warum Caballero diesen kühnen Plan nicht attraktiv fand. Vor dem Hintergrund dessen, was wir heute wissen, erscheint Jacksons kurzgefasste Ablehnung des Revolutionskrieges jedoch viel zu brüsk.

Darüberhinaus werden Bertonis Beobachtungen von der Front bei Huesca durch viele weitere Belege bestätigt, von denen einige oben bereits angeführt wurden. Selbst diejenigen, die die Notwendigkeit der kommunistischen Strategie von Disziplin und Zentralherrschaft bejahten, räumen ein, dass die Repressionen, die einen unauslöschlichen Bestandteil dieser Strategie bildeten, »tendenziell dazu führten, den Kampfgeist des Volkes zu brechen«.[64] Man kann nur spekulieren, aber mir scheint, dass viele Kommentatoren die Bedeutung des politischen Faktors, die potenzielle Kraft eines Volkskriegs für die Verteidigung der Errungenschaften der Revolution ernsthaft unterschätzt haben. Es sagt vermutlich viel aus, dass Asturien, die einzige Region Spaniens, in der das System der CNT-UGT-Komitees nicht zugunsten der Zentralgewalt beseitigt wurde, auch die einzige Region ist, in der der Guerillakrieg lange nach Francos Sieg andauerte. Wie Broué und Témime anmerken,[65] beweist der Widerstand der Partisanen von Asturien »die Tiefe des revolutionären Elans, den der Wiederaufbau der Staatsgewalt – hier allerdings vorsichtiger gehandhabt als andernorts – nicht hatte unterdrücken können«. Es kann kein Zweifel bestehen, dass die Revolution in den spanischen Massen sowohl weit verbreitet als auch tief verwurzelt war. Es scheint durchaus möglich, dass ein revolutionärer Krieg von der Art, wie ihn Berneri befürwortete, trotz der größeren militärischen Stärke der faschistischen Armeen erfolgreich gewesen wäre. Die Vorstellung, dass der Mensch die Maschine bezwingen könne, erscheint nicht mehr so romantisch und naiv wie dies vor ein paar Jahren der Fall gewesen sein mag.

Darüber hinaus wurde das von den Anarchistenführern in die bürgerliche Regierung gesetzte Vertrauen nicht belohnt, wie der Verlauf der Konterrevolution eindeutig beweist. Aus der Rückschau scheint es, dass Berneri mit der Argumentation, sie hätten sich nicht an der bürgerlichen Regierung beteiligen, sondern vielmehr danach streben sollen, diese Regierung durch die von der Revolution geschaffenen Institutionen zu ersetzen, recht hatte.[66] Der anarchistische Minister García Oliver erklärte, dass »wir auf das Wort und die Person eines katalanischen Demokraten vertrauten und Companys als Präsidenten der Generalidad unterstützten«,[67] zu einer Zeit, als zumindest in Katalonien die Arbeiterorganisationen den Staatsapparat leicht hätten ersetzen und auf die damaligen politischen Parteien hätten verzichten können, so wie sie die alte Wirtschaftsordnung durch eine völlig neue ersetzt hatten. Companys erkannte vollständig die Grenzen, über die hinaus er nicht mit den Anarchisten zusammenarbeiten konnte. In einem Interview mit H. E. Kaminski weigerte er sich, diese Grenzen zu spezifizieren, sondern gab lediglich seiner Hoffnung Ausdruck, dass sich »die anarchistischen Massen der Besonnenheit ihrer Anführer nicht entgegenstellen werden«, welche die »ihnen auferlegte Verantwortung angenommen« haben; er sah seine Aufgabe darin, »diese Verantwortung in die richtige Bahn zu lenken«, die er im Interview nicht näher beschrieb, die sich aber in den Ereignissen zeigte, die zu den Mai-Tagen führten.[68] Wahrscheinlich wurde Companys' Haltung zu dieser Kooperationsbereitschaft der Anarchistenführer treffend zum Ausdruck gebracht in seiner Reaktion auf die Andeutung eines Korrespondenten von *New Statesman and Nation*, der voraussagte, dass die Ermordung des anarchistischen Bürgermeisters von Puigcerdá zu einem Aufstand führen würde: »[Companys] lachte verächtlich und sagte, die Anarchisten würden kapitulieren, so wie sie es bisher immer getan hätten«.[69] Wie bereits in einiger Ausführlichkeit beschrieben wurde, hatte die liberal-kommunistische Parteienkoalition nicht die Absicht, dem Krieg gegen Franco den Vorrang vor der Zerstörung der Revolution einzuräumen. Ein Sprecher Comoreras brachte dies klar zum Ausdruck: »Der PSUC wurde der Ausspruch zugeschrieben: ›Bevor man Zaragoza nimmt, muß man Barcelona nehmen.‹ Er spiegelte die Situation genau wider...«[70] Comorera hatte Companys von Anfang an dazu gedrängt, sich gegen die CNT zur Wehr zu setzen.[71] Die erste Aufgabe der antifaschistischen Koalition, behauptete er, sei die Auflösung der revolutionären Komitees.[72] Ich habe schon recht viele Belege angeführt, die zeigen, dass die von der Volksfront ausgeübte Repression das Engagement und die Beteiligung des Volkes am antifaschistischen Krieg erheblich schwächte. Was für George Orwell offensichtlich war, war auch den Arbeitern von Barcelona und den Bauern in den kollektivierten Dörfern Aragóns klar: Die liberal-kommunistische Koalition würde keine revolutionäre Umwälzung der spanischen Gesellschaft dulden; sie würde sich erst voll und ganz dem Kampf gegen Franco verschreiben, nachdem die alte Ordnung dauerhaft wiederhergestellt sein würde, wenn nötig mit Gewalt.[73]

Es besteht kaum ein Zweifel, dass die Landarbeiter in den Kollektiven den sozialen Gehalt des Strebens nach Konsolidierung und Zentralherrschaft recht gut verstanden. Wir können dies nicht nur aus anarchistischen Quellen, sondern auch aus der sozialistischen Presse des Frühjahrs 1937 entnehmen. Am ersten Mai hatte die sozialistische Parteizeitung *Adelante* das Folgende zu sagen:

> Beim Ausbruch des faschistischen Aufstandes waren sich die Arbeiterorganisationen und die demokratischen Elemente des Landes darüber einig, daß der sogenannten nationalen Revolution, die unser Volk in den tiefsten Abgrund des Elends zu schleudern drohte, nur durch eine soziale Revolution Einhalt geboten werden könnte. Die kommunistische Partei aber stemmte sich dieser Einsicht mit aller Macht entgegen. Sie hatte augenscheinlich ihre alte Theorie von einer »Arbeiter- und Bauernrepublik« und von der »Diktatur des Proletariats« vollständig vergessen. Aus der steten Wiederholung ihres neuen Schlagwortes von der demokratisch-parlamentarischen Republik geht deutlich hervor, daß sie jeden Sinn für die Wirklichkeit verloren hat. Als die katholischen und konservativen Schichten der spanischen Bourgeoisie ihr System gebrochen sahen und keinen Ausweg mehr zu finden wußten, flößte ihnen die kommunistische Partei neue Hoffnungen ein. Sie versicherte ihnen, daß die demokratisch-bürgerliche Republik, für die sie sich einsetzen, der katholischen Propaganda keine Hindernisse in den Weg legen würde, und daß sie vor allem bereit sei, die Klasseninteressen der Bourgeoisie zu verteidigen.[74]

Dass diese Erkenntnis in den ländlichen Gebieten weit verbreitet war, wurde in drastischer Weise durch einen Fragebogen unterstrichen, der von *Adelante* an die Sekretäre der Feldarbeiter-Gewerkschaft der UGT geschickt und im Juni 1937 veröffentlicht wurde.[75] Die Ergebnisse werden folgendermaßen zusammengefasst:

> Die Beantwortung dieser Fragen war von verblüffender Einstimmigkeit. Überall dieselbe Geschichte. Die Bauernkollektive werden heute von der kommunistischen Partei auf das schärfste bekämpft. Die Kommunisten organisieren die wohlhabenden Bauern, die nach billigen Arbeitskräften Ausschau halten und aus diesem Grunde den kooperativen Bestrebungen der armen Bauern mit ausgesprochener Feindschaft gegenüberstehen.
> Es ist dieses Element, das vor der Revolution mit den Faschisten und Monarchisten sympathisierte, das nach der Aussage der Gewerkschaftsvertreter heute in die Reihen der kommunistischen Partei strömt. Über die allgemeine Wirkung der kommunistischen Tätigkeit auf dem Lande hatten die Sekretäre der UGT nur eine Meinung, die der Vertreter der Organisation von Valencia in die Worte kleidete: »Sie ist ein Unglück im vollsten Sinne des Wortes«.[76]

Man kann sich unschwer vorstellen, wie sehr die Erkenntnis dieses »Unglücks« die Bereitschaft der Landarbeiter, am antifaschistischen Krieg teilzunehmen, mit all den Opfern, die dies mit sich brachte, beeinträchtigt haben muss.

Die Einstellung der Zentralregierung zur Revolution wurde auf brutale Weise in ihren Handlungen offenbar und wird auch durch ihre Propaganda bezeugt. Ein ehemaliger Minister beschreibt die Situation wie folgt:

> Was durch die Koalition der kommunistischen Partei Spaniens mit den linken Republikanern und dem rechten Flügel der Sozialisten verdeckt wird, ist der Tatbestand, dass es in halb Spanien eine erfolgreiche Sozialrevolution gegeben hat. Das heißt erfolgreich in der Kollektivierung von Fabriken und Bauernhöfen, die unter gewerkschaftlicher Kontrolle betrieben werden und recht effizient betrieben werden. Während der drei Monate, in denen ich unter Álvarez del Vayo, dem damaligen Außenminister der Regierung in Valencia, die Propaganda für die Vereinigten

> Staaten und England leitete, wurde ich angewiesen, kein einziges Wort über diese Revolution im Wirtschaftssystem des loyalistischen Spaniens nach außen dringen zu lassen. Auch ist es nicht einem ausländischen Korrespondenten in Valencia gestattet, offen über die Revolution zu schreiben, die stattgefunden hat.[77]

Kurz, es gibt Grund genug zu der Annahme, dass der Wille, gegen Franco zu kämpfen, bedeutend geschwächt, vielleicht zerstört wurde durch die Politik der autoritären Zentralisation, die von der liberalkommunistischen Koalition unternommen, mit Gewalt durchgesetzt und durch Propaganda verschleiert wurde, die unter westlichen Intellektuellen Verbreitung fand[78] und noch immer die Geschichtsschreibung beherrscht. In dem Maße, in dem dieses Urteil Gültigkeit beanspruchen kann, gewinnt die von Berneri und den linken »Extremisten« vorgeschlagene Alternative an Plausibilität.

Wie vorhin bemerkt, akzeptierten Caballero und die anarchistischen Minister die Politik der Konterrevolution aufgrund ihres Vertrauens in die westlichen Demokratien, von denen sie mit Sicherheit annahmen, dass sie ihnen früher oder später zu Hilfe kommen würden. 1937 war diese Annahme vielleicht verständlich. Es ist jedoch seltsam, dass ein Historiker, der in den 1960er-Jahren schreibt, den Vorschlag, Franco durch eine Ausweitung des Revolutionskrieges nach Marokko in den Rücken zu fallen, mit der Begründung verwerfen kann, dass dies dem westlichen Kapitalismus missfallen hätte (siehe oben S. 146).

Berneri hatte durchaus recht in dem Glauben, dass sich die westlichen Demokratien nicht an einem antifaschistischen Kampf in Spanien beteiligen würden. Tatsächlich war ihre Mittäterschaft am faschistischen Aufstand nicht gering. Französische Bankiers, die im Allgemeinen für Franco waren, blockierten die Freigabe des spanischen Goldes an die loyalistische Regierung, verhinderten so den Kauf von Waffen und erhöhten dadurch nebenbei die Abhängigkeit der Republik von der Sowjetunion.[79] Die Politik der »Nichteinmischung«, die westliche Hilfe für die loyalistische Regierung de facto blockierte, während Hitler und Mussolini praktisch den Krieg für Franco gewannen, wurde im Prinzip ebenfalls von der französischen Regierung initiiert – wenn auch offensichtlich unter großem britischem Druck.[80]

Im Hinblick auf Großbritannien war die Hoffnung, dass es der Republik zu Hilfe kommen würde, immer unrealistisch. Wenige Tage nach Francos Putsch schrieb der Chefredakteur des Auslandsressorts von *Paris-Soir*: »Mindestens vier Länder zeigen bereits ein reges Interesse an dem Kampf – Frankreich, das die Regierung in Madrid unterstützt, und Großbritannien, Deutschland und Italien, die alle der einen oder anderen Gruppierung unter den Aufständischen heimliche, aber dennoch wirkungsvolle Hilfe zukommen lassen«.[81] In der Tat nahm die britische Unterstützung für Franco schon in einer sehr frühen Phase des Aufstandes ziemlich konkrete Formen an. Die spanische Marine blieb der Republik gegenüber loyal* und unternahm einige Versuche, Franco daran zu hindern, Truppen von Marokko nach Spanien zu verschiffen. Die Beteiligung Italiens und Deutschlands bei der Bekämpfung dieser Bemühungen ist gut dokumentiert;[82] die Rolle Großbritanniens hat weniger Beachtung erfahren, kann aber anhand von zeitgenössischen Berichten ermittelt werden. Am 11. August 1936 brachte die *New York Times* auf der ersten Seite einen Bericht über Manöver der britischen Marine in der Straße von Gibraltar mit dem Kommentar, dass »dieses Manöver den Rebellen hilft, indem es Angriffe auf Algeciras, wo die Truppen aus Marokko landen, verhindert«. (Einige Tage zuvor hatten loyalistische Kriegsschiffe Algeciras bombardiert und dabei das britische Konsulat beschädigt.) Eine begleitende Meldung aus Gibraltar beschreibt die Situation, wie sie sich von dort aus darstellte:

> Verärgert durch die Gefährdung des Schiffsverkehrs und des neutralen Territoriums von Gibraltar durch die Kämpfe der spanischen Kriegsparteien hat Großbritannien letzte Nacht den Hafen von Gibraltar im Zentrum der Einfahrt mit dem großen Schlachtschiff »Queen Elizabeth« praktisch blockiert, das beständig die Suchscheinwerfer über die umliegenden Gewässern spielen ließ.
> Heute patrouillierten viele Kriegsschiffe in der ganzen Meerenge, entschlossen, die Beeinträchtigung der Kontrolle Großbritanniens über den Zugang zum Mittelmeer, eine entscheidende Stelle der britischen »Lebensader in den Osten«, zu verhindern.

* Genauer gesagt: Die Franco-Anhänger unter den Offizieren wurden getötet und die Matrosen blieben in vielen Fällen der Republik gegenüber loyal.

Diese Aktion folgte auf wiederholte Warnungen an die spanische Regierung und auf die gestrige Verordnung, dass im Hafen von Gibraltar keine Kämpfe mehr zugelassen würden. Die Briten auf Gibraltar waren seit dem Beschuss von Algeciras durch das loyalistische Schlachtschiff »Jaime I« zunehmend nervös geworden.

Obwohl die britische Neutralität weiterhin aufrechterhalten wird, werden die Patrouillierung der Meerenge und die Schließung des Hafens den rebellierenden Militärs zugutekommen, da loyalistische Kriegsschiffe nicht versuchen können, Algeciras, momentan in den Händen der Rebellen, einzunehmen, und die Rebellen aus Marokko vollständig zu isolieren. Die Rebellen können jetzt einige Truppen, die hastig nach Algeciras zurückbeordert wurden, für einen Einsatz weiter nördlich im Vorstoß auf Madrid freisetzen.

Heute Abend wurde in Gibraltar berichtet, dass die Rebellen einen Transport über die Meerenge geschickt und weitere Truppen aus Marokko zur Verwendung in den Kolonnen an Land gebracht hätten, die vom Hauptquartier in Sevilla aus nach Norden marschieren.

Dies war das zweite Mal in diesem Jahr, dass Großbritannien eine Staatsmacht verwarnte, als es Teile seines Einflusses im Mittelmeer bedroht glaubte, und es bleibt abzuwarten, ob die Regierung in Madrid sich über die Briten hinwegsetzen wird, wie es die Italiener taten. Wenn sie es versucht, besitzen die britischen Kanoniere des Fort Gibraltar die Befugnis, Warnschüsse abzugeben. Was geschehen wird, wenn diese Schüsse nicht beachtet werden, ist offensichtlich.

Alle Briten hier sprechen von der Regierung in Madrid als den »Kommunisten« und es besteht kein Zweifel, wo die britischen Sympathien jetzt liegen, bestärkt durch die Erklärung von General Franco, dem Führer der Rebellen, dass er nicht vornehmlich mit Italien kooperiert.

Die britische Regierung hat angeordnet, dass die hiesigen Spanier jede Konspiration zu beenden hätten oder auszuweisen seien, und die Briten aufgefordert, »loyal jede öffentliche Handlungsweise oder Äußerung zu unterlassen, die eine deutliche Parteilichkeit oder Parteinahme zeigt«.

Die Warnung, ausgegeben in der amtlichen *Gibraltar Gazette*, wurde vom hiesigen britischen Kolonialsekretär unterzeichnet.

Die Warnung wurde ausgegeben, nachdem den Behörden Berichte über mögliche kommunistische Unruhen hier vor Ort zu Ohren gekommen waren und nach heftigen Beschwerden, dass spanische Rebellen in Gibraltar seien. Es wurde behauptet, die Rebellen würden hier ihr Hauptquartier errichten und in La Línea einlaufen, um zu kämpfen. [Hervorhebung von mir.]

Ich habe diese Meldung vollständig zitiert, weil sie ziemlich genau den Charakter der britischen »Neutralität« in der Frühphase des Krieges und in dessen weiterem Verlauf vermittelt. Im Mai 1938 gab der britische Botschafter in Spanien, Sir Henry Chilton, »der Überzeugung Ausdruck, dass ein Sieg Francos für den Frieden in Spanien notwendig sei, dass nicht die geringste Aussicht bestünde, dass Italien und/oder Deutschland Spanien beherrschen könnten, und dass er, selbst wenn ein Sieg der spanischen Regierung möglich wäre (was er nicht glaube), überzeugt sei, dass ein Sieg Francos für Großbritannien besser wäre«.[83] Churchill, der zuerst ein heftiger Gegner der Republik war, änderte seine Haltung etwas nach der Zerschlagung der Revolution im Sommer 1937. Was ihn besonders zufriedenstellte, war die gewaltsame Unterdrückung der Anarchisten und die Militarisierung der Republik (notwendig, wenn »das ganze Gefüge eines auf Zivilisation beruhenden gesellschaftlichen Daseins zerstört worden ist«, wie dies durch die, nun glücklich niedergeschlagene, Revolution geschah).[84] Jedoch blieben seine Sympathien für die Republik beschränkt. In einem Interview vom 14. August 1938 drückte er sich folgendermaßen aus: »Franco hat das ganze Recht auf seiner Seite, weil er sein Land liebt. Franco verteidigt auch England gegen die kommunistische Gefahr, wenn man so sagen will. Aber ich, ich bin Engländer, und ich bin für den Triumph der falschen Sache. Ich ziehe es vor, daß die andere Seite gewinnt, weil Franco ein Aufrührer sein oder die englischen Interessen bedrohen könnte, die anderen aber nicht«.[85]

Natürlich waren sich die Deutschen der britischen Stimmungslage durchaus bewusst und sie waren deshalb sehr daran interessiert, dass das Kontrollgremium des Nichteinmischungsabkommens lieber in London statt in Paris seinen Sitz bekäme. Der für diese Angelegenheit verantwortliche Beamte des deutschen Außenministeriums brachte seine Ansicht am 29. August 1936 wie folgt zum Ausdruck: »Natürlich ist damit zu rechnen, daß in London nun auch Beschwerden aller Art über Nichteinhaltung der Nichteinmischungsverpflichtungen vorgebracht werden, aber solchen Beschwerden können wir ja sowieso nicht ausweichen. Es kann uns im Grunde nur lieb sein, wenn der Schwerpunkt, der bisher ja auf Grund der französischen Initiative in Paris war, von dort nach London verlegt wird«.[86] Sie wurden nicht enttäuscht. Im November erklärte Außenminister Anthony Eden im Unterhaus: »Hinsichtlich der Verletzungen [des Nichteinmischungsabkommens] möchte ich grundsätzlich feststellen, dass andere Regierungen meines Erachtens größere Schuld trifft als Deutschland oder Italien«.[87] Für diese Feststellung gab es keine faktische Grundlage, aber sie spiegelte die britische Haltung wider. Es ist interessant, dass, deutschen Quellen zufolge, England Franco zu jener Zeit über Gibraltar mit Munition versorgte und Deutschland zur gleichen Zeit Informationen über russische Waffenlieferungen an die Republik zur Verfügung stellte.[88]

Die britische Linke unterstützte größtenteils die liberal-kommunistische Koalition, während sie Caballero für einen »infantilen Linken« und die Anarchisten für durchweg unerträglich hielt.

Die britische Politik der behutsamen Unterstützung Francos zur Wahrung der britischen Interessen sollte Erfolg haben, wie die Deutschen bald herausfanden. Eine Mitteilung des deutschen Außenministeriums vom Oktober 1937 an die Botschaft im nationalistischen Spanien enthielt die folgende Bemerkung: »Daß auf die Dauer England vom spanischen Markt nicht wie bisher zurückgehalten werden kann, ist eine Tatsache, mit der wir rechnen müssen. Die alten Beziehungen Englands zu den spanischen Bergwerken, der in politischen und wirtschaftlichen Überlegungen begründete Wunsch des Generalissimus, mit England zu einer Verständigung zu kommen, ziehen der Möglichkeit, uns spanische Rohstoffe dauernd zu sichern, gewisse Grenzen«.[89]

Man kann über die möglichen Auswirkungen einer britischen Unterstützung für die Republik nur spekulieren. Eine Diskussion dieses Themas würde uns auf ein weites Feld führen, die Erörterung der britischen Diplomatie während der späten 1930er-Jahre. Heute, da die »München-Analogie« unter völliger Missachtung der historischen Tatsachen von Minister Rusk und etlichen seiner akademischen Anhänger immer wieder angeführt wird, ist es vielleicht erwähnenswert, dass es sich bei der »Eindämmung des Kommunismus« um keine Politik handelt, die von George Kennan 1947 erfunden wurde. Sie war in besonderer Weise ein beherrschendes Motiv der Diplomatie der 1930er-Jahre. 1934 erklärte Lloyd George, dass »in sehr kurzer Zeit, vielleicht in einem Jahr, vielleicht in zwei, die konservativen Teile dieses Landes auf Deutschland als das Bollwerk gegen den Kommunismus in Europa blicken werden. … Lasst uns Deutschland nicht voreilig verurteilen. Wir werden Deutschland bald als unseren Freund begrüßen«.[90] Im September 1938 wurde das Münchner Abkommen geschlossen; kurz darauf begrüßten sowohl Frankreich als auch Großbritannien Deutschland in der Tat als »unseren Freund«. Wie bereits erwähnt (siehe Anm. 53), gibt selbst die Rolle Churchills zu dieser Zeit Anlass zu einigen Fragen. Natürlich läutete das Münchner Abkommen das Ende der spanischen Republik ein, genau wie der Zwang, sich auf die Sowjetunion verlassen zu müssen, 1937 das Ende der spanischen Revolution ankündigte.

Die Vereinigten Staaten zeigten, wie Frankreich, bei diesen Ereignissen weniger Initiative als Großbritannien, das weitaus größere wirtschaftliche Interessen in Spanien besaß und eine eigenständigere Kraft in europäischen Angelegenheiten war. Trotzdem kann man auf das amerikanische Verhalten kaum stolz sein. Formal hielten sich die Vereinigten Staaten an eine Position der strikten Neutralität. Eine aufmerksame Betrachtung weckt jedoch einige Zweifel. Nach Jacksons Informationen »hatte der amerikanische Oberst, der der Telefongesellschaft vorstand, den Verschwörern in Madrid Standleitungen für ihre Gespräche mit den Generälen Mola und Franco zur Verfügung gestellt«,[91] unmittelbar vor dem Putsch am 17. Juli. Im August drängte die amerikanische Regierung die Martin Aircraft Company, eine vor dem Putsch geschlossene Vereinbarung über die Lieferung von Flugzeugen an die Republik nicht einzuhalten, und sie setzte auch die mexikanische Regierung unter Druck, in den Vereinigten Staaten gekauftes Kriegsmaterial nicht nach Spanien weiter zu verschiffen.[92] Ein amerikanischer Waffenexporteur, Robert Cuse, bestand im Dezember 1936 auf seinem gesetzlich garantierten Recht, Flugzeuge und Flugzeugmotoren an Spanien zu liefern, und das Außenministerium war gezwungen, seine Genehmigung zu erteilen. Cuse wurde von Roosevelt als unpatriotisch gebrandmarkt, obwohl Roosevelt zugeben musste, dass die Forderung durchaus rechtens war. Roosevelt verglich die Haltung anderer Unternehmer mit der von Cuse folgendermaßen:

> Nun, diese Firmen kamen der Forderung der Regierung nach. Das sind die neunzig Prozent der Unternehmen, die ehrlich sind, ich meine in moralischer Hinsicht ehrlich. Das sind die neunzig Prozent, auf die wir immer voller Stolz zeigen. Aber dann handelt ein Mann in einer Weise, die auf ein vollkommen legales, aber unpatriotisches Vorgehen hinausläuft. Er repräsentiert die zehn Prozent der Unternehmen, die den höchsten Ansprüchen nicht gerecht werden. Entschuldigen Sie die Predigt, aber mich berührt das sehr.[93]

Zu den Unternehmen, die »in moralischer Hinsicht ehrlich« blieben und sich daher nicht den Zorn Roosevelts zuzogen, gehörte die Texaco Oil Company, die ihre Verträge mit der spanischen Republik brach und stattdessen Öl an Franco lieferte. (Fünf Tanker, die im Juli 1936 auf hoher See waren, wurden an Franco umgeleitet, der während des Bürgerkrieges Öl im Wert von sechs Millionen Dollar auf Kredit erhielt.) Offenbar war weder die Presse noch die amerikanische Regierung in der Lage, diesen Tatbestand aufzudecken, obwohl damals in linken Zeitungen darüber berichtet wurde.[94] Es gibt Beweise dafür, dass die amerikanische Regierung die Befürchtungen Churchills und anderer hinsichtlich der gefährlichen Kräfte auf der republikanischen Seite teilte. Außenminister Hull zum Beispiel informierte Roosevelt am 23. Juli 1936 darüber, dass »einer der gravierendsten Faktoren in dieser Situation in der Tatsache besteht, dass die [spanische] Regierung große Mengen an Waffen und Munition in die Hände von verantwortungslosen Mitgliedern linker politischer Organisationen gegeben hat«.[95]

Wie Churchill begannen viele verantwortungsvolle Amerikaner ihre Haltung gegenüber der Republik zu überdenken, nachdem die soziale Revolution niedergeschlagen wurde.[96] Die Beziehungen zu Franco blieben jedoch herzlich. 1957 gratulierte Präsident Eisenhower zum »glücklichen Jahrestag« seines Aufstandes,[97] und Minister Rusk zollte 1961 seinen Tribut. Auf die Kritik hin wurde Rusk vom amerikanischen Botschafter in Madrid verteidigt, der bemerkte, Spanien sei »eine Nation, die die unerbittliche Natur der kommunistischen Bedrohung erkannt hat«,[98] wie Thailand, Südkorea, Taiwan und ausgewählte andere Länder der Freien Welt.[99]

Im Lichte von solchen Tatsachen wie diesen scheint es mir, dass Jackson die historischen Zeugnisse nicht Ernst nimmt, wenn er die

Vorschläge der spanischen Linken als absurd abtut. Recht wahrscheinlich wäre Berneris Strategie gescheitert, so wie die der liberal-kommunistischen Koalition, die die Herrschaft über die Republik übernahm. Sie war jedoch alles andere als unvernünftig. Ich glaube, dass die Unfähigkeit der Historiker, sie ernsthafter zu prüfen, einmal mehr aus der elitären Voreingenommenheit resultiert, die die Geschichtsschreibung beherrscht – und in diesem Fall auch aus einer gewissen Sentimentalität gegenüber den westlichen Demokratien.

Die von der CNT 1937 veröffentlichte Studie über Kollektivierung[100] schließt mit einer Beschreibung des Dorfes Membrilla. »In seinen elenden Hütten leben die armen Einwohner einer armen Provinz; achttausend Menschen, aber die Straßen sind nicht gepflastert, der Ort besitzt keine Zeitung, kein Kino, weder ein Café noch eine Bücherei. Andererseits besitzt er viele Kirchen, die niedergebrannt wurden«. Unmittelbar nach dem Putsch Francos wurde das Land enteignet und das Dorfleben kollektiviert. »Lebensmittel, Kleidung und Werkzeuge wurden gerecht an die gesamte Bevölkerung verteilt. Geld wurde abgeschafft, die Arbeit kollektiviert, alle Güter gingen an die Gemeinschaft, der Konsum wurde vergesellschaftet. Jedoch war es keine Vergesellschaftung des Reichtums, sondern der Armut«. Die Arbeit ging weiter wie zuvor. Ein gewählter Rat ernannte Komitees, um das Leben der Kommune und ihre Beziehungen zur Außenwelt zu organisieren. Die lebensnotwendigen Dinge wurden kostenlos verteilt, insofern sie verfügbar waren. Eine große Zahl von Flüchtlingen wurde aufgenommen. Eine kleine Bücherei wurde eingerichtet, und eine kleine Planungsschule.

Das Dokument schließt mit diesen Worten:

> Die gesamte Bevölkerung lebte wie in einer großen Familie; Funktionäre, Delegierte, der Sekretär der Gewerkschaften, die Mitglieder des Gemeinderates, alle gewählt, handelten als Oberhäupter einer Familie. Aber sie standen unter Kontrolle, denn besondere Privilegien und Korruption wurden nicht geduldet. Membrilla ist vielleicht das ärmste Dorf Spaniens, aber es ist das gerechteste.

Ein Bericht wie dieser, mit seinem Interesse an menschlichen Beziehungen und dem Ideal einer gerechten Gesellschaft, muss für den kultivierten Intellektuellen sehr seltsam erscheinen und er wird daher mit Verachtung gestraft oder für naiv oder primitiv oder sonstwie irrational gehalten. Nur wenn solche Vorurteile aufgegeben werden, wird es den Historikern möglich sein, eine ernsthafte Untersuchung der Volksbewegung in Angriff zu nehmen, die das republikanische Spanien veränderte, in einer der bemerkenswertesten Sozialrevolutionen, die die Geschichte verzeichnet.

In seiner Einschätzung der Demoralisierung, die durch die autoritären Praktiken der Zentralregierung verursacht wurde, bemerkt Franz Borkenau (S. 295): Die »Zeitungen werden von europäisch beeinflußten Redakteuren geschrieben, und die Volksbewegung kann sich hinsichtlich ihrer stärksten Triebkräfte nicht artikulieren ... [nur] die Taten lassen es erkennen«. Die Objektivität der Wissenschaft bleibt eine Illusion, solange ihr diese unartikulierten Impulse unverständlich bleiben. Was die spanische Revolution angeht, so muss ihre Geschichte noch geschrieben werden.

Ich habe mich auf einen Gegenstand – die Deutung der Sozialrevolution in Spanien – in einer einzelnen historischen Arbeit konzentriert, einer Arbeit, die ein hervorragendes Beispiel liberaler Wissenschaft ist. Mir scheint, dass es mehr als genug Belege gibt, die zeigen, dass eine tiefsitzende Voreingenommenheit gegen Sozialrevolutionen und die Verbundenheit mit den Werten und der Gesellschaftsordnung der liberalen bürgerlichen Demokratie den Autor dazu gebracht haben, entscheidende Ereignisse falsch darzustellen und wichtige historische Entwicklungen zu übersehen. Es war nicht meine Absicht, die Verbundenheit mit diesen Werten infrage zu stellen – das ist ein gänzlich anderes Thema. Vielmehr bestand sie darin, zu zeigen, wie diese Verbundenheit zu einem erstaunlichen Mangel an Objektivität führte und dabei ein viel subtiler und interessanter geartetes – und letztlich, wie ich glaube, weit bedeutenderes – Beispiel für »konterrevolutionäre Subordination« bietet als diejenigen, die im ersten Teil dieses Essays diskutiert worden sind.

---

1 Zitiert nach Paul Avrich: *The Russian Anarchists*. Princeton, NJ: Princeton University Press 1967, S. 93f. Eine aktuelle Neuformulierung dieser Sichtweise gibt Anton Pannekoek, holländischer Wissenschaftler und Fürsprecher des libertären Kommunismus, in seinen *Workers Councils* (Melbourne 1950), S. 36f.:

> Es ist nicht das erste Mal, daß eine herrschende Klasse ihre Herrschaft als die einfache Folge einer Naturtatsache darzustellen und damit zu verewigen sucht, als Folge des angeborenen Unterschieds zwischen zwei Arten von Menschen, von denen die eine von Natur aus für den Sattel, die andere für die Peitsche bestimmt ist. Die landbesitzende Aristokratie verteidigte in der französischen Revolution ihre bevorrechtigte Stellung damit, daß sie sich ihrer Herkunft aus einer edlen Rasse von Eroberern rühmte, die sich die gewöhnlichere Rasse des gemeinen Volkes unterworfen hatte. Großkapitalisten erklären ihre beherrschende Stellung durch die Behauptung, sie besäßen Verstand und andere Leute keinen. In ähnlicher Weise pochen nun namentlich die Intellektuellen, die sich selbst als die berufene herrschende Klasse von morgen ansehen, auf ihre geistige Überlegenheit. Sie bilden die rasch anwachsende Klasse der als Staats- oder Betriebsbeamte oder in freien Berufen tätigen Akademiker, die sich auf die Kopfarbeit, das Studium von Büchern und Wissenschaften spezialisiert haben und sich als die ausschließliche Gruppe der geistig begabten Menschen betrachten. Deshalb seien sie allein fähig und dazu bestimmt, die Leitung der Gesellschaft in ihre Hände zu nehmen, während die geistig unbegabte Masse die geistlose Handarbeit durchführen soll. Sie sind keine Verteidiger des Kapitalismus; nicht das Kapital, sondern der Intellekt soll die Arbeit lenken und leiten. Dies um so mehr, als die Gesellschaft jetzt eine so komplizierte, auf abstrakten und schwierigen Wissenschaften beruhende Struktur besitzt, daß überhaupt nur der größte geistige Scharfsinn das alles zu erfassen, zu begreifen und zu meistern fähig ist. Sollten die Arbeitermassen aus Mangel an Einsicht sich weigern, diese Notwendigkeit der überlegenen intellektuellen Führung anzuerkennen, sollten sie in ihrer Dummheit versuchen, die Führung in die eigenen Hände zu nehmen, dann würden Chaos und Zusammenbruch die notwendige Folge sein.

2 Siehe Daniel Bell: *Notes on the Post-Industrial Society: Part I*, in: *Public Interest* Nr. 6 (1967), S. 24-35. Albert Parry hat darauf hingewiesen, dass bedeutende Ähnlichkeiten zwischen der Entstehung einer wissenschaftlichen Elite in der Sowjetunion und in den USA hinsichtlich ihrer größer werdenden Rolle bei Entscheidungsprozessen existieren, wobei er Bells These zur Unterstützung anführt. Siehe den Bericht der *New York Times* vom 27. März 1966 über die Midwest Slavic Conference.

3 Brief an Herzen und Ogarjow, 1866, zitiert bei Daniel Guérin: *Jeunesse du socialisme libertaire*. Paris: Librairie Marcel Riviere 1959, S. 119.

4 Rosa Luxemburg: *The Russian Revolution*. Übersetzt von Bertram D. Wolfe. Ann Arbor: University of Michigan Press 1961, S. 71.

5 Luxemburg, zitiert von Guérin, *Jeunesse du socialisme libertaire*, S. 106f.

6 Rosa Luxemburg: *Leninism or Marxism*, in: *Russian Revolution*, S. 102.

7 Eine sehr aufschlussreiche Untersuchung dieser Thematik bietet, mit Schwerpunkt auf innenpolitische Fragen, Michael Paul Rogin: *The Intellectuals and McCarthy: The Radical Specter*. Cambridge, MA: MIT Press 1967.

8 *The Spanish Republic and the Civil War: 1931-1939*. Princeton, NJ: Princeton University Press 1965.

9 Jeweils Präsident der Republik, Ministerpräsident vom Mai bis zum Aufstand Francos, und ein Mitglied des konservativen Flügels der Volksfront, von Azaña ausersehen, nach dem Aufstand eine Kompromissregierung zu bilden.

10 Es ist interessant, dass Douglas Pikes oben angeführter, ausgesprochen feindseliger Bericht über die Front de libération nationale Popularität und Freiwilligkeit als Bestandteil ihrer bemerkenswerten organisatorischen Erfolge hervorhebt. Was er beschreibt - ob zutreffend oder nicht, lässt sich nicht sagen -, ist eine Struktur von miteinander verflochtener Selbsthilfe-Organisationen, die, lose koordiniert, eher durch Überzeugung als durch Gewalt aufgebaut wurden - in vielerlei Hinsicht Eigenschaften, die anarchistischen Denkern gefallen hätten. Diejenigen, die so freimütig vom »autoritären Vietcong« sprechen, mögen recht haben, aber sie haben wenig Beweise vorgelegt, um ihre Wertung zu untermauern. Natürlich muss man wissen, dass Pike das Moment der freiwilligen Massenbeteiligung als das gefährlichste und heimtückischste Merkmal der Organisationsstruktur der FLN ansieht.
In diesen Zusammenhang gehört auch die Geschichte der Kollektivierung in China, die, verglichen mit der Sowjetunion, ein weit größeres Vertrauen auf Überzeugung und gegenseitige Hilfe als auf Gewalt und Terror erkennen lässt und anscheinend erfolgreicher gewesen ist. Siehe Thomas P. Bernstein: *Leadership and Mass Mobilisation in the Soviet and Chinese Collectivization Campaigns of 1929-30 and 1955-56: A Comparison*, in: *China Quarterly* Nr. 31 (Juli-September 1967), S. 1-47 für einige interessante und anregende Erläuterungen und Analysen.
Das Ausmaß der chinesischen Revolution ist so groß und die Berichte, die in die Tiefe gehen, sind so ausschnitthaft, dass es ohne Zweifel vermessen wäre, den Versuch einer allgemeinen Beurteilung zu unternehmen. Doch deuten alle Berichte, die ich studieren konnte, darauf hin, dass, insofern in den verschiedenen Phasen der Landreform, der gegenseitigen Hilfe, der Kollektivierung und Bildung von Kommunen wirkliche Erfolge erzielt wurden, diese größtenteils auf das komplexe Zusammenwirken von kommunistischen Parteikadern und den allmählich entstehenden Bauernassoziationen zurückzuführen waren, eine Beziehung, die stark vom leninistischen Organisationsmodell abzuweichen scheint. Dies wird besonders deutlich in William Hintons großartiger Studie *Fanshen* (New York: Monthly Review Press 1966), die als Analyse eines Augenblicks von tiefgreifendem revolutionärem Wandel meines Wissens ohne Beispiel ist. Was mir in seinem Bericht über die Frühphase der Revolution in einem chinesischen Dorf besonders bemerkenswert erscheint, ist nicht nur das Ausmaß, in dem sich Parteikader der Kontrolle durch die Bevölkerung unterwarfen, sondern auch, und noch bedeutsamer, die Art und Weise, in der die

Ausübung von Kontrolle über Maßnahmen des revolutionären Prozesses ein Faktor in der Bewusstseins- und Erkenntnisentwicklung derjenigen war, die sich an der Revolution beteiligten, nicht nur aus politischer und gesellschaftlicher Sicht, sondern auch bezüglich der menschlichen Beziehungen, die dabei entstanden. Interessant ist in diesem Zusammenhang, dass im frühen chinesischen Marxismus ein starkes populistisches Element beobachtet werden kann. Für einige sehr aufschlussreiche Betrachtungen zu dieser allgemeinen Frage siehe Maurice Meisner: *Li Ta-chao and the Origins of Chinese Marxism*. Cambridge, MA: Harvard University Press 1967. Ich möchte damit nicht andeuten, dass die anarchistische Revolution in Spanien – mit ihrem Hintergrund von über dreißig Jahren Schulung und Kampf – in Asien wiederauflebt, sondern vielmehr, dass die spontanen und freiwilligen Momente in Massenbewegungen des Volkes wahrscheinlich aufgrund der instinktiven Antipathie gegenüber solchen Phänomenen unter den Intellektuellen gravierend missverstanden wurden und, in jüngerer Zeit, aufgrund der Insistenz, sie im Rahmen der Mythologie des Kalten Kriegs zu deuten.

11 *The Spanish Background*, in: *New Left Review* Nr. 40 (November-December 1966), S. 85-90.

12 José Peirats: *La C.N.T. en la revolución española*. 3 Bde. Toulouse: Ediciones C.N.T. 1951-52. Jackson bringt nur einen einzigen beiläufigen Verweis auf diese Arbeit. Peirats hat seitdem eine allgemeine Geschichte dieses Zeitraums veröffentlicht, *Los anarquistas en la crisis política española* (Buenos Aires: Editorial Alfa-Argentina 1964). Dieses hochinformative Buch sollte unbedingt einem englischsprachigen Publikum zugänglich gemacht werden.

13 Eine Ausnahme innerhalb des fast durchgängigen Scheiterns in der Auseinandersetzung mit der anarchistischen Revolution ist Hugh Thomas: *Anarchist Agrarian Collectives in the Spanish Civil War*, in: Martin Gilbert (Hg.): *A Century of Conflict, 1850-1950. Essays for A. J. P. Taylor*. New York: Atheneum Publishers 1967, S. 245-263. Siehe unten, Anm. 60, für eine kurze Besprechung. Viele hilfreiche Informationen finden sich auch in der meines Erachtens besten allgemeinen Geschichte des Bürgerkriegs, *La Révolution et la guerre d'Espagne* von Pierre Broué und Émile Témime (Paris: Les Éditions de Minuit 1961). Eine konzise und informative Darstellung neuesten Datums ist enthalten in Daniel Guérin: *L'Anarchisme*. Paris: Gallimard 1965. In seiner umfangreichen Studie *The Spanish Civil War* (New York: Harper & Row, Publishers 1961; Taschenbuch-Ausgabe 1963), nimmt Hugh Thomas kaum Bezug auf die Volksrevolution und einige der wichtigsten Ereignisse werden überhaupt nicht erwähnt – siehe zum Beispiel Anm. 51 unten.

14 *Collectivisations: L'œuvre constructive de la revolution espagnole*. 2. Aufl. Toulouse: Éditions C.N.T. 1965. Die erste Auflage wurde in Barcelona veröffentlicht (Éditions C.N.T.-F.A.I. 1937). Von dem marxistischen Gelehrten Karl Korsch gibt es eine ausgezeichnete und verständnisvolle Zusammenfassung: *Collectivization in Spain*, in: *Living Marxism* Bd. 4 (April 1939), S. 179-182. In derselben Ausgabe (S. 170f.) wird die liberal-kommunistische Reaktion auf den spanischen Bürgerkrieg prägnant, und meiner Ansicht nach korrekt, wie folgt zusammengefasst: »Mit ihrem leeren Geschwätz über die Wunder der bolschewistischen Disziplin, die Herzlichkeit Caballeros und die Leidenschaft der Pasionaria verschleierten die ›modernen Liberalen‹ nur ihr wahres Bestreben nach Zerstörung aller revolutionären Möglichkeiten im Bürgerkrieg und ihre Vorbereitung für einen möglichen Krieg um die spanische Frage im Interesse ihrer verschiedenen Vaterländer ... [W]as im spanischen Bürgerkrieg wahrhaft revolutionär war, erfolgte aus den unmittelbaren Aktionen der Arbeiter und verarmten Bauern und nicht aufgrund einer bestimmten Form der Arbeitsorganisation oder einer besonders begabten Führung«. Ich glaube, dass die Quellen diese Deutung bestätigen, und ich glaube auch, dass es gerade dieser Tatbestand ist, der für die Abneigung gegen die revolutionäre Phase des Bürgerkriegs und deren Vernachlässigung in der Geschichtswissenschaft verantwortlich ist.

15 Ein aufschlussreicher Augenzeugenbericht dieser Zeit ist Franz Borkenaus *The Spanish Cockpit* (Neudruck Ann Arbor: University of Michigan Press 1963).

16 Zahlen aus Guérin, *L'Anarchisme*, S. 154.

17 Eine brauchbare Darstellung dieses Zeitabschnitts gibt Felix Morrow: *Revolution and Counter-Revolution in Spain* [1938]. Neudruck London: New Park Publications 1963.

18 Zitiert von Camillo Berneri in seinem *Lettre ouverte à la camarade Frederica [sic] Montseny*, in: *Guerre de classes en Espagne* (Paris 1946), eine Sammlung von Einträgen, die aus seinem Tagebuch *Guerra di Classe* ins Französische übertragen wurden. Berneri war der bedeutendste anarchistische Intellektuelle in Spanien. Er lehnte die Politik der Regierungsbeteiligung ab und sprach sich für eine andere, für den Anarchismus charakteristischere Strategie aus, auf die ich weiter unten zurückkommen werde. Seine eigene Einstellung gegenüber dem Regierungseintritt wurde kurz und bündig durch einen von ihm zitierten katalanischen Arbeiter formuliert, der mit Bezug auf die Republik von 1931 erklärte: »Es ist immer noch derselbe alte Hund wie damals, nur hat er ein neues Halsband um«. Die Ereignisse sollten die Richtigkeit dieser Deutung beweisen.
Berneri war ein führender Vertreter des italienischen Anarchismus. Er verließ Italien nach Mussolinis Machtergreifung und kam am 19 Juli 1936 nach Barcelona. Dem anarchistischen Historiker Rudolf Rocker zufolge (*The Tragedy of Spain*. New York: Freie Arbeiter Stimme 1937, S. 44) gründete er die ersten italienischen Einheiten für den antifaschistischen Krieg. Er wurde zusammen mit seinem älteren Genossen Barbieri während der Mai-Tage von 1937 ermordet. (Nach seiner Verhaftung durch die von Kommunisten beherrschte Polizei am 5. Mai wurde er in der folgenden Nacht erschossen.) Hugh Thomas legt in *The Spanish Civil War*, S. 428 nahe, dass das Attentat statt von der Polizei »vielleicht von italienischen Kommunisten« begangen worden sein könnte. Thomas' Buch, das sich großenteils der militärischen Geschichte widmet, erwähnt die Ermordung Berneris, enthält aber keinen Hinweis auf seine Ideen und seine Rolle.
In Jacksons Geschichtsdarstellung taucht Berneris Name nicht auf.

19 Burnett Bolloten: *The Grand Camouflage. The Communist Conspiracy in the Spanish Civil War*. New York: Frederick A. Praeger, Inc. 1961, S. 86. Dieses Buch

eines UP-Korrespondenten in Spanien zur Zeit des Bürgerkriegs enthält eine große Menge an wichtigem dokumentarischem Belegmaterial, das für die hier gestellten Fragen relevant ist. Die Haltung der wohlhabenden Bauern dieses Gebiets, die meisten von ihnen ehemalige Anhänger rechtsgerichteter Organisationen, die nun verschwunden waren, ist vom Generalsekretär der Bauernföderation, Julio Mateu, gut beschrieben worden: »Die Sympathie für uns [d.h. die kommunistische Partei] im ländlichen Raum um Valencia ist dergestalt, dass Hunderte und Tausende von Bauern in unsere Partei eintreten würden, wenn wir es ihnen erlaubten. Diese Bauern ... lieben unsere Partei wie etwas Heiliges ... sie [sagen] ›Die kommunistische Partei ist unsere Partei.‹ Genossen, welche Emotionen diese Bauern zeigen, wenn sie diese Worte äußern« (zitiert nach ebd., S. 86). Über die Hintergründe, die zur Niederschrift dieses äußerst wichtigen Buches führten, gibt es einige interessante Vermutungen bei H. R. Southworth: *Le mythe de la croisade de Franco*. Paris: Ruedo Ibérico 1964 (spanische Ausgabe, selber Verlag 1963).
Das kommunistische Hauptquartier in Valencia hatte zwei Plakate an der Wand: »Achte das Eigentum des kleinen Bauern« und »Achte das Eigentum des kleinen Unternehmers« (Borkenau, *The Spanish Cockpit*, S. 117). In Wirklichkeit suchte auch der reiche Bauer, der laut Borkenaus Beschreibung den äußersten rechten Flügel der republikanischen Kräfte bildete, Schutz bei den Kommunisten. Zu Beginn des Jahres 1937 war die kommunistische Partei Borkenau zufolge »zu einem großen Maße die Partei des Militär- und Verwaltungspersonals, an zweiter Stelle die Partei des Kleinbürgertums und gewisser Gruppen von wohlhabenden Bauern, an dritter Stelle die der Angestellten und erst an vierter Stelle die der Industriearbeiter« (S. 192). Die Partei zog auch viele Polizisten und Armeeoffiziere an. Zum Beispiel waren der Polizeichef in Madrid und der Chef des Geheimdienstes Parteimitglieder. Im Allgemeinen bot die Partei, die vor der Revolution bedeutungslos gewesen war, »der städtischen und ländlichen Mittelklasse einen gewaltigen Zugriff auf Leben und Energie«, als sie sie gegen die revolutionären Kräfte verteidigte (Bolloten, *Grand Camouflage*, S. 86). Gerald Brenan beschreibt die Situation in *The Spanish Labyrinth* (1943; Neudruck Cambridge: Cambridge University Press 1960), S. 325 folgendermaßen:

> Die Partei war unfähig, die Arbeiter an sich zu ziehen, da diese an ihren Gewerkschaften festhielten. Daher wurden die Kommunisten zum Zufluchtsort aller derer, die unter den Auswüchsen der Revolution gelitten hatten oder die fürchteten, die Revolution könnte zu weit gehen. Brave katholische Orangenpflanzer in Valencia, Bauern in Katalonien, Besitzer kleiner Läden, Händler, Armeeoffiziere und Regierungsbeamte traten ihr bei. ... So fand man [in Katalonien] eine eigenartige neue Situation vor: Auf der einen Seite stand das starke, gewaltige Proletariat von Barcelona mit seinen langen revolutionären Traditionen, ihnen gegenüber, auf der anderen Seite die Angestellten, die Kleinbourgeoisie der Stadt, organisiert und bewaffnet durch die Kommunistische Partei.

In Wirklichkeit war die Situation, die Brenan beschreibt, nicht so eigenartig, wie er behauptet. Sie ist vielmehr eine natürliche Folge des bolschewistischen Elitedenkens, demzufolge die »rote Bürokratie« als konterrevolutionäre Kraft zu handeln hat, ausgenommen dann, wenn ihre gegenwärtigen oder künftigen Repräsentanten gerade versuchen, im Namen der Massen, die sie zu vertreten vorgeben, die Macht für sich selbst zu ergreifen.

20 Bolloten, *Grand Camouflage*, S. 189. Die Legalisierung bereits in Angriff genommener und vollendeter revolutionärer Aktionen ruft das Verhalten der »revolutionären Vorhut« in der Sowjetunion im Jahre 1918 in Erinnerung. Vgl. Arthur Rosenberg: *A History of Bolshevism* [1932]. Aus dem Deutschen übersetzte Neuveröffentlichung. New York: Russell and Russell, Publishers 1965, Kap. 6. Er beschreibt, wie die Enteignungen, »als das Ergebnis spontaner Aktionen vonseiten der Arbeiter gegen den Willen der Bolschewisten zustandegekommen«, Monate später von Lenin widerwillig legalisiert und danach unter die zentrale Kontrolle der Partei gestellt wurden. Siehe zur Beziehung der Bolschewiken zu den Anarchisten im postrevolutionären Russland, gedeutet aus einer proanarchistischen Perspektive, Guérin, *L'Anarchisme*, S. 96-125. Siehe auch Avrich, *Russian Anarchists*, Teil II, S. 123-254.

21 Bolloten, *Grand Camouflage*, S. 191.

22 Ebd., S. 194.

23 Für nähere Einzelheiten siehe Vernon Richards: *Lessons of the Spanish Revolution*. London: Freedom Press 1953, S. 83-88.

24 Für einen bewegenden Augenzeugenbericht siehe George Orwell, *Homage to Catalonia* (1938; Neudrucke New York: Harcourt, Brace & World 1952 und Boston: Beacon Press 1955; Zitate in diesem Buch nach der Beacon Press-Ausgabe). Dieses brillante Buch erhielt zur Zeit seiner Erstveröffentlichung wenig Aufmerksamkeit, ohne Zweifel, weil das von Orwell gezeichnete Bild in scharfem Widerspruch zum gängigen liberalen Dogma stand. Die Beachtung, die es seit seiner Neuveröffentlichung 1952 als ein Dokument des Kalten Krieges erhielt, wäre für den Autor ein schwacher Trost gewesen, vermute ich.

25 Zitiert von Rocker, *The Tragedy of Spain*, S. 28.

26 Siehe ebd. für einen kurzen Überblick. Hitler war es ein großes Ärgernis, dass diese Interessen von Franco weitgehend geschützt wurden.

27 Ebd., S. 35.

28 *Spanish Labyrinth*, S. 324f.

29 Borkenau, *Spanish Cockpit*, S. 289-292. Aufgrund der grundsätzlichen Genauigkeit von Borkenaus Bericht halte ich die Annahme von Hobsbawm (*Spanish Background*), dass die Politik der Kommunisten »als einzige den Krieg hätte gewinnen können«, für völlig verfehlt. In Wirklichkeit war die Politik der Kommunisten zum Scheitern verurteilt, weil sie auf der Annahme beruhte, dass sich die westlichen Demokratien den antifaschistischen Bestrebungen anschließen würden, wenn nur Spanien als eine de facto-Kolonie des Westens erhalten werden könnte. Sobald die Kommunistenführer erkannten, dass diese Hoffnung vergeblich war, stellten sie den Kampf ein, der in ihren Augen kein Versuch war, den Bürgerkrieg zu gewinnen, sondern nur den Interessen der russischen Außenpolitik dienen sollte. Ich stimme auch nicht mit Hobsbawms oben zitierter Deutung der anarchistischen Revolution überein, aus Gründen, die in dieser ganzen Abhandlung implizit deutlich werden.

30 *Grand Camouflage*, S. 143f.

31 Zitiert von Rosenberg, *History of Bolshevism*, S. 168f.

32 Bolloten, *Grand Camouflage*, S. 84.

33 Ebd., S. 85. Wie bereits bemerkt, zählten zu den »kleinen Bauern« auch vermögende Orangenpflanzer usw. (siehe Anm. 19).

34 Brenan, *Spanish Labyrinth*, S. 321.

35 Brief von Companys an Prieto, 1939. Obgleich Companys, als Katalane mit separatistischen Neigungen, naturgemäß dazu neigte, katalanische Errungenschaften zu verteidigen, war er sicherlich kein Anhänger der Kollektivierung, trotz seiner kooperativen Einstellung zu der Zeit, als ihm die Anarchisten, mit der wirklichen Macht in ihren Händen, erlaubten, nominell die Herrschaft zu behalten. Mir ist kein Versuch bekannt, der die Richtigkeit seiner Einschätzung anzweifelte. Morrow, *Revolution and Counter-Revolution in Spain*, S. 77 zitiert den katalanischen Ministerpräsidenten, den Unternehmer Juan Tarradellas, der die Verwaltung der kollektivierten Kriegsindustrie gegen eine kommunistische (PSUC-)Attacke verteidigte, die er als »vollkommen willkürliche Unwahrheit« bezeichnete. Es gibt viele andere Berichte von nicht-anarchistischen Beobachtern, die sich aus erster Hand zur Arbeitsweise der kollektivierten Industrie äußern und Companys tendenziell bestätigen. Zum Beispiel wird der schweizerische Sozialist Andres Oltmares von Rocker, *The Tragedy of Spain*, S. 24 mit den Worten zitiert, dass die katalanischen Arbeitersyndikate »in sieben Wochen ebensoviel geleistet haben wie Frankreich in vierzehn Monaten nach Ausbruch des Weltkrieges.« Er fährt fort mit der Bemerkung:

> Inmitten des Bürgerkrieges haben die Anarchisten sich als politische Organisatoren ersten Ranges erwiesen. Sie entzündeten in jedem das notwendige Verantwortlichkeitsgefühl und verstanden es, durch beredsame Aufrufe den Opfermut für das allgemeine Wohl im Volke wachzuhalten.
>
> Mit innerer Freude und aufrichtiger Bewunderung spreche ich hier als Sozialdemokrat über meine Erfahrungen in Catalonien. Der antikapitalistische Umschwung ging hier vor sich, ohne daß man zu der Diktatur seine Zuflucht genommen hat. Die Mitglieder der Syndikate sind ihre eigenen Meister und regulieren die Produktion und die Verteilung der Arbeitsprodukte unter ihrer eigenen Verwaltung und mit der Beratung erfahrener Techniker, zu denen sie Vertrauen haben. Die Begeisterung der Arbeiter ist so groß, daß sie jeden persönlichen Vorteil verschmähen und ausschließlich für das Wohl aller Sorge tragen.

Selbst Borkenau kommt recht widerwillig zu dem Schluss, dass die Industrie, soweit er sehen könne, ziemlich gut funktioniere. Dieser Gegenstand verdient eine ernsthafte Untersuchung.

36 Zitiert nach Richards, *Lessons of the Spanish Revolution*, S. 46f.

37 Ebd. Richards vermutet, dass die Weigerung der Zentralregierung, die Aragón-

Front zu unterstützen, teilweise durch die allgemeine Politik der Konterrevolution motiviert gewesen sein mag. »Diese Front, im Wesentlichen bemannt mit Mitgliedern der C.N.T.-F.A.I., war aus Sicht der Anarchisten von großer strategischer Bedeutung, da ihr Endziel in der Verbindung von Katalonien mit dem Baskenland und Asturien bestand, d.h. der Verbindung einer Industrieregion [Katalonien] mit einer wichtigen Rohstoffquelle«. Auch hier wäre es interessant, eine genaue Untersuchung dieses Themas vorzunehmen.
Dass die Kommunisten der Aragón-Front Waffen vorenthielten, scheint ohne jede Frage festzustehen, und es lässt sich kaum bezweifeln, dass die Motive politischer Natur waren. Siehe zum Beispiel D. T. Cattell: *Communism and the Spanish Civil War* [1955]. Neudruck New York: Russell and Russel, Publishers 1965, S. 110. Cattell, der im Allgemeinen jede Verrenkung unternimmt, um das Verhalten der Zentralregierung zu rechtfertigen, kommt zu dem Schluss, dass in diesem Fall kein Zweifel besteht, dass die Verweigerung von Unterstützung politisch motiviert war. Brenan nimmt denselben Standpunkt ein, wenn er behauptet, dass die Kommunisten »aus Haß gegen die Anarchisten die Waffen von der Aragón-Front« fernhielten. Die Kommunisten griffen auf einige höchst groteske Verleumdungen zurück, um den Waffenmangel an der Aragón-Front zu erklären: Der *Daily Worker* zum Beispiel schrieb die Waffenknappheit dem Umstand zu, dass der »trotzkistische General Kopp ... riesige Vorräte an Waffen und Munition über das Niemandsland zu den Faschisten gekarrt« hätte (zitiert von Morrow, *Revolution and Counter-Revolution in Spain*, S. 145). Wie Morrow betont, ist George Kopp als Ziel solcher Anschuldigungen eine besonders schlechte Wahl. Seine Leistungen sind zum Beispiel durch den Bericht Orwells, der unter seinem Kommando diente, gut bekannt (siehe Orwell, *Homage to Catalonia*, S. 209f.). Orwell konnte aus unmittelbarer Anschauung auch viele der anderen Absurditäten widerlegen, die in der liberalen Presse über die Aragón-Front erschienen, zum Beispiel die Behauptung von Ralph Bates in der *New Republic*, die Truppen der POUM »spielten mit den Faschisten im Niemandsland Fußball«. Wie Orwell bemerkt, »erlitten die POUM-Truppen zu dieser Zeit schwere Verluste, und eine Anzahl meiner Freunde wurde getötet oder verwundet«.

38 Zitiert nach *Living Marxism*, S. 172.

39 Bolloten, *Grand Camouflage*, S. 49 äußert sich über die Kollektivierung der Milchwirtschaft in Barcelona wie folgt: »Die Anarchosyndikalisten legten über vierzig Pasteurisierungsanlagen als unhygienisch still, pasteurisierten die Milch in den verbliebenen neun und gingen daran, alle Händler durch Gründung ihrer eigenen Molkereien zu verdrängen. Viele der Einzelhändler traten in die Kollektive ein, aber manche weigerten sich, dies zu tun: ›Sie forderten einen viel höheren Lohn als den, der den Arbeitern bezahlt wurde, ... mit der Behauptung, dass sie mit dem, den man ihnen zuteilte, nicht auskämen‹ [*Tierra y Libertad*, 21. August 1937 - die Zeitung der FAI, der anarchistischen Aktivisten]«. Seine Informationen stammen hauptsächlich aus anarchistischen Quellen, die er sehr viel ausgiebiger benutzt als jeder andere Historiker, mit Ausnahme von Peirats.

40 Morrow, *Revolution and Counter-Revolution in Spain*, S. 136. Er bietet keinerlei Bewertung dieser Quellen, die - wie alle anderen - kritisch benutzt werden müssen.

41 Borkenau, *The Spanish Cockpit*, S. 182.

42 Ebd., S. 183.

43 Ebd., S. 184. Es ist Borkenau zufolge »zweifelhaft, ob Comorera diese Knappheit persönlich zu verantworten hatte; sie wäre möglicherweise mit dem Verbrauch der Ernte in jedem Fall eingetreten«. Diese Vermutung mag zutreffen oder nicht. Wie Borkenau können wir nur Vermutungen darüber anstellen, ob die Dorf- und Arbeiterkomitees Barcelona weiter hätten versorgen können, mit zentralistischer Verwaltung oder ohne, wenn es die Politik des »abstrakten Liberalismus« nicht gegeben hätte, die ein fester Bestandteil der allgemeinen, von den Kommunisten geleiteten Versuche war, die revolutionären Organisationen und Strukturen zu zerstören, die in der Revolutionszeit aufgebaut wurden.

44 Orwell, *Homage to Catalonia*, S. 109ff. Orwells Beschreibung von Barcelona im Dezember (S. 4f.), als er zum ersten Mal dort eintraf, verdient ein ausführlicheres Zitat:

> Zum ersten Mal war ich in einer Stadt, in der die arbeitende Klasse im Sattel saß. Die Arbeiter hatten sich praktisch jedes größeren Gebäudes bemächtigt und es mit roten Fahnen oder der rot und schwarzen Fahne der Anarchisten behängt. Auf jede Wand hatte man Hammer und Sichel oder die Anfangsbuchstaben der Revolutionsparteien gekritzelt. Fast jede Kirche hatte man ausgeräumt und ihre Bilder verbrannt. Hier und dort zerstörten Arbeitstrupps systematisch die Kirchen. Jeder Laden und jedes Café trugen eine Inschrift, daß sie kollektiviert worden seien. Man hatte sogar die Schuhputzer kollektiviert und ihre Kästen rot und schwarz gestrichen. Kellner und Ladenaufseher schauten jedem aufrecht ins Gesicht und behandelten ihn als ebenbürtig. Unterwürfige, ja auch förmliche Redewendungen waren vorübergehend verschwunden. Niemand sagte »Señor« oder »Don« oder sogar »Usted«. Man sprach einander mit »Kamerad« und »du« an und sagte »Salud!« und »Buenos días«. Trinkgelder waren schon seit Primo de Riveras Zeiten verboten. Eins meiner aller ersten Erlebnisse war eine Strafpredigt, die mir ein Hotelmanager hielt, als ich versuchte, dem Liftboy ein Trinkgeld zu geben. Private Autos gab es nicht mehr, sie waren alle requiriert worden. Sämtliche Straßenbahnen, Taxis und die meisten anderen Transportmittel hatte man rot und schwarz angestrichen. Überall leuchteten revolutionäre Plakate in hellem Rot und Blau von den Wänden, so daß die vereinzelt übriggebliebenen Reklamen daneben wie Lehmkleckse aussahen. Auf der Rambla, der breiten Hauptstraße der Stadt, in der große Menschenmengen ständig auf und ab strömten, röhrten tagsüber und bis spät in die Nacht Lautsprecher revolutionäre Lieder. Das Seltsamste von allem aber war das Aussehen der Menge. Nach dem äußeren Bild zu urteilen, hatten die wohlhabenden Klassen in dieser Stadt praktisch aufgehört zu existieren. Außer wenigen Frauen und Ausländern gab es überhaupt keine »gutangezogenen« Leute. Praktisch trug jeder grobe Arbeiterkleidung, blaue Overalls oder irgendein der Milizuniform ähnliches Kleidungsstück. All das war seltsam und rührend. Es gab vieles, was ich nicht verstand. In gewisser Hinsicht gefiel es mir sogar nicht. Aber ich erkannte sofort die Situation, für die zu kämpfen sich

> lohnte. Außerdem glaubte ich, daß wirklich alles so sei, wie es aussah, daß dies tatsächlich ein Arbeiterstaat wäre und daß die ganze Bourgeoisie entweder geflohen, getötet worden oder freiwillig auf die Seite der Arbeiter übergetreten sei. Ich erkannte nicht, daß sich viele wohlhabende Bürger einfach still verhielten und vorübergehend als Proletarier verkleideten...

...und auf den glücklichen Tag warteten, an dem die kommunistische Macht die alte Gesellschaftsordnung wiedereinführen und das Engagement des Volkes im Krieg zerstören würde.

Im Dezember 1936 jedoch war die Lage noch immer wie in den folgenden Ausführungen beschrieben (S. 6):

> Doch soweit man es beurteilen konnte, waren die Leute zufrieden und hoffnungsvoll. Es gab keine Arbeitslosigkeit, und die Lebenskosten waren immer noch äußerst niedrig. Auffallend mittellose Leute sah man nur selten und Bettler außer den Zigeunern nie. Vor allen Dingen aber glaubte man an die Revolution und die Zukunft. Man hatte das Gefühl, plötzlich in einer Ära der Gleichheit und Freiheit aufgetaucht zu sein. Menschliche Wesen versuchten, sich wie menschliche Wesen zu benehmen und nicht wie ein Rädchen in der kapitalistischen Maschine. In den Friseurläden hingen Anschläge der Anarchisten (die Friseure waren meistens Anarchisten), in denen ernsthaft erklärt wurde, die Friseure seien nun keine Sklaven mehr. Farbige Plakate in den Straßen forderten die Prostituierten auf, sich von der Prostitution abzuwenden. Die Art, in der die idealistischen Spanier die abgedroschenen Phrasen der Revolution wörtlich nahmen, hatte für jeden Angehörigen der abgebrühten, höhnischen Welt der englisch sprechenden Völker etwas Rührendes. Man verkaufte damals in den Straßen für wenige Céntimos recht naive revolutionäre Balladen über die proletarische Brüderschaft oder die Bosheit Mussolinis. Ich habe öfters gesehen, wie ein des Lesens fast unkundiger Milizsoldat eine dieser Balladen kaufte, mit viel Mühe die Worte buchstabierte und sie dann, wenn er dahintergekommen war, zu der passenden Melodie sang.

Rufen wir uns die jeweiligen Zeitpunkte in Erinnerung. Orwell traf Ende September 1936 in Barcelona ein. Comoreras Verordnung zur Abschaffung der Versorgungskomitees der Arbeiter und der Brotkomitees stammt vom 7. Januar. Borkenau kehrte Mitte Januar nach Barcelona zurück, Orwell im April.

45 Siehe Bolloten, *Grand Camouflage*, S. 74, der eine Äußerung des Anarchistenvertreters Juan Peiro vom September 1936 zitiert. Wie andere Anarchisten und linke Sozialisten verurteilt Peiro in scharfer Form den Einsatz von Gewalt bei der Einführung der Kollektivierung und vertrat damit eine Position, die von den meisten Anarchisten wie auch von linken Sozialisten geäußert wurde, zum Beispiel von Ricardo Zabalza, dem Generalsekretär der Föderation der Landarbeiter, der am 8. Januar 1937 erklärte: »Ich ziehe eine kleine, motivierte Kollektive, gebildet aus einer Gruppe aktiver und ehrlicher Arbeiter, einer großen Kollektive vor, die gewaltsam eingerichtet wurde und sich aus Bauern ohne Motivation zusammensetzt, die sie solange sabotieren würden, bis sie scheitert. Freiwillige Kollektivierung mag als der längere Weg erscheinen, aber das Beispiel einer kleinen, gut geführten Kollektive wird Anziehungskraft auf die gesamte Bauernschaft ausüben, die zutiefst realistisch und praktisch gesinnt ist, während die gewaltsame Kollektivierung letztendlich zur Diskreditierung der vergesellschafteten Landwirtschaft führen würde« (zitiert von Bolloten, *Grand Camouflage*, S 59). Es besteht jedoch kein Zweifel, dass die Richtlinien der anarchistischen und linkssozialistischen Wortführer in der Praxis oft missachtet wurden.

46 Borkenau, *The Spanish Cockpit*, S. 219ff. Über diesen Offizier sagt Jackson nur, dass er »ein verlässlicher Berufsoffizier« war. Nach dem Fall von Málaga wurde Oberstleutnant Villalba des Verrats angeklagt, weil er das Hauptquartier verlassen und seine Truppen im Stich gelassen habe. Broué und Témime bemerken hierzu, dass es schwierig festzustellen ist, ob diese Anklage gerechtfertigt war.

47 Jesús Hernández und Juan Comorera: *Spain Organises for Victory. The Policy of the Communist Party of Spain Explained*. London: Communist Party of Great Britain o.J., zitiert von Richards, *Lessons of the Spanish Revolution*, S. 99f. Es gab keine Vorwürfe, der Telefondienst sei eingeschränkt gewesen, sondern nur, dass die revolutionären Arbeiter »eine genaue Kontrolle über die zwischen den Politikern stattfindenden Gespräche« erhalten konnten. Wie Richards weiter bemerkt, »ist es natürlich etwas ganz anderes, wenn das ›indiskrete Ohr‹ der O.G.P.U. gehört«.

48 Broué und Témime, *La Révolution et la guerre d'Espagne*, S. 266.

49 Jackson, *Spanish Republic and the Civil War*, S. 370. Thomas vermutet, dass Sesé vielleicht aus Versehen getötet wurde (*The Spanish Civil War*, S. 428).

50 Der anarchistische Bürgermeister der Grenzstadt Puigcerdá war im April ermordet worden, nachdem Negríns Carabineros die Grenzstationen besetzt hatten. Am selben Tag wurde ein prominentes UGT-Mitglied, Roldán Cortado, in Barcelona umgebracht, man vermutet, von CNT-Kämpfern. Diese Vermutung wird von Peirats (*Los anarquistas*, siehe Anm. 12) bestritten, der mit Verweis auf einige Anhaltspunkte behauptet, dass der Mord eine Provokation der Stalinisten gewesen sein könnte. Als Vergeltungsmaßnahme wurde ein Mann der CNT getötet. Orwell, dessen Augenzeugenbericht über die Mai-Tage unvergesslich ist, weist darauf hin, dass man »die Haltung der ausländischen, kapitalistischen Presse im kommunistisch-anarchistischen Bruderkampf daran ermessen [kann], wie über die Ermordung Roldáns groß berichtet wurde, während der andere Mord sorgfältig verschwiegen wurde« (*Homage to Catalonia*, S. 119). In ähnlicher Weise kann man Jacksons Haltung in diesem Kampf daran ermessen, dass er Sesés Ermordung als kritisches Ereignis anführt, während der Mord an Berneri unerwähnt bleibt (vgl. Anm. 18 und 49). An anderer Stelle merkt Orwell an: »Besonders in der englischen Presse müßte man lange suchen, ehe man zu irgendeiner Zeit des Krieges einen zustimmenden Hinweis auf die spanischen Anarchisten fände. Sie wurden systematisch angeschwärzt, und es ist fast unmöglich, wie ich aus meiner eigenen Erfahrung weiß, daß man irgend jemand findet, der etwas zu ihrer Verteidigung druckt« (S. 159). Seither hat sich wenig geändert.

51 Orwell, *Homage to Catalonia*, S. 153f. zufolge hatten sich ein »britischer Kreuzer und zwei britische Zerstörer ... vor den Hafen gelegt, und ohne Zweifel waren andere Kriegsschiffe nicht weit entfernt. Die englischen Zeitungen meldeten, diese

Schiffe seien nach Barcelona gekommen, um ›britische Interessen zu schützen‹. In Wirklichkeit aber unternahmen sie nichts für diesen Zweck, das heißt, sie landeten keine Soldaten und nahmen keine Flüchtlinge auf. Es ist nicht sicher, aber mindestens sehr gut möglich, daß die britische Regierung, die keinen Finger gerührt hatte, um die spanische Regierung vor Franco zu retten, sehr schnell eingegriffen haben würde, um sie vor ihrer eigenen Arbeiterklasse zu retten«. Diese Annahme mag die linke Führung durchaus dahingehend beeinflusst haben, die Arbeiter daran zu hindern, kurzerhand die Kontrolle über die ganze Stadt zu übernehmen, was sie im Anfangsstadium der Mai-Tage offensichtlich leicht hätten tun können.
Hugh Thomas merkt an (*The Spanish Civil War*, S. 428), dass Orwells »Befürchtung« in dieser Angelegenheit »ohne jeden Grund« gewesen sei. Im Lichte des britischen Verhaltens im Bezug auf Spanien scheint mir Thomas in dieser Hinsicht verglichen mit Orwell schlicht unrealistisch zu sein.

52 Orwell, *Homage to Catalonia*, S. 143f.

53 *Controversy*, August 1937, zitiert von Morrow, *Revolution and Counter-Revolution in Spain*, S. 173. Die Vorhersage war falsch, doch nicht unangemessen. Wenn die Westmächte und die Sowjetunion gewollt hätten, wäre ein Kompromiss möglich gewesen, wie es scheint, und Spanien wären die schrecklichen Folgen eines Franco-Sieges erspart geblieben. Siehe Brenan, *Spanish Labyrinth*, S. 331. Er führt das britische Versäumnis, eine Waffenruhe und mögliche Aussöhnung zu unterstützen, auf die Tatsache zurück, dass Chamberlain »in einem möglichen Sieg der Italiener und Deutschen nichts Beunruhigendes« sah. Es wäre interessant, die Haltung Winston Churchills vollständiger zu erforschen. Im April 1937 erklärte er, dass ein Sieg Francos den britischen Interessen nicht schaden würde. Gefahr bestünde eher im Falle eines »Erfolgs der anarchistischen und trotzkistischen Kräfte« (zitiert von Broué und Témime, *La Révolution et la guerre d'Espagne*, S. 172). Von einigem Interesse in diesem Zusammenhang ist die kürzliche Entdeckung eines unveröffentlichten Churchill-Essays, geschrieben im März 1939 – sechs Monate nach München –, in dem er äußert, dass England »einen aufrichtigen Hitler des Friedens und der Toleranz begrüßen und unterstützen würde« (*New York Times*, 12. Dezember 1965).

54 In Hugh Thomas, *The Spanish Civil War* fand ich keinerlei Erwähnung. Die Darstellung hier ist großenteils Broué und Témime, *La Révolution et la guerre d'Espagne*, S. 279f. entnommen.

55 *Spanish Republic and the Civil War*, S. 405. Eine Fußnote äußert sich über die »Milde« der Regierung gegenüber den Verhafteten. Zu den Anschuldigungen gegen Ascaso und anderen oder der Art, wie die alte Ordnung in Aragón wiederhergestellt wurde, hat Jackson nichts zu sagen.
Um diese Ereignisse umfassender einschätzen zu können, sollte man bedenken, welche Besorgnis für die Bürgerrechte Negrín im Vergleich dazu an der zweiten, antifaschistischen Front zeigte. In einem Interview nach dem Krieg erklärte er John Whitaker (*We Cannot Escape History*. New York: Macmillan Publishing Co. 1943, S. 116ff.), warum seine Regierung selbst im Falle von Personen, die als faschistische Agenten bekannt waren, so erfolglos dabei war, mit der Fünften Kolonne fertig zu

werden, Negrín erklärte, »wir konnten einen Mann nicht auf Verdacht festnehmen, wir konnten mit den Regeln der Beweislast nicht brechen. Man kann nicht riskieren, einen unschuldigen Mann zu verhaften, nur weil einem das eigene Gefühl sicher sagt, dass er schuldig ist. Man führt einen Krieg, ja, aber man lebt auch mit seinem Gewissen«. Offensichtlich existierten diese Skrupel nicht, wenn es um die Rechte anarchistischer und sozialistischer Arbeiter statt faschistischer Agenten ging.

56 Vgl. Broué und Témime, *La Révolution et la guerre d'Espagne*, S. 262. Ironischerweise enthielten die Streitkräfte der Regierung auch einige anarchistische Truppenkontingente, die einzigen, die Barcelona betraten.

57 Siehe Bolloten, *Grand Camouflage*, S. 55, Anm. 1, für umfangreiche Quellenangaben.

58 Broué und Témime zitieren die Sozialisten Alardo Prats, Fenner Brockway und Carlo Rosselli. Borkenau hingegen vermutet, dass der Terror bei der Kollektivierung eine große Rolle spielte. Er bringt recht wenig, um dieses Befinden zu untermauern, doch sind in anarchistischen Quellen einige Belege vorhanden. Siehe Anm. 45 oben. Einige allgemeine Bemerkungen über die Kollektivierung von Rosselli und Brockway werden von Rudolf Rocker in seinem Essay *Anarchism and Anarchosyndicalism*, in: Paul Eltzbacher (Hg.): *Anarchism*. London: Freedom Press 1960, S. 266, Anm. 1 zitiert:

> Rosselli: Innerhalb von drei Monaten konnte Katalonien auf den Ruinen eines überkommenen Systems eine neue Gesellschaftsordnung errichten. Dies ist hauptsächlich den Anarchisten zu verdanken, die einen bemerkenswerten Sinn für die Verhältnisse, realistisches Verständnis und Organisationsfähigkeit an den Tag gelegt haben. ... All die revolutionären Kräfte Kataloniens haben sich unter einem Programm syndikalistisch-sozialistischen Charakters vereinigt ... Der bis dato so verachtete Anarchosyndikalismus hat sich als eine große konstruktive Kraft gezeigt. Ich bin kein Anarchist, aber ich halte es für meine Pflicht, hier meine Meinung über die Anarchisten Kataloniens zu äußern, die allzu oft als ein destruktives, wenn nicht kriminelles Element dargestellt worden sind.
> Brockway: Ich war von der Stärke der C.N.T. beeindruckt. Es war nicht notwendig, mir zu sagen, dass sie die größte und wichtigste aller Organisationen der Arbeiterklasse in Spanien ist. Das war überall offensichtlich. Die großen Industrien waren eindeutig im Großen und Ganzen in den Händen der C.N.T. - Eisenbahnen, Straßentransport, Schifffahrt, Maschinenbau, Textilien, Elektrizität, Bauwesen, Landwirtschaft. ... Ihre Errungenschaften im Bereich der Arbeiterkontrolle in der Industrie inspirieren. ... Ich war immens beeindruckt von der konstruktiven revolutionären Arbeit, die die C.N.T. gerade leistet. Es gibt immer noch einige Briten und Amerikaner, die die Anarchisten Spaniens als unmögliche, disziplinlose Menschen ansehen, die unkontrollierbar sind. Dies ist von der Wahrheit meilenweit entfernt. Die Anarchisten Spaniens leisten momentan eine der größten Aufbauarbeiten, die die Arbeiterklasse jemals unternommen hat. An der Front kämpfen sie gegen den Faschismus. Hinter der Front bauen sie recht eigentlich die neue Arbeitergesellschaft auf. Sie haben erkannt, dass der Krieg gegen Franco und die Durchführung der sozialen Revolution nicht zu

trennen sind. Diejenigen, die sie gesehen und verstanden haben, was sie tun, müssen sie verehren und ihnen dankbar sein. ... Das ist sicherlich das Größte, was bislang von Arbeitern in irgendeinem Teil der Welt geleistet wurde.

59 Zitiert von Richards, *Lessons of the Spanish Revolution*, S. 76-81.

60 Siehe Hugh Thomas, *Anarchist Agrarian Collectives in the Spanish Civil War* (Anm. 13), der lange, anschauliche Zitate bietet. Er führt Zahlen an, die zeigen, dass die landwirtschaftliche Produktion in Aragón und Kastilien, wo eine umfangreiche Kollektivierung stattfand, anstieg und in Katalonien und der Levante, wo die Landwirtschaftsbesitzer die dominierenden Elemente waren, zurückging.
Thomas hat meines Wissens als einziger professioneller Historiker den Versuch unternommen, die Daten über die landwirtschaftliche Kollektivierung systematisch auszuwerten. Er kommt zu dem Schluss, dass die Kollektive wahrscheinlich »ein beträchtlicher gesellschaftlicher Erfolg« waren und einen starken Rückhalt in der Bevölkerung gehabt haben müssen, aber hinsichtlich ihrer wirtschaftlichen Lebensfähigkeit ist er skeptischer. Seine Vermutung, dass der »kommunistische Druck auf die Kollektive ihnen den nötigen Überlebenstrieb verliehen haben mag«, scheint völlig ungerechtfertigt zu sein, ebenso wie die Vermutung, dass »die schiere Existenz des Krieges ... für einen Teil des Erfolges, den die Kollektive hatten, verantwortlich gewesen sein mag«. Ihm Gegenteil legen ihr Erfolg und spontanes Entstehen überall im republikanischen Spanien nahe, dass sie tiefempfundenen Bedürfnissen der Bevölkerung entsprachen, und sowohl der Krieg als auch der kommunistische Druck scheinen große Störfaktoren gewesen zu sein – und letztendlich natürlich tödliche Faktoren.
Andere zweifelhafte Schlussfolgerungen lauten, dass »die anarchistischen Kollektive hinsichtlich der Umverteilung von Reichtum kaum eine Verbesserung gegenüber dem Kapitalismus darstellten«, da »kein effektiver Weg gefunden wurde, den Konsum in reicheren Kollektiven zu beschränken, um den ärmeren zu helfen«, und dass es keine Möglichkeit gab, Planungen im großen Maßstab zu entwickeln. Bolloten, *Grand Camouflage*, S. 176-179, betont dagegen: »Um die Mängel der Kollektivierung zu beheben und Diskrepanzen im Lebensstandard von Arbeitern in florierenden und verarmten Betrieben auszubügeln, befürworteten die Anarchosyndikalisten, obwohl in ihrem tiefsten Innern Gegner von Verstaatlichungen, die Zentralisierung – oder, wie sie es nannten, die Vergesellschaftung – ganzer Produktionszweige unter der Kontrolle der Gewerkschaften«. Er nennt zahlreiche Beispiele von partiellen Vergesellschaftungen, die einigen Erfolg hatten, wobei er als hauptsächliche Schwierigkeit, die noch größeren Fortschritt verhinderte, das Bestehen der kommunistischen Partei und der UGT-Führung – doch anscheinend nicht aller Mitglieder der UGT-Basis – auf Staatseigentum und Kontrolle durch die Regierung anführt. Laut Richards, *Lessons of the Spanish Revolution*, S. 82 wurde »im Juni 1937 ... eine nationale Vollversammlung der regionalen Bauernföderationen in Valencia abgehalten, um die Gründung einer Nationalen Bauernföderation zur Koordinierung und Ausweitung der Kollektivierungsbewegung zu erörtern und des Weiteren eine gerechte Verteilung der landwirtschaftlichen Erzeugnisse nicht nur zwischen den Kollektiven, sondern für das ganze Land sicherzustellen. Wiederum

in Kastilien fand im Oktober 1937 ein Zusammenschluss der hunderttausend Mitglieder der regionalen Bauernföderation und der dreizehntausend Mitglieder in der Lebensmittelwirtschaft statt. Dies stellte einen logischen Schritt zur Sicherstellung einer besseren Zusammenarbeit dar und wurde auf dem Nationalen Kongress der Kollektive im November 1937 für ganz Spanien gebilligt«. Es wurden noch weitere Pläne für die regionale und nationale Koordination in Erwägung gezogen – siehe zum Beispiel D. A. de Santillan: *After the Revolution*. New York: Greenberg Publisher, Inc. 1937 für einige der Konzepte.
Thomas glaubt, dass die Kollektive nicht mehr als »ein paar Jahre, bis zur Überwindung des schlimmsten Elends« hätten überleben können. Ich kann in seinen Daten nichts erkennen, das diese Schlussfolgerung unterstützen würde. Die Erfahrung in Palästina bzw. Israel hat gezeigt, dass Kollektive über einen langen Zeitraum hinweg sowohl ein wirtschaftlicher als auch gesellschaftlicher Erfolg sein können. Der Erfolg der spanischen Kollektivierung unter den Bedingungen des Krieges scheint erstaunlich. Man kann selbstverständlich nicht sicher sein, ob diese Erfolge hätten gesichert und ausgeweitet werden können, wenn es die vereinten Angriffe von Faschisten, Kommunisten und Liberalen nicht gegeben hätte, aber für die nahezu universelle Skepsis kann ich keine objektive Grundlage entdecken. Dies scheint mir wiederum lediglich ein Fall von irrationalen Vorurteilen zu sein.

61 Das Folgende ist eine kurze Schilderung des anarchistischen Autors Gaston Leval: *Né Franco, né Stalin. La collettività anarchiche spagnole nella lotta contro Franco e la reazione staliniana*. Mailand: Isituti Editoriale Italiano 1952, S. 303f.; auszugweise wiederabgedruckt in: *Collectivités anarchistes en Espagne révolutionnaire*. Noir et rouge, o.J.

> In der Mitte des Monats Juni begann der Angriff in Aragón in großem Maßstab und mit bisher ungekannten Methoden. Die Erntezeit nahte. Mit Gewehren in den Händen hielten unter kommunistischem Befehl stehende Wachmänner des Finanzministeriums mit Lebensmitteln beladene Lastwagen auf den Straßen an und führten sie zu ihren Dienststellen. Ein wenig später strömten dieselben Wachmänner in die Kollektive und konfiszierten große Mengen Weizen im Auftrag des Generalstabs mit Hauptquartier in Barbastro. ... Später begannen offene Angriffe unter dem Kommando Lísters mit Truppen, die im August von der mehr als fünfzig Kilometer entfernten Front bei Belchite abgezogen wurden. ... Das Endergebnis war, dass dreißig Prozent der Kollektive vollständig zerstört wurden. In Alcolea wurde der Gemeinderat, der die Kollektive leitete, verhaftet; die Menschen, die im Altersheim lebten, ... wurden auf die Straße gesetzt. In Mas de las Matas, in Monzon, in Barbastro, allerorts gab es Verhaftungen. Überall fanden Plünderungen statt. Die Läden der Kooperativen und ihre Getreidevorräte wurden geplündert, die Inneneinrichtungen wurden zerstört. Der Gouverneur von Aragón, der nach der Auflösung des Aragón-Rates – die das Signal für den bewaffneten Angriff auf die Kollektive gewesen zu sein scheint – von der Zentralregierung ernannt wurde, protestierte. Man sagte ihm, er solle sich zum Teufel scheren.
> Am 22. Oktober, auf dem Nationalkongress der Bauern, legte die Delegation des Regionalkomitees von Aragón einen Bericht vor, dessen Zusammenfassung

wie folgt lautet:
»Mehr als sechshundert Organisatoren von Kollektiven sind verhaftet worden. Die Regierung hat Leitungskomitees ernannt, die die Warenlager beschlagnahmten und deren Bestände aufs Geratewohl verteilten. Land, Zugtiere und Werkzeuge wurden an einzelne Familien ausgegeben oder an die Faschisten, die von der Revolution verschont worden waren. Die Ernte wurde auf die gleiche Weise verteilt. Die in den Kollektiven gezüchteten Tiere teilten das gleiche Schicksal. Eine große Zahl kollektivierter Schweinezuchtbetriebe, Stallungen und Molkereien wurden zerstört. In bestimmten Kommunen, wie zum Beispiel Bordon und Calaceite, konfiszierte man sogar das Saatgut und die Bauern sind nun nicht in der Lage, das Land zu bewirtschaften.«
Die Schätzung, dass dreißig Prozent der Kollektive zerstört wurden, stimmt mit Zahlen überein, die von Peirats, Los anarquistas, S. 390 mitgeteilt werden. Er weist darauf hin, dass am Kongress der Kollektive Aragóns im September 1937 (»abgehalten im Schatten der Bajonette der 11. Division« Lísters) nur zweihundert Delegierte teilnahmen, verglichen mit den fünfhundert Delegierten auf dem Kongress des vorangegangenen Februars. Peirats stellt fest, dass eine Armeedivision katalanischer Separatisten und eine weitere Division während dieser Operation Teile Aragóns besetzten, während drei anarchistische Divisionen an der Front blieben, auf Befehl der CNT-FAI-Führung. Man vergleiche damit Jacksons Erklärung der Besetzung Aragóns: »Man wusste von den Bauern, dass sie den *Consejo* hassten, *die Anarchisten waren während der Kämpfe in Barcelona von der Front desertiert* und schon allein die Existenz des *Consejo* war eine beständige Herausforderung der Autorität der Zentralregierung« (Hervorhebung von mir).

62 In Bezug auf Bollotens Arbeit hat Jackson folgendes zu sagen: »Dieses ganze Kapitel hindurch habe ich mich in erheblichem Maße auf diese sorgfältig dokumentierte Untersuchung der kommunistischen Partei in den Jahren 1936-37 gestützt. Sie ist einzigartig in ihrer umfassenden Auswertung der Kriegspresse, von der Bolloten, selbst ein UP-Korrespondent in Spanien, eine große Sammlung anlegte« (S. 363, Anm.).

63 Siehe Anm. 18. Eine Reihe von Zitaten aus Berneris Schriften sind bei Broué und Témime wiedergegeben. Auch Morrow bietet mehrere Passagen aus seinem Tagebuch *Guerra di Classe*. Eine Sammlung seiner Werke wäre ein sehr wertvoller Beitrag für unser Verständnis des spanischen Bürgerkriegs und der Probleme des Revolutionskrieges im Allgemeinen.

64 Cattell, *Communism and the Spanish Civil War*, S. 208. Siehe auch die oben zitierten Äußerungen von Borkenau, Brenan und Bolloten. Jedoch betrachten weder Cattell noch Borkenau den Verfall des Kampfgeistes als einen wichtigen Faktor.

65 *La Révolution et la guerre d'Espagne*, S. 195, Anm. 7.

66 In dieser Hinsicht nahm Trotzki eine ähnliche Haltung ein. Siehe sein Buch *Lesson of Spain* (London: Workers' International Press 1937).

67 Zitiert nach Richards, *Lessons of the Spanish Revolution*, S. 23.

68 H. E. Kaminski: *Ceux de Barcelone*. Paris: Les Éditions Denoël 1937, S. 181. Dieses Buch enthält sehr interessante Beobachtungen über das anarchistische Spanien von einem skeptischen, doch wohlwollenden Augenzeugen.

69 15. Mai 1937. Zitiert von Richards, *Lessons of the Spanish Revolution*, S. 106.

70 Zitiert von Broué und Témime, *La Révolution et la guerre d'Espagne*, S. 258, Anm. 34. Die Eroberung von Saragossa war das (nie verwirklichte) Ziel der anarchistischen Miliz in Aragón.

71 Ebd., S. 175.

72 Ebd., S. 193.

73 Diese Tatsache entging den ausländischen Journalisten nicht. Morrow, *Revolution and Counter-Revolution in Spain*, S. 68 zitiert James Minifie im *New York Herald Tribune*, 28. April 1937: »Eine zuverlässige Polizeitruppe wird im Stillen, aber ganz gewiß aufgebaut. Die Regierung in Valencia entdeckte für diesen Zweck in den Carabineros ein ideales Instrument. Diese waren früher Zolloffiziere und Wachen und besaßen immer einen guten Ruf wegen ihrer Loyalität. Aus zuverlässiger Quelle wird berichtet, daß 40.000 Mann für diese Truppe rekrutiert worden sind, und daß schon 20.000 bewaffnet und ausgerüstet worden sind. … Die Anarchisten haben es schon zur Kenntnis genommen und sich über die wachsende Stärke dieser Truppe zu einer Zeit beklagt, wo es, wie wir alle wissen, wenig genug Verkehr an den Grenzen, zu Lande oder zu Wasser, gibt. Sie erkennen, daß sie gegen sie verwendet werden wird«. Man bedenke, was diese Soldaten, wie auch Lísters Division oder die von Orwell beschriebenen asaltos, zum Beispiel an der Aragón-Front hätten bewerkstelligen können. Man bedenke außerdem die Wirkung des Wissens, dass diese gut bewaffneten, hervorragend ausgebildeten Truppen die Errungenschaften ihrer Revolution zerstörten, auf die Milizsoldaten, denen die Zentralregierung Waffen vorenthielt.

74 Zitiert nach Rocker, *The Tragedy of Spain*, S. 37.

75 Siehe Bolloten, *Grand Camouflage*, S. 192, Anm. 12 für die Quellenangaben.

76 Zitiert nach Rocker, *The Tragedy of Spain*, S. 37.

77 Liston M. Oak: *Balance Sheet of the Spanish Revolution*, in: *Socialist Review* Bd. 6 (September 1937), S. 7ff., 26. Auf diese Quelle wurde ich durch William B. Watson aufmerksam gemacht. Ein schlagendes Beispiel für die von den Propagandabemühungen der 1930er-Jahre eingeleiteten Verfälschungen ist die merkwürdige Geschichte des einflussreichen Films *Spanische Erde*, der 1937 von Joris Ivens mit einem (nachträglich geschriebenen) Text von Hemingway gedreht wurde – ein Projekt, das offenbar von Dos Passos angeregt wurde. Eine sehr aufschlussreiche Darstellung dieser Materie und der Wahrnehmung des Bürgerkriegs durch Hemingway und Dos Passos geben W. B. Watson und Barton Whaley: *The Spanish Earth of Hemingway and Dos Passos*, unveröffentlicht, 1967. Der Film handelte von dem kollektivierten Dorf Fuentidueña in Valencia (übrigens ein von der UGT kollektiviertes Dorf). Für den libertären Dos Passos war die Revolution das beherrschende Thema;

Hemingway sollte jedoch vor allem der antifaschistische Krieg beschäftigen. Die Rolle von Dos Passos geriet schnell in Vergessenheit, aufgrund der Tatsache, dass (wie Watson und Whaley bemerken) »Dos Passos den Linken wegen seiner Kritik der kommunistischen Politik in Spanien mittlerweile ein Dorn im Auge war«.

78 Was den Osten angeht, behauptet Rocker, *Tragedy of Spain*, S. 25, dass »die russische Presse aus leicht begreiflichen Gründen nie ein Sterbenswörtchen über die sozialen Aufbauversuche der spanischen Arbeiter und Bauern mitteilte«. Ich kann die Richtigkeit dieser Behauptung nicht überprüfen, aber es wäre wenig erstaunlich, wenn sie zuträfe.

79 Siehe Patricia A. M. Van der Esch: *Prelude to War. The International Repercussions of the Spanish Civil War (1935-1939)*. Den Haag: Martinus Nijhoff 1951, S. 47 und Brenan, *Spanish Labyrinth*, S. 329, Anm. 1. Der konservative Charakter der baskischen Regierung war offenbar auch großenteils eine Folge des französischen Drucks. Siehe Broué und Témime, *La Révolution et la guerre d'Espagne*, S. 172, Anm. 8.

80 Siehe Dante A. Puzzo: *Spain and the Great Powers*. 1936-1941. New York: Columbia University Press 1962, S. 86ff. Dieses Buch gibt eine detaillierte und sehr einsichtige Analyse des internationalen Hintergründe des Bürgerkrieges.

81 Jules Sauerwein: *Bericht an die New York Times*, datiert vom 26. Juli. Zitiert von Puzzo, *Spain and the Great Powers*, S. 84.

82 Vgl. zum Beispiel Jackson, *Spanish Republic and the Civil War*, S. 248ff.

83 Laut einem Bericht Herschel V. Johnsons von der amerikanischen Botschaft in London, zitiert von Puzzo, *Spain and the Great Powers*, S. 100.

84 Siehe Broué und Témime, *La Révolution et la guerre d'Espagne*, S. 288f.

85 Zitiert von Thomas, *The Spanish Civil War*, S. 531, Anm. 3. Rocker, *The Tragedy of Spain*, S. 14 zitiert (ohne Quellenangabe) Churchills Vorschlag einer fünfjährigen »neutralen Diktatur«, um das Land »zu beruhigen«; danach könnten sie »vielleicht auf eine Wiederbelebung der parlamentarischen Einrichtungen zurückgreifen«.

86 Puzzo, *Spain and the Great Powers*, S. 116.

87 Ebd., S. 147. Eden spielt natürlich auf die Sowjetunion an. Siehe für eine Analyse der russischen Unterstützung der spanischen Republik Cattell, *Communism and the Spanish Civil War*, Kap. 8.

88 Vgl. Puzzo, *Spain and the Great Powers*, S. 147f.

89 Ebd. S. 212.

90 Ebd., S. 93.

91 *Spanish Republic and the Civil War*, S. 248.

92 Puzzo, *Spain and the Great Powers*, S. 151ff.

93 Ebd., S. 154f. und Anm. 27.

94 Siehe Allen Guttmann: *The Wound in the Heart. America and the Spanish Civil War.* New York: Free Press 1962, S. 137f. für einige Quellenangaben. Die erste quasioffizielle Erwähnung, die mir bekannt ist, findet sich bei Herbert Feis: *The Spanish Story.* New York: Alfred A. Knopf 1948, der in einem Appendix Datenmaterial zur Verfügung stellt. Jackson, *Spanish Republic and the Civil War,* S. 256 weist auf diese Angelegenheit hin, ohne zu erwähnen, dass Texaco eine vorausgegangene Vereinbarung mit der spanischen Republik brach. Er erklärt, dass die amerikanische Regierung in dieser Sache nichts tun konnte, da »Öl unter dem Neutralitätsgesetz nicht als Kriegsmaterial angesehen wurde«. Er zeigt jedoch nicht auf, dass Robert Cuse, die Martin Company und die mexikanische Regierung erheblichem Druck ausgesetzt wurden, Lieferungen an Spanien zurückzuhalten, obwohl auch diese durchaus legal waren. Wie schon bemerkt, wurde die Texaco Company noch nicht einmal als »unmoralisch« oder »unpatriotisch« gebrandmarkt; diese Epitheta Roosevelts blieben jenen vorbehalten, die die Republik zu unterstützen versuchten. Ein Zyniker könnte fragen, warum gerade Öl durch das Neutralitätsgesetz vom Januar 1937 ausgenommen wurde, und dabei anmerken, dass Deutschland und Italien zwar imstande waren, Waffen an Franco zu liefern, aber nicht seinen Ölbedarf decken konnten.
Die Texaco Company handelte weiter gemäß den nationalsozialistischen Sympathien ihres Chefs, Kapitän Thorkild Rieber, bis August 1940, als die Publicity für die Geschäfte bedrohlich zu werden begann. Siehe Feis, *Spanish Story,* für weitere Einzelheiten. Mehr zu diesem Thema bei Richard P. Traina: *American Diplomacy and the Spanish Civil War.* Bloomington: Indiana University Press 1968, S. 166ff.

95 Puzzo, *Spain and the Great Powers*, S. 160. Er merkt an: »Eine Regierung in Madrid, in der Sozialisten, Kommunisten und Anarchisten saßen, war durchaus eine Bedrohung für amerikanische Wirtschaftsinteressen sowohl in Spanien als auch in Lateinamerika« (S. 165). Hull befand sich übrigens hinsichtlich der Handlungsweise der spanischen Regierung im Irrtum. Die verantwortungslosen linken Elemente hatten keine Waffen erhalten, sie haben sie sich genommen und so den sofortigen Sieg Francos verhindert.

96 Siehe Jackson, *Spanish Republic and the Civil War,* S. 458.

97 Vgl. Guttmann, *Wound in the Heart*, S. 197. Der amerikanische Liberalismus war natürlich immer proloyalistisch und lehnte sowohl Franco als auch die Revolution ab. Die Haltung gegenüber Letzterer zeigt genau der folgende, von Guttmann, S. 165 vermerkte Vergleich: Im Juli 1937 »trafen sich dreihundert Menschen auf dem Union Square, um zu hören, wie Liston Oak [siehe Anm. 77] die Rolle der Stalinisten in Spanien aufdeckte; zwanzigtausend trafen sich im Madison Square Garden, um Earl Browder und Norman Thomas dabei zu unterstützen, die Erhaltung der bürgerlichen Demokratie zu feiern«.

98 Ebd., S. 198.

99 Um diese Bemerkungen über die Reaktion des Auslands abzuschließen, sollte man erwähnen, dass der Vatikan die Regierung Francos im August 1937 de facto und im Mai 1939 de jure anerkannt hat. Unmittelbar nach Francos endgültigem Sieg machte Papst Pius XII. die folgende Erklärung: »Frieden und Sieg waren Gottes Bestimmung für Spanien ..., was den Proselyten des materialistischen Atheismus unserer Zeit nun den höchsten Beweis dafür gegeben hat, dass über allen Dingen der ewige Wert der Religion und des Geistes steht.« Natürlich hat die Haltung der katholischen Kirche seitdem bedeutende Veränderungen erfahren – etwas, das sich von der amerikanischen Regierung nicht sagen lässt.

100 Siehe Anm. 14.

6

Vorwort zur »Antologija Anarhizma«

Der Text erschien ursprünglich als Vorwort zur zweibändigen, von Rudolf Rizman herausgegebenen *Antologija anahirzma. Knjizica revolucionarne teorije* (Ljubljana 1986).

Der anarchosyndikalistische Denker Rudolf Rocker beschrieb den modernen Anarchismus als das Zusammentreffen der »zwei große[n] Strömungen ..., die vor und nach der französischen Revolution einen sehr großen Ausdruck im geistigen Leben Europas gefunden haben: Sozialismus und Liberalismus«. Dementsprechend gingen die konstruktivsten Elemente des modernen Anarchismus, sowohl in der Theorie als auch in der Praxis, aus einer Kritik des liberalen Kapitalismus und aus anderen Tendenzen hervor, die sich selbst als sozialistisch beschreiben.

Die liberalen Ideale der Aufklärung konnten in der entstehenden kapitalistischen Ordnung nur auf sehr partielle und eingeschränkte Weise verwirklicht werden: »Demokratie mit ihrem Motto der ›Gleichheit aller Bürger vor dem Gesetz‹, und der Liberalismus mit seinem ›Recht des Menschen auf seine Person‹ scheiterten beide an den Realitäten der kapitalistischen Wirtschaft«, stellte Rocker zutreffend fest. Denjenigen, die gezwungen sind, sich an die Kapitalbesitzer zu verkaufen, um zu überleben, wird eines der wichtigsten Grundrechte geraubt: das Recht auf produktive, schöpferische und erfüllende Arbeit, selbstbestimmt und in Solidarität mit anderen. Und unter den ideologischen Zwängen der kapitalistischen Demokratie ist es oberstes Gebot, die Bedürfnisse jener zu befriedigen, die in der Position sind, über Investitionen zu entscheiden; wenn deren Forderungen nicht erfüllt werden, wird es keine Produktion, keine Arbeit, keine Sozialleistungen, keine Überlebensgrundlage geben. Notgedrungen stellen alle sich selbst und ihre Interessen zugunsten des vorrangigen Bedürfnisses zurück, den Interessen der Eigentümer und Führungskräfte in der Gesellschaft zu dienen, die darüber hinaus aufgrund ihrer wirtschaftlichen Möglichkeiten ohne weiteres in der Lage sind, das ideologische System (die Medien, Schulen, Universitäten und so weiter) in ihrem Interesse zu formen, die Rahmenbedingungen des politischen Geschehens, seine Parameter und Grundsatzprogramme, zu bestimmen, und bei Bedarf über die Mittel staatlicher Gewalt zu verfügen, um jeglichen Angriff auf die etablierten Mächte zu unterbinden. In den Anfängen der liberaldemokratischen Revolutionen wurde dies durch John Jay, den Präsidenten des Kontinentalkongresses und ersten Obersten Richter des Obersten Gerichtshofes der Vereinigten Staaten, prägnant auf den Punkt gebracht: »Die Menschen, denen das Land gehört, sollten es regieren«. Und dies tun sie selbstverständlich auch, egal welche politische Fraktion jeweils an der Macht sein mag. Die Dinge könnten kaum anders sein, wenn sich wirtschaftliche Macht auf engstem Raum konzentriert und die wesentlichen Entscheidungen über die Lebensqualität, die Investitionsentscheidungen, grundsätzlich der demokratischen Kontrolle entzogen sind.

Ebenso kann das Prinzip der Gleichheit vor dem Gesetz in der kapitalistischen Demokratie nur teilweise verwirklicht werden. Rechtsstaatlichkeit existiert in unterschiedlichen Abstufungen, aber allzu oft wird Freiheit im wirklichen Betrieb wie alles andere in einer kapitalistischen Gesellschaft zu einer Art Ware: Man bekommt soviel, wie man sich leisten kann. In einer reichen Gesellschaft kann ein Großteil der Bevölkerung Freiheit in einer nicht unerheblichen Menge erwerben, aber für diejenigen, denen die wirtschaftlichen Mittel fehlen, sie in Anspruch zu nehmen, haben die formalen Rechtsgarantien wenig Bedeutung.

Im Allgemeinen können die Ideale der Aufklärung nur auf eine Art und Weise verwirklicht werden, die ein schwacher Abglanz ihrer humanen Bedeutung ist. Der Begriff »kapitalistische Demokratie« ist eigentlich ein Widerspruch in sich, wenn wir unter »Demokratie« ein System verstehen, in dem einfache Bürger die Mittel besitzen, tatsächlich an den Entscheidungen mitzuwirken, die ihr Leben bestimmen und ihre Gemeinden betreffen.

Was den Sozialismus betrifft, so besteht der Anarchist, um wiederum mit Rocker zu sprechen, darauf: Der »*Sozialismus wird frei, oder er wird nicht sein.* Im Erkennen dieser Tatsache liegt die wahre und tiefe Rechtfertigung des Anarchismus.« Indem sie diese spezifische Haltung einnehmen, beziehen die Anarchisten Opposition gegen die Strömungen, die man in der heutigen Welt »sozialistisch« nennt. Die beiden großen Propagandaapparate dieser Welt sind sich in dem Glaubenssatz einig, dass die durch Lenin und Trotzki geschaffene und von Stalin und seinen Nachfolgern weiter geformte Gesellschaft, und andere, die sich auf diese Tradition beziehen, »sozialistisch« sind. Die Gründe für diese seltene Annäherung im Agitprop der Supermächte und der kolonialisierten Intellektuellen anderswo sind hinreichend deutlich. Der Führung der sogenannten »sozialistischen Staaten« dient dieser Anspruch zur Legitimation ihrer Herrschaft, der ihr erlaubt, die Aura sozialistischer Ideale und die Hochachtung, die ihnen berechtigterweise entgegengebracht wird, auszunutzen, um ihr eigenes, oftmals brutales Vorgehen in der Zerstörung jedes Überbleibsels von echtem Sozialismus zu kaschieren. Dem zweiten großen Propagandaapparat dieser Welt dient die Verbindung der Sowjetunion und anderen, die das leninistische Modell übernahmen, mit dem Sozialismus als eine mächtige ideologische Waffe, um Konformität und Gehorsam gegenüber den staatskapitalistischen Institutionen als der einzig erkennbaren Alternative zum »sozialistischen« Kerker durchzusetzen.

In Wirklichkeit gingen die Bolschewiken bei der Übernahme der Staatsgewalt sofort daran, das reichhaltige Potenzial der Instrumente des Volkskampfes und der Befreiung, die im revolutionären Russland geschaffen wurden, insbesondere die Sowjets und die Betriebsräte, zu zerstören und dadurch die Herrschaft der Partei, in der Praxis also ihres Zentralkomitees und ihrer Großen Führer, zu etablieren – genau wie es Trotzki Jahre zuvor vorausgesagt hatte, wovor Rosa Luxemburg und andere linke Marxisten damals warnten und wie es die Anarchisten immer angenommen hatten. Lenin forderte »die *widerspruchslose Unterordnung* unter einen einheitlichen Willen« und verlangte »im Interesse des Sozialismus« für die Führung »diktatorische Macht« über die Arbeiter, also »die *unbedingte Unterordnung* der Massen unter den *einheitlichen Willen* der Leiter des Arbeitsprozesses«, die sich ihrerseits daran machten, die Gesellschaft in ein Arbeitsheer zu verwandeln und jeden Rest von Arbeiterkontrolle und »Fraktionsbildung« zu beseitigen, der freie Meinungsäußerung, unabhängiges Denken und sinnvolles Gestalten zulassen könnte. Nichts von dem hätte Bakunin überrascht, der lange vorher gewarnt hatte, dass sich der »rote Bürokratismus« als die »abscheulichste und furchtbarste Lüge« erweisen werde, »die unser Jahrhundert hervorgebracht hat«.

Bakunins Einsichten entstanden im Kontext einer hellsichtigen Kritik der Intellektuellen im Zeitalter der Moderne, eine »neue Klasse …, eine neue Hierarchie von wirklichen und eingebildeten Gelehrten«, die danach streben werden, »die Herrschaft der *wissenschaftlichen Intelligenz*« ins Leben zu rufen, »die aristokratischste, despotischste, arroganteste und herablassendste aller Herrschaftsformen«. Sie werden versuchen, die Zügel der Staatsmacht in die Hände zu bekommen, warnte er, indem sie den Kampf des Volkes für ihre Zwecke ausnützen, und sie werden die »Masse der Unwissenden« im Namen der »Wissenschaft« und ihrer angeblich überlegenen Intelligenz in eine Form des »Sozialismus« treiben, die zur Verschleierung der Tatsache dienen wird, »daß die Volksmassen von einer kleinen Handvoll Privilegierter regiert werden«. Und wo der Kampf des Volkes scheitert, werden sie die Manager der zunehmend zentralisierten staatskapitalistischen Einrichtungen – die Manager der von Großkonzernen beherrschten Wirtschaft, der Staatsmacht, der ideologischen Institutionen –, aber »für das Volk wird es keineswegs leichter, wenn der Stock, mit dem man es schlägt, Stock des Volkes genannt wird«.

Anarchisten und Teile des linken Marxismus, die infolge des Triumphs des Staatssozialismus zunehmend marginalisiert wurden, haben versucht, diese Entwicklungen zu analysieren und zu bekämpfen, bis heute jedoch ohne nennenswerten Erfolg. Bakunins Beobachtungen deuten auf wesentliche Merkmale des modernen Zeitalters voraus. Die enorme Anziehungskraft der ihrem Wesen nach ziemlich ähnlichen leninistischen und staatskapitalistischen Glaubenslehren auf die modernen Intellektuellen ist unschwer nachzuvollziehen: Diese Glaubenslehren verleihen ihnen das Recht, an der Machtausübung teilzuhaben, von der Schieflage in der Verteilung von Privilegien zu profitieren und manchmal auch Macht in den eigenen Händen zu bündeln. Revolutionäre Kämpfe haben wiederholt zur Entstehung von Institutionen des Volkes geführt, die als Instrumente demokratischer Teilhabe und Kontrolle des Wirtschafts- und Gesellschaftslebens dienen konnten, aber nicht imstande waren, dem Angriff autoritärer Elemente von innen und mächtiger Feinde von außen standzuhalten. Es ist bemerkenswert, dass sogenannte »sozialistische« und kapitalistische Staaten oft in stillschweigendem Einvernehmen handeln, um solche Tendenzen niederzuschlagen. Ein prominentes Beispiel ist die Revolution der Arbeiter und Bauern in Spanien 1936-37, die durch einen vereinten Angriff der federführenden, sowjetisch kontrollierten Kommunistischen Partei, der liberalen Demokratien und der faschistischen Mächte niedergeschlagen wurde, die einander bekämpften, aber sich verbündeten, um die Ketzerei eines freiheitlichen Sozialismus zu bezwingen.

Eine große Errungenschaft des 18. Jahrhunderts war es, die Idee und teilweise sogar die Grundformen der politischen Demokratie zu konzipieren, die den Schutz der Persönlichkeitsrechte gegen autoritäre Herrschaft miteinschließen. Aber es bleibt ein unerreichtes Ziel, die

Demokratie über den eng umgrenzten Schauplatz hinaus, in dem sie halbwegs funktioniert, auf alle Bereiche des gesellschaftlichen und wirtschaftlichen Lebens auszudehnen, mit echter Kontrolle der Produzenten über Produktion und Investitionen und der Beseitigung von Hierarchien und Herrschaftsstrukturen innerhalb des Staatswesens, der Privatwirtschaft und weiter Teile des gesellschaftlichen Lebens. In den meisten Ländern der Welt wurden die revolutionären Ideen des 18. Jahrhunderts noch nicht verwirklicht, ganz zu schweigen von der Überwindung von Not, Hunger und Versklavung durch einheimische oder ausländische Mächte. Konstruktive Anstrengungen, Elend und Unterdrückung zu überwinden, werden naturgemäß von denjenigen blockiert, die von deren Fortbestehen profitieren, die nicht endende Tragödie der Moderne. Die Grundsätze des wahren Sozialismus bleiben eine Vision und ein großes Ziel für zukünftige Kämpfe. Um sie anzugehen oder auch nur die Probleme zu verstehen, die angesprochen werden müssen, muss man in der Lage sein, sich aus einem Netz aus Lüge und Entstellung zu befreien, in dem der Gebrauch des Begriffs »Sozialismus« zur Bezeichnung eines Systems, das seinen Grundprinzipien eine energische Absage erteilt, nur einen wichtigen Baustein darstellt.

Die Tradition anarchistischer Ideen und, mehr noch, der inspirierenden Kämpfe der Menschen, die sich von Herrschaft und Unterdrückung zu befreien suchten, muss bewahrt und erhalten werden, nicht um Gedanken und Vorstellungen in neuer Form einzufrieren, sondern als Basis für das Verständnis der gesellschaftlichen Wirklichkeit und das Engagement, sie zu verändern. Es gibt keinen Grund anzunehmen, dass die Geschichte an ein Ende gekommen ist, dass die autoritären Herrschaftsstrukturen der Gegenwart in Stein gemeißelt sind. Auch wäre es ein großer Fehler, die Stärke der gesellschaftlichen Kräfte zu unterschätzen, die für den Erhalt von Macht und Privilegien kämpfen werden.

Die heutige Wissenschaft ist weit davon entfernt, diesen Sachverhalt beweisen zu können, aber wir können nur hoffen, dass Bakunins »Freiheitsinstinkt« wirklich ein zentraler Bestandteil der menschlichen Natur ist, und zwar einer, der nicht lange von autoritären Glaubenslehren und der durch sie verursachten Hoffnungslosigkeit, von den Machtverhältnissen und den durch sie angerichteten Verheerungen unter Wasser gehalten und beherrscht werden kann.

7

Ziele und Visionen

Erstveröffentlichung in Noam Chomsky: *Powers and Prospects. Reflections on Human Nature and the Social Order.* St. Leonards: Allen & Unwin 1996.

Wenn ich von Zielen und Visionen spreche, habe ich eher eine praktische als eine wirklich grundsätzliche Unterscheidung im Sinn. Wie im menschlichen Leben üblich, ist es die praktische Perspektive, die am wichtigsten ist. Die theoretischen Erkenntnisse, wie wir sie besitzen, sind viel zu dünn, um großes Gewicht zu haben.

Unter Visionen verstehe ich die Konzeption einer zukünftigen Gesellschaft, die unser eigentliches Handeln inspiriert, einer Gesellschaft, in der ein anständiger Mensch gerne leben möchte. Unter Zielen verstehe ich die Entscheidungen und Aufgaben, die erreichbar sind, die wir auf die ein oder andere Weise verfolgen werden, geleitet von einer Vision, die weit entfernt und verschwommen sein mag.

Eine inspirierende Vision muss sich auf eine bestimmte Vorstellung von der menschlichen Natur stützen, eine Vorstellung davon, was gut für die Menschen ist, von ihren Bedürfnissen und Rechten, von Eigenschaften der menschlichen Natur, die gefördert, unterstützt und mit der Möglichkeit ausgestattet werden sollten, sich zum eigenen und dem Nutzen anderer zu entfalten. Diese Auffassung von der menschlichen Natur liegt unseren Visionen für gewöhnlich unausgesprochen zugrunde und sie ist unvollkommen, aber sie ist, vielleicht auch nur implizit, immer vorhanden, ob man sich dafür entscheidet, die Dinge zu belassen, wie sie sind, und seinen eigenen Garten zu bestellen, oder auf kleine oder revolutionäre Veränderungen hinzuarbeiten.

Soviel zumindest trifft für Menschen zu, die sich als moralisch handelnde Akteure, nicht als Ungeheuer begreifen – die sich Gedanken über die Auswirkungen dessen machen, was sie tun oder lassen.

Über all diese Dinge sind unser Wissen und unsere Erkenntnisse recht oberflächlich; wie in nahezu jedem Bereich des menschlichen Lebens verfahren wir hier auf der Grundlage von Intuition und Erfahrung, Hoffnungen und Ängsten. Ziele bringen schwierige Entscheidungen mit sehr schwerwiegenden menschlichen Konsequenzen mit sich. Wir fällen sie auf der Grundlage mangelhaften Belegmaterials und begrenzter Kenntnisse, und obwohl unsere Visionen eine Orientierungshilfe sein können und sollten, sind sie dies bestenfalls nur sehr partiell. Sie sind nicht eindeutig, sie sind nicht standfest, zumindest für Menschen, die sich Gedanken über die Folgen ihrer Handlungen machen. Verständige Menschen werden eine klarere Formulierung der sie inspirierenden Visionen und deren kritische Bewertung im Lichte von Vernunft und Erfahrung erwarten. Die Substanz ist bislang recht mager und es gibt keine Anzeichen dafür, dass sich in dieser Angelegenheit irgendetwas ändert. Parolen sind einfach, aber nicht sehr hilfreich, wenn wirkliche Entscheidungen getroffen werden müssen.

Ziele versus Visionen

Ziele und Visionen können den Anschein erwecken, als stünden sie in Konflikt miteinander, und oft tun sie das auch. Darin besteht kein Widerspruch, wie wir alle, denke ich, aus alltäglicher Erfahrung wissen. Nehmen wir meinen eigenen Fall, um zu verdeutlichen, auf was ich hinauswill.

Meine persönlichen Visionen sind recht traditionell anarchistisch, mit Ursprüngen in der Aufklärung und dem klassischen Liberalismus. Bevor ich fortfahre, muss ich klarstellen, was ich damit meine. Ich meine nicht die Variante des klassischen Liberalismus, die zu ideologischen Zwecken neu konstruiert worden ist, sondern das Original, bevor es an den Klippen des aufkommenden industriellen Kapitalismus zerschellte, wie es Rudolf Rocker – ziemlich treffend, glaube ich – vor sechzig Jahren in seinem Werk über den Anarchosyndikalismus formulierte.[1]

Im Laufe der Fortentwicklung des Staatskapitalismus in die Moderne hinein sind wirtschaftliche, politische und ideologische Systeme zunehmend von gewaltigen Institutionen privater Tyrannei übernommen worden, die dem totalitären Ideal ungefähr so nahekommen, wie nur irgendetwas, das die Menschen bisher geschaffen haben. »Innerhalb des Konzerns«, schrieb der politische Ökonom Robert Brady vor einem halben Jahrhundert, »gehen alle politischen Maßnahmen von der Leitung an der Spitze aus. In der Vereinigung dieser Macht, die Politik festzulegen, mit der Ausführung derselben verläuft alle Herrschaft notwendigerweise von oben nach unten und alle Verantwortung von unten nach oben. Dies ist natürlich die Umkehrung ›demokratischer‹ Kontrolle; es folgt den strukturellen Gegebenheiten diktatorischer Macht«. »Was im politischen Bereich Legislative, Exekutive und rechtssprechende Gewalt genannt würde«, liegt in »kontrollierenden Händen« versammelt, die, »soweit es die Formulierung und Ausführung von Politik betrifft, an der Spitze der

Pyramide zu finden sind und ihren Einfluss ohne nennenswerte Prüfung durch die Basis ausüben«. Während private Macht »wächst und expandiert«, verwandelt sie sich »in eine immer mächtigere und politisch bewusstere Kraft innerhalb des Gemeinwesens«, die sich zunehmend einem »Propagandaprogramm« verschreibt, zu deren »Sache es wird, die Öffentlichkeit … zum Standpunkt der Kontrollpyramide zu bekehren«. Dieses Projekt, von beträchtlicher Dimension schon in dem von Brady betrachteten Zeitraum, erreichte ein paar Jahre später ein beängstigendes Ausmaß, als die amerikanischen Unternehmen versuchten, die weltweiten sozialdemokratischen Strömungen der Nachkriegszeit, die auch die Vereinigten Staaten erreichten, zurückzuschlagen und unter Verwendung der gewaltigen Ressourcen der Public-Relations-Industrie, der Unterhaltungsindustrie, der Medienkonzerne und was auch immer sonst noch durch die »Kontrollpyramiden« der Wirtschafts- und Gesellschaftsordnung mobilisiert werden konnte, zu gewinnen, was ihre Führungskräfte den »immerwährenden Kampf um die Köpfe der Menschen« nannten. Dies sind Charakterzüge der modernen Welt, die von entscheidender Wichtigkeit sind, wie von den wenigen sorgfältigen Studien auf dramatische Weise gezeigt wird.[2]

Die »Bankhäuser und vermögenden Gesellschaften«, vor denen Thomas Jefferson in seinen späteren Lebensjahren warnte – unter der Vorhersage, dass sie, wenn man sie nicht zügelte, zu einer Form des Absolutismus würden, die das Versprechen der demokratischen Revolution zunichte machen würde –, haben seine schlimmsten Erwartungen seitdem mehr als erfüllt. Sie sind nunmehr weitgehend jeder Rechenschaftspflicht entzogen und zunehmend immun gegenüber Einflussnahmen seitens der Bevölkerung und der Prüfung durch die Öffentlichkeit, während sie große und ausgedehnte Kontrolle über die globale Ordnung erlangten. Diejenigen, die sich innerhalb ihrer hierarchischen Kommandostruktur befinden, erhalten Anordnungen von oben und erteilen Befehle nach unten. Diejenigen außerhalb können versuchen, sich an dieses Machtsystem zu verkaufen, haben aber kaum eine andere Beziehung zu ihm (außer dem Kauf dessen, was es anbietet, wenn sie dazu in der Lage sind). Die Welt ist komplexer als irgendwelche simplen Beschreibungen, aber die von Brady kommt ihr ziemlich nahe, heute sogar noch mehr, als er sie niederschrieb.

Man sollte hinzufügen, dass die außergewöhnliche Machtfülle, die Konzerne und Finanzinstitutionen genießen, nicht das Ergebnis von Entscheidungen der Bevölkerung war. Sie wurde von Gerichten und Anwälten im Verlauf des Aufbaus eines die wirtschaftliche Entwicklung fördernden, interventionistischen Staates geschaffen, der den Interessen privater Macht dient, und erweitert durch das Ausspielen eines Staates gegen den anderen, um besondere Vergünstigungen zu erhalten, was für große private Institutionen nicht weiter schwierig ist. Das ist der Hauptgrund, warum der gegenwärtige Kongress, in ungewöhnlichem Ausmaß von Wirtschaftsinteressen gelenkt, bestrebt ist, Kompetenzen des Bundes auf die Einzelstaaten zu übertragen, die leichter einzuschüchtern und zu beeinflussen sind. Ich spreche von den Vereinigten Staaten, wo dieser Prozess innerhalb der akademischen Wissenschaft ziemlich gut untersucht worden ist. Ich werde mich an diesen Fall halten; soweit ich weiß, ist es anderswo so ziemlich dasselbe.

Wir neigen dazu, die hieraus resultierenden Machtstrukturen als unveränderlich, praktisch als einen Teil der Natur anzusehen. Sie sind alles andere als das. Diese Formen der privaten Tyrannei erreichten erst einen der gegenwärtigen Form ähnlichen Zustand, ausgestattet mit den Rechten unsterblicher Personen, zu Beginn dieses Jahrhunderts. Die Verleihung dieser Rechte und die juristische Theorie, die dahinterstand, wurzeln so ziemlich in demselben geistigen Nährboden, der die beiden anderen Hauptformen des Totalitarismus im 20. Jahrhundert, Faschismus und Bolschewismus, hervorgebracht hat. Es besteht kein Grund, diese Richtung innerhalb der menschlichen Verhältnisse für dauerhafter als ihre schändlichen Brüder zu halten.[3]

Es ist gängige Praxis, solche Begriffe wie »totalitär« und »Diktatur« auf politische Macht zu beschränken. Brady stellt eine Ausnahme dar, wenn er sich nicht an diese natürliche Konvention hält, die die Stellen, an denen die Entscheidungen getroffen werden, den Augen der Öffentlichkeit entzieht. Das Bestreben, dies zu tun, ist in jeder Gesellschaft zu erwarten, die auf illegitimer Herrschaft basiert. Dies ist zum Beispiel der Grund, warum Darstellungen über persönliche Eigenschaften und Fehler, vage und unspezifische kulturelle Praktiken und ähnliche Dinge der Untersuchung von Struktur und Funktion mächtiger Institutionen vorgezogen werden.

Wenn ich von klassischem Liberalismus spreche, meine ich die Ideen, die in beträchtlichem Ausmaße von der anwachsenden Flut staatskapitalistischer Autokratie hinweggeschwemmt worden sind. In verschiedenen Formen überlebten diese Ideen (oder wurden neu erfunden) in der Kultur des Widerstandes gegen die neuen Formen der Unterdrückung und dienten dabei als inspirierende Vision für Kämpfe des Volkes, die den Umfang an Freiheit, Gerechtigkeit und Rechten beträchtlich erweitert haben. Auch wurden sie innerhalb libertärer linker Strömungen aufgegriffen, angepasst und weiterentwickelt. Dieser anarchistischen Sicht zufolge stehen alle hierarchischen und autoritären Strukturen unter großem Rechtfertigungsdruck, ob diese sich nun auf persönliche Beziehungen oder eine größere Gesellschaftsordnung beziehen. Wenn sie diesem Druck nicht gewachsen sind – manchmal sind sie es – dann sind sie illegitim und sollten zerstört werden. Wenn diese Herausforderung aufrichtig gestellt und ihr reell begegnet wird, lässt sich ihr selten standhalten. Echte Libertäre haben hier einiges an Arbeit.

Staatliche Macht und private Tyrannei sind prägnante Extrembeispiele, aber diese Fragen stellen sich so gut wie auf allen Gebieten: in den Beziehungen zwischen Eltern und Kindern, Lehrern und Schülern, Männern und Frauen, den heute Lebenden und den zukünftigen Generationen, die gezwungen sein werden, mit den Folgen von dem, was wir tun, zu leben, tatsächlich so ziemlich überall. Die anarchistische Vision hat in fast jeder Spielart insbesondere die Zerstörung staatlicher Macht ins Auge gefasst. Ich persönlich teile diese Vision, auch wenn sie meinen Zielen unmittelbar zuwiderläuft. Daher die Spannung, von der ich sprach.

Meine kurzfristigen Ziele sind die Verteidigung und sogar die Stärkung von Teilen staatlicher Autorität, die, obwohl in grundlegender Weise illegitim, gerade jetzt von entscheidender Wichtigkeit sind, um die entschlossenen Bestrebungen aufzuhalten, den bei der Ausweitung von Demokratie und Menschenrechten erreichten Fortschritt »zurückzudrehen«. Staatliche Autorität ist in den demokratischeren Ländern jetzt schweren Angriffen ausgesetzt, aber nicht, weil sie mit der libertären Vision in Konflikt steht. Ganz im Gegenteil: weil sie einigen Aspekten dieser Vision einen (schwachen) Schutz bietet. Regierungen haben einen verhängnisvollen Fehler: Im Unterschied zu den privaten

Diktaturen bieten die Institutionen staatlicher Macht und Autorität der verhassten Öffentlichkeit die Möglichkeit, eine gewisse, wie auch immer begrenzte Rolle in der Verwaltung ihrer eigenen Belange zu spielen. Dieser Mangel ist für die Herrschenden unerträglich, die zur Zeit mit einer gewissen Berechtigung annehmen, dass Veränderungen in der internationalen wirtschaftlichen und politischen Ordnung die Aussicht bieten, eine Art »Utopie für die Herrschenden« zu schaffen, mit düsteren Aussichten für den Rest. Es dürfte unnötig sein, hier im Einzelnen durchzubuchstabieren, was ich meine. Die Auswirkungen sind selbst in den reichen Gesellschaften allzu offensichtlich, von den Führungsetagen bis zur Straße, dem ländlichen Raum und den Gefängnissen. Aus Gründen, die Aufmerksamkeit verdienen, aber außerhalb des Rahmens dieser Ausführungen liegen, wird die Rollback-Kampagne gegenwärtig durch herrschende Schichten innerhalb von Gesellschaften der englischsprachigen Welt angeführt, in denen die unter Beschuss stehenden Werte in einigen ihrer fortgeschrittensten Formen verwirklicht worden sind; keine geringe Ironie, aber auch kein Widerspruch.

Es lohnt sich, im Gedächtnis zu behalten, dass die Erfüllung des utopischen Traums seit Anfang des 19. Jahrhunderts (ich werde auf diese Zeit noch kurz zurückkommen) als unmittelbar bevorstehende Aussicht gefeiert worden ist. In den 1880er-Jahren konnte der revolutionäre sozialistische Künstler William Morris schreiben:

> Ich weiß, dass es zur Zeit gängige Meinung ist, dass das Wettbewerbs- oder »Den Letzten holt der Teufel«-System das letzte Wirtschaftssystem ist, das die Welt sehen wird; dass es die Vollkommenheit darstellt und daher mit ihm der Endzustand erreicht worden ist; und es ist zweifellos eine mutige Sache, sich dieser Meinung entgegenzustellen, die, wie man mir sagte, selbst von den gelehrtesten Männern vertreten wird.

Wenn die Geschichte wirklich zu Ende ist, wie voller Zuversicht verkündet wird, dann »wird die Zivilisation sterben«, aber die gesamte Geschichte besagt, dass dem nicht so ist, fügte er hinzu. Die Hoffnung, dass die »Vollkommenheit« in Sicht sei, blühte in den 1920er-Jahren erneut auf. Mit starker Unterstützung des liberalen Meinungsspektrums im Allgemeinen und natürlich der Geschäftswelt hatte Woodrow

Wilsons »Rote Angstmacherei« erfolgreich Gewerkschaften und unabhängiges Denken untergraben, was dabei mithalf, eine Ära der Unternehmensherrschaft zu begründen, von der man erwartete, sie werde von Dauer sein. Mit dem Zusammenbruch der Gewerkschaften hatte die Arbeiterschaft auf dem Höhepunkt des Automobil-Booms keine Macht und wenig Hoffnung. Die oftmals gewaltsame Zerstörung von Gewerkschaften und Arbeiterrechten schockierte selbst die rechtsgerichtete britische Presse. Ein Besucher aus Australien, verblüfft von der Schwäche der amerikanischen Gewerkschaften, bemerkte 1928, dass »Arbeiterorganisation nur bei Duldung der Unternehmer existiert … Sie hat keinen wirklichen Anteil an Entscheidungen über Arbeitsbedingungen«.

Wieder zeigten die nächsten paar Jahre, dass die Hoffnungen voreilig waren. Aber diese periodisch auftretenden Träume sehen ein Modell vor, das die »Kontrollpyramiden« und ihre politischen Vertreter heute wiedereinzusetzen suchen.[4]

Ich glaube, in der heutigen Welt sollte es das Ziel eines engagierten Anarchisten sein, einige staatliche Institutionen gegen die auf sie gerichteten Angriffe zu verteidigen und dabei gleichzeitig zu versuchen, sie einer sinnvolleren Beteiligung der Öffentlichkeit zu erschließen – und sie letztendlich in einer weitaus freieren Gesellschaft abzubauen, wenn die entsprechenden Bedingungen dafür geschaffen werden können.

Ob richtig oder falsch – und das ist eine Frage, die nicht mit letzter Sicherheit entschieden werden kann –, dieser Standpunkt wird durch den augenscheinlichen Konflikt zwischen Zielen und Visionen nicht untergraben. Ein solcher Konflikt gehört zu den normalen Bestandteilen des Alltagslebens, mit denen wir irgendwie zu leben versuchen, aber denen wir nicht entkommen können.

Die »humanistische Auffassung«

In diesem Sinne würde ich mich gerne der allgemeineren Frage der Visionen zuwenden. Sie ist heute vor dem Hintergrund verstärkter Versuche, die Errungenschaften, die durch lange und häufig erbitterte Kämpfe des Volkes gewonnen worden sind, rückgängig zu machen, zu untergraben und zu zerstören, besonders relevant. Diese Themen sind von historischer Wichtigkeit und sie werden in Kampagnen mit dem Ziel, »die Öffentlichkeit zum Standpunkt der Kontrollpyramide zu bekehren«, oft durch Entstellung und Täuschung verschleiert. Es könnte kaum einen besseren Augenblick geben, um über die Ideale und Visionen nachzudenken, die im Laufe der Entwicklung der Industriegesellschaft auf ihr gegenwärtiges Niveau formuliert, verändert und umgeformt und oftmals in ihr Gegenteil verkehrt worden sind, zusammen mit einem massiven Angriff auf Demokratie, Menschenrechte und sogar den freien Markt, während der Triumph dieser Werte von jenen bejubelt wird, die den Angriff gegen sie anführen – ein Prozess, der denjenigen, die damit vertraut sind, was man in aufrichtigeren Tagen für gewöhnlich »Propaganda« nannte, ein vertrautes Kopfnicken abnötigen wird. Es ist ein Augenblick in der Geschichte menschlicher Belange, der als intellektuelles Problem ebenso interessant wie aus menschlicher Perspektive unheilvoll ist.

Lassen Sie mich zu Beginn eine Position nachzeichnen, die von zwei führenden Denkern des 20. Jahrhunderts, Bertrand Russell und John Dewey, formuliert wurde, die in sehr vielen Dingen nicht übereinstimmten, aber eine Vision teilten, die Russell »die humanistische Auffassung« nannte – um Dewey zu zitieren, der Glaube, dass das »letztendliche Ziel« der Produktion nicht die Produktion von Gütern ist, sondern »von freien Menschen, die auf gleichberechtigter Grundlage miteinander verbunden sind«. Zweck der Erziehung ist, wie Russell es ausdrückte, »einen Sinn des Wertes der Dinge zu vermitteln, der nicht in der Beherrschung anderer liegt: kluge Bürger einer freien Gemeinschaft hervorbringen zu helfen«, in der »Freiheit in persönlich-schöpferischem Sinne« gedeihen wird und die Menschen aus der Arbeiterschaft die Herren ihres Schicksals, nicht Werkzeuge in der Produktion sein werden. Illegitime Strukturen des Zwangs müssen aufgelöst werden, vor allem die Herrschaft durch das »Wirtschaften für privaten Profit mittels der privaten Kontrolle über Bankwesen, Land, Industrie, verstärkt durch Macht über die Presse, Pressevertreter und weitere Mittel der Öffentlichkeitsarbeit und Propaganda« (Dewey). Solange dies nicht geschieht, fuhr Dewey fort, ist es weitgehend abwegig, von Demokratie zu sprechen. Die Politik bleibt »der Schatten, der von Großunternehmen auf die Gesellschaft geworfen wird, [und] die Verminderung des Schattens wird in der Substanz nichts ändern«. Demokratische For-

ist, was heute vorherrscht, den Idealen, die von der Arbeiterpresse in der Mitte des 19. Jahrhunderts als »der neue Geist der Zeit: Reichtum erwerben und dabei nur an sich selbst denken«, angeprangert wurde, Smiths »schändlicher Maxime«, ein erniedrigender und beschämender Glaubenssatz, den kein anständiger Mensch akzeptieren würde. Es ist erstaunlich, die Entwicklung der Werte von einer Gestalt des Präkapitalismus wie Smith mit seiner Betonung von Mitgefühl, dem Ziel von Freiheit in Gleichheit und dem grundlegenden Menschenrecht auf schöpferische und erfüllende Arbeit bis hin zu jenen nachzuverfolgen, die den »neuen Geist der Zeit« feiern und sich dabei oft in schamloser Weise auf Smith berufen. Lassen wir die gewöhnlichen Darbietungen, die regelmäßig die ideologischen Institutionen verunstalten, einmal beiseite. Betrachten wir stattdessen jemanden, den man wenigstens ernstnehmen kann, sagen wir, den Ökonomen und Nobelpreisträger James Buchanan, der uns erzählt, dass »die ideale Gesellschaft die Anarchie [ist], in der kein einzelner Mensch und auch keine Gruppe von Menschen auf andere Zwang ausüben«. Er bietet dann die folgende Erläuterung, die autoritativ als Tatsache hingestellt wird:

> die ideale Situation eines Menschen [sieht] so aus, daß ihm volle Handlungsfreiheit gewährt wird, während das Verhalten der anderen soweit eingeschränkt wird, daß ihm die Erfüllung seiner Wünsche möglich ist. Das heißt, jedermann sucht die Herrschaft über eine Welt von Sklaven[6],

ein Gedanke, den Adam Smith als pathologisch angesehen hätte, genau wie Wilhelm von Humboldt, John Stuart Mill oder überhaupt irgendjemand, der auch nur in der Nähe der Tradition des klassischen Liberalismus steht – aber das sind unsere kühnsten Träume, falls Sie es noch nicht bemerkt haben.

Eine faszinierende Illustration des Zustands der intellektuellen Kultur und ihrer vorherrschenden Werte sind die Kommentare zu den schwierigen Problemen, denen wir bei der moralischen Aufrichtung der Menschen in Osteuropa, die nun endlich befreit sind, so dass wir die liebevolle Fürsorge, mit der wir unsere Schutzbefohlenen seit einigen hundert Jahren überschütten, auf sie ausdehnen können. Die Folgen erscheinen recht deutlich in einer beeindrucken Ansammlung von Gruselkabinetten rund um die Welt, aber wundersamerweise – und sehr zum Glück – erteilen sie keine Lektionen über die Werte unserer Zivilisation und die Grundsätze, die ihre noblen Führer leiten; nur »Antiamerikaner« und ihresgleichen könnten so verrückt sein, zu behaupten, dass der immer gleiche Verlauf der Geschichte vielleicht einen Seitenblick verdienen würde. Nun gibt es neue Gelegenheiten, unsere Wohltätigkeit zu zeigen. Wir können den von der kommunistischen Tyrannei befreiten Menschen helfen, den seligen Zustand der Bengalen, Haitianer, Brasilianer, Guatemalteken, Filipinos, indigenen Völker überall, afrikanischen Sklaven und so weiter und so weiter zu erreichen oder sich ihm zumindest anzunähern.

Ende 1994 brachte die *New York Times* eine Artikelserie darüber, wie sich unsere Schüler so machen. Der Artikel über Ostdeutschland eröffnet mit einem Zitat eines Pfarrers, der einer der Anführer der Volksproteste gegen das kommunistische Regime war. Er beschreibt seine wachsende Sorge darüber, was sich in seiner Gesellschaft abspielt: »[B]rutaler Wettbewerb und die Gier nach Geld sind dabei, unser Gemeinschaftsgefühl zu zerstören. Fast jeder verspürt ein gewisses Maß an Angst oder Niedergeschlagenheit oder Unsicherheit«, während sie die Lektionen zu meistern versuchen, die wir für die rückständigen Völker der Welt bereithalten. Aber ihre Reaktion führt keine Lektionen für uns mit sich.[7]

Das Musterbeispiel, auf das jeder stolz ist, ist Polen, wo »der Kapitalismus freundlicher gewesen ist« als anderswo, berichtet Jane Perlez unter der Schlagzeile »Überhol- und Kriechspuren auf der Fahrbahn des Kapitalismus«: Manche Polen begreifen schon, aber andere lernen nur langsam.[8]

Für beide Typen gibt Perlez Beispiele. Die gute Schülerin ist die Eigentümerin einer kleinen Fabrik, die ein »prosperierendes Beispiel« für die besten Seiten des modernen kapitalistischen Polen ist. Dank zinsloser Staatskredite in dieser nunmehr florierenden freien Marktgesellschaft stellt ihre Fabrik »glamouröse perlenbesetzte Kleider« und »raffiniert gestaltete Brautkleider« her, die zumeist an reiche Deutsche, aber auch an wohlhabende Polen verkauft werden. In der Zwischenzeit hat sich, wie die Weltbank berichtet, die Armut seit Einführung der Reformen mehr als verdoppelt, während die Reallöhne um dreißig Prozent gefallen sind und die polnische Wirtschaft den Erwartungen zufolge bis Ende 1994 neunzig Prozent ihres Bruttoinlandsprodukts vor 1989 zurückgewinnen wird. Aber »der Kapitalismus ist freundlicher gewesen«: Hungrige Menschen können die »Zeichen plötzlichen Konsums« begrüßen, wenn sie die Brautkleider in Schaufenstern eleganter Geschäfte, die »ausländischen Wagen mit polnischen Nummernschildern«, wie sie die Straße Warschau-Berlin hinunterbrausen, und die »neureichen Frauen mit in ihren Handtaschen verstauten 1300-Dollar-Mobiltelefonen« bewundern.

»Man muss den Menschen beibringen, zu begreifen, dass sie für sich selbst kämpfen müssen und sich nicht auf andere verlassen können«, erklärt eine Berufsberaterin in der Tschechischen Republik. Besorgt über »die Schaffung einer festgefahrenen Unterschicht«, leitet sie einen Trainingskurs, um Menschen die richtige Einstellung beizubringen, denen »egalitäre Werte in die Köpfe eingehämmert« wurden zu Zeiten, als »die stolze Parole noch lautete: ›Ich bin ein Bergarbeiter, wer sonst ist besser?‹« Die schnell lernenden Schüler kennen jetzt die Antwort auf diese Frage: die Ex-Nomenklatura, die nun, da sie zu Agenten ausländischer Unternehmen werden, die sie aufgrund ihrer Kenntnisse und ihrer Erfahrung naturgemäß bevorzugen, reicher als in ihren kühnsten Träumen sind; Bankiers, die durch alte Männerseilschaften in der Geschäftswelt installiert werden; die polnischen Frauen, die die Freuden des Konsums genießen; die staatlich unterstützten Fabrikanten eleganter Kleider für den Export an andere reiche Frauen. Kurz, die richtige Art von Leuten.

Dies sind die Erfolge der amerikanischen Werte. Dann gibt es da noch die Versager, die weiterhin auf der Kriechspur unterwegs sind. Perlez wählt als ihr Beispiel einen 43 Jahre alten Bergarbeiter, der »in seinem holzvertäfelten Wohnzimmer sitzt und die Früchte seiner Arbeit unter dem Kommunismus bewundert – einen Fernseher, bequeme Möbel, eine glänzende neue Küche«, und nun nach 27 Jahren in den Gruben arbeitslos ist und an die Jahre vor 1989 denkt. Sie »waren großartig«, sagt er, und »das Leben war sicher und angenehm«. Als Schüler, der langsam lernt, findet er die neuen Werte »unbegreiflich« und kann nicht verstehen, »warum er zuhause sitzt, arbeitslos und angewiesen auf Sozialleistungen«, während er sich um seine zehn Kinder Sorgen macht und ihm die Fähigkeit fehlt, »Reichtum zu erwerben und dabei nur an sich selbst zu denken«.

Begreiflicherweise sollte Polen also Platz neben den anderen Trophäen auf unserem Regal finden und Anlass zu weiterem Stolz und Selbstlob geben.

Die Region ist mit weiteren langsamen Schülern geplagt, ein Problem, das in einem »Globalreport« von Korrespondenten des *Christian Science Monitor* im ehemals kommunistischen Teil der Welt besprochen wird. Ein Unternehmer beklagte sich, dass »er einem ukrainischen Landsmann hundert Dollar im Monat angeboten habe, um ihm dabei zu helfen, Rosen auf einem Privatgrundstück zu züchten« (übersetzt: um für ihn zu arbeiten). »Verglichen mit den vier Dollar, die der Mann auf einem kollektiven Bauernhof verdiente, war das ein Vermögen. Aber das Angebot wurde abgelehnt«. Der schnelle Schüler führt diese Unvernunft auf »eine bestimmte Mentalität« zurück, die selbst nach dem Sieg der Freiheit weiter fortbesteht: »Er denkt: ›Njet, ich werde die Kollektive nicht verlassen und dein Sklave sein«. Amerikanische Arbeiter waren lange von demselben Unwillen befallen, jemandes Sklave zu werden, bevor sie richtig zivilisiert waren. Ich werde darauf zurückkommen.

Die Bewohner eines Apartmenthauses in Warschau leiden an derselben Krankheit. Sie wollen ihre Wohnungen nicht an einen Industriellen übergeben, der Eigentumsrechte an dem Gebäude aus der Zeit vor dem Zweiten Weltkrieg geltend macht und fragt: »Warum sollten Leute von etwas profitieren, auf das sie kein Recht haben?« Es hat »bedeutende Reformfortschritte« bei der Überwindung solch rückschrittlicher Einstellungen gegeben, fährt der Bericht fort, obwohl »es nach wie vor großen Widerwillen gibt, Ausländern zu erlauben, Land zu kaufen oder zu verkaufen«. Der Koordinator von US-geförderten landwirtschaftlichen Initiativen in der Ukraine erklärt: »Man wird niemals einen Zustand haben, wo hundert Prozent des Landes in privaten Händen sind. Sie hatten nie eine Demokratie«. Zugegeben, die anti-demokratischen Leidenschaften schlagen nicht so hohe Wellen wie in Vietnam, wo eine Verordnung vom Februar 1995 »die Uhr zurückdrehte«: »Als Tribut an Marx zielt die Verordnung darauf ab, den Vietnamesen dabei zu helfen, den wenigen Privilegierten Pacht abzupressen, die Grundbuchauszüge zu Geschäftszwecken besitzen«, ausgestellt in dem Bemühen, ausländische Investitionen anzuziehen. Wenn man doch nur ausländischen Investoren und einer kleinen nationalen Elite erlaubte, das ganze Land aufzukaufen, dann könnten die Einheimischen für sie arbeiten (wenn sie Glück haben) und wir hätten endlich Freiheit und »Demokratie«, wie in Mittelamerika, den Philippinen und anderen paradiesischen Orten, die vor langer Zeit befreit wurden.[9]

Die Kubaner sind lange für dieselbe Art von Rückständigkeit gescholten worden. Die Empörung erreichte ihren Höhepunkt während der in den Vereinigten Staaten abgehaltenen Panamerikanischen Spiele, als kubanische Athleten es versäumten, einer gewaltigen Propagandakampagne zu erliegen, die sie zum Überlaufen verleiten sollte, zu der auch großzügige finanzielle Angebote für den Profibereich gehörten; sie fühlten sich ihrem Land und dessen Menschen verpflichtet, sagten sie den Reportern. Die Wut über die verheerende Wirkung von kommunistischer Gehirnwäsche und marxistischer Doktrin kannte so gut wie keine Grenzen.

Glücklicherweise hält man die Amerikaner von der Tatsache fern, dass die Kubaner sich selbst unter den ärmlichen, durch den Wirtschaftskrieg der USA auferlegten Lebensbedingungen weigern, Dollar für Dienstleistungen anzunehmen, und nicht »dein Sklave« sein wollen. Wahrscheinlich werden sie auch nicht den Ergebnissen einer Gallup-Umfrage von 1994 ausgesetzt, die als die erste unabhängige und wissenschaftliche Befragung gilt und in der spanischsprachigen Presse Miamis, aber anscheinend nirgendwo anders veröffentlicht wurde: dass 88 Prozent angaben, sie wären »stolz darauf, Kubaner zu sein«, und 58 Prozent, dass »die Erfolge der Revolution ihre Fehlschläge übertreffen«, dass 69 Prozent sich als »Revolutionäre« bezeichneten (aber nur 21 Prozent als »Kommunisten« oder »Sozialisten«), 76 Prozent sagten, sie wären »mit ihrem Privatleben zufrieden«, und 3 Prozent sagten, die »politischen Probleme« wären die Hauptprobleme, denen das Land gegenübersteht.

Würden solche kommunistischen Gräuel bekannt, könnte es notwendig werden, eine Atombombe auf Havanna abzuwerfen, anstatt lediglich zu versuchen, möglichst viele Menschen durch Hunger und Krankheiten umzubringen, um die »Demokratie« einzuführen. Nach dem Fall der Berliner Mauer wurde dies zum neuen Vorwand für die Strangulation Kubas und die ideologischen Institutionen kamen nicht aus dem Takt, als sie einen anderen Gang einlegten. Kuba war nicht länger ein Agent des Kreml, darauf aus, die Macht in Lateinamerika zu übernehmen und die vor Angst zitternden Vereinigten Staaten zu erobern. Die Lügen der letzten dreißig Jahre lassen sich in aller Stille auf Eis legen: In der nun revidierten, gängigen Version waren Terror und Wirtschaftskrieg immer ein Versuch zur Einführung von Demokratie. Daher müssen wir das Embargo verschärfen, das »zu einem Anstieg von Hunger, Krankheit, Tod und einer der weltgrößten neurologischen Krankheitswellen innerhalb der letzten hundert Jahre beigetragen hat«, wie Gesundheitsexperten in medizinischen US-Zeitschriften vom Oktober 1994 schrieben. Der Autor eines Beitrags sagt: »Nun, Tatsache ist, dass wir Menschen umbringen«, indem wir ihnen Nahrung und Arzneimittel sowie die Utensilien verweigern, um ihre eigenen medizinischen Produkte herzustellen.

Clintons »Cuban Democracy Act« – gegen das Präsident Bush zuerst ein Veto einlegte, da es ein so offensichtlicher Verstoß gegen das Völkerrecht darstellte, und dann unterzeichnete, als er von Clinton während des Wahlkampfs rechts überholt wurde – unterband den Handel von US-Tochtergesellschaften im Ausland, neunzig Prozent davon Nahrungsmittel, Medizin und medizinische Ausrüstung. Dieser Beitrag zur Demokratie half dabei mit, einen beträchtlichen Rückgang der kubanischen Gesundheitsstandards, einen Anstieg der Sterblichkeitsraten und »die besorgniserregendste Krise der Volksgesundheit in Kuba in der jüngeren Vergangenheit« herbeizuführen, eine neurologische Erkrankung, die laut dem ehemaligen Leiter der Neuroepidemiologie am Nationalen Gesundheitsinstitut, dem Verfasser eines der genannten Artikel, zuletzt in tropischen Gefangenenlagern in Südostasien während des Zweiten Weltkriegs beobachtet wurde. Um die Folgen zu illustrieren, führt ein Professor für Medizin an der Columbia Universität den Fall eines schwedischen Wasserfiltersystems an, das Kuba gekauft hatte, um Impfstoffe herzustellen, und dessen Einfuhr untersagt wurde, da einige Teile von einer Firma in amerikanischem Besitz hergestellt werden, so dass man lebensrettende Impfstoffe vorenthalten kann, um den Überlebenden die »Demokratie« zu bringen.[10]

Die Erfolge darin, »Menschen umzubringen« und ihnen Leid zuzufügen, sind bedeutend. In der Realität gab Castros Kuba nicht aufgrund einer militärischen Bedrohung, Menschenrechtsverletzungen oder der Diktatur Anlass zur Sorge. Sondern vielmehr aus Gründen, die tief in der amerikanischen Geschichte verwurzelt sind. Als in den 1820er-Jahren die Machtübernahme auf dem Kontinent schnelle Fortschritte machte, wurde Kuba von der politischen und wirtschaftlichen Führungsschicht als die nächste Siegesprämie betrachtet. Das heißt als »ein Objekt von außerordentlicher Bedeutung für die kommerziellen und politischen Interessen unserer Vereinigten Staaten«, wie der Begründer der Monroe-Doktrin, John Quincy Adams, empfahl, der zusammen mit Jefferson und anderen der Meinung war, dass Spanien die Hoheitsgewalt behalten sollte, bis die britischen Abwehrmittel schwächer und Kuba aufgrund »der Gesetze der politischen ... Gravitation« in die Hände der USA fallen würde, eine zur Ernte »reife Frucht«, so wie es vor hundert Jahren dann auch geschah. In der Mitte des 20. Jahrhunderts genoss diese reife Frucht hohe Wertschätzung unter anderem durch die Interessen der US-Landwirtschaft und Glücksspielindustrie. Castros Diebstahl dieses US-Eigentums wurde nicht auf die leichte Schulter genommen. Schlimmer noch: Es bestand die Gefahr eines »Dominoeffekts« in Form einer Entwicklung, die für notleidende Menschen andernorts von Bedeutung sein könnte – des erfolgreichsten Gesundheitssystems in Lateinamerika zum Beispiel. Man befürchtete, dass Kuba einer jener »faulen Äpfel« sein könnte, der »den ganzen Korb verdirbt«, ein »Virus«, der andere »infizieren« könnte, so die von staatlichen Planern bevorzugte Terminologie, die sich um Verbrechen nicht bekümmern, um so mehr aber um mögliche Vorbildwirkungen.

Aber anständige Menschen gehen auf solche Dinge oder auch nur die grundlegenden Fakten über den seit 1959 währenden Feldzug zur Rückerstattung der reifen Frucht an seinen rechtmäßigen Eigentümer nicht näher ein, seine aktuelle Phase eingeschlossen. Wenige Amerikaner hat man der umstürzlerischen Materie in den medizinischen Zeitschriften vom Oktober 1994 oder auch nur der Tatsache ausgesetzt, dass die UN-Vollversammlung im gleichen Monat eine Resolution verabschiedete, die ein Ende des illegalen Embargos mit einem Stimmenverhältnis von 101 zu 2 forderte, wobei sich die USA nur auf Israel stützen konnten, im Stich gelassen nun selbst von Albanien, Rumänien und Paraguay, die sich Washington in früheren Jahren in seinem Kreuzzug für die Demokratie für kurze Zeit angeschlossen hatten.

Die gängige Geschichte lautet, dass Osteuropa, endlich befreit, sich nun den reichen Gesellschaften des Westens anschließen kann. Vielleicht, aber dann fragt man sich, warum dies während des vergangenen halben Jahrtausends nicht geschehen ist, als ein Großteil Osteuropas bis weit in unser Jahrhundert hinein im Verhältnis zum Westen beständig zurückfiel und dabei zu dessen ursprünglicher »Dritten Welt« wurde. Eine andere vorstellbare Zukunftsperspektive ist, dass der Status quo ante mehr oder weniger wiederhergestellt wird: Teile des kommunistischen Imperiums, die zum industrialisierten Westen gehört hatten – Westpolen, die Tschechische Republik und einige andere – werden sich ihm allmählich wieder anschließen, während andere zu so etwas wie ihrem vorherigen Status als Dienstleistungsbereiche für die wohlhabende industrialisierte Welt zurückkehren werden, die natürlich nicht allein aufgrund ihrer einzigartigen Tugendhaftigkeit so reich geworden ist. Wie Winston Churchill in einem Papier bemerkte, das er im Januar 1914 seinen Kabinettskollegen vorlegte,

> sind wir kein junges Volk mit *einer unschuldigen Vergangenheit* und einer kärglichen Erbschaft. Wir haben uns … einen *ganz und gar überproportionalen* Anteil am Reichtum und Handelsverkehr der Welt angeeignet. Was Ländereien angeht, haben wir alles bekommen, was wir wollen, und unser Anspruch, dass man uns enorme und prächtige Besitztümer unbehelligt genießen lässt, *erworben hauptsächlich durch Gewalt und großenteils durch Gewalt erhalten*, scheint anderen oftmals weniger einsichtig als uns.

Innerhalb der respektablen Gesellschaft ist solche Ehrlichkeit sicherlich selten, doch ohne die kursivierten Formulierungen wäre die Textpassage akzeptabel, wie Churchill sehr wohl verstand. Er veröffentlichte das Papier in den 1920er-Jahren in *Die Weltkrise*, aber gekürzt um die verletzenden Formulierungen.[11]

Auch ist es aufschlussreich, den Rahmen zu betrachten, in den die Katastrophe des Kommunismus eingepasst wird. Dass er eine Monstrosität war, stand nie in Zweifel und es war auch den Anarchisten, Menschen von unabhängigem Geist wie Russell und Dewey und linken Marxisten vom ersten Augenblick an klar – in der Tat prophezeiten viele von ihnen dies bereits im Vorhinein. Noch könnte der Zusammenbruch der Tyrannei für jemanden, der Freiheit und

Menschenwürde wertschätzt, irgendetwas anderes sein als ein Anlass zur Freude. Aber betrachten wir eine begrenztere Fragestellung: das Standardargument dafür, dass die Planwirtschaft katastrophal gescheitert ist, um die Überlegenheit und die Vorzüge des Kapitalismus zu beweisen. Wir vergleichen einfach Westdeutschland, Frankreich, England und die Vereinigten Staaten mit der Sowjetunion und ihren Satellitenstaaten – q.e.d. Dieses Argument ist kaum mehr als ein geistiger Reflex, es wird als so offenkundig gültig angesehen, dass es gar nicht mehr beachtet wird, die Grundannahme für alle weiteren Nachforschungen.

Es ist ein interessantes Argument mit breiter Anwendbarkeit. Mit derselben Logik kann man zum Beispiel das kolossale Scheitern der Kindergärten in Cambridge, Massachusetts, und den grandiosen Erfolg des MIT beweisen: Man frage einfach, wie viele Kinder, die gerade eingeschult werden, verglichen mit den promovierten Wissenschaftlern des MIT von der Quantenphysik verstehen – q.e.d.

Jemandem, der dieses Argument vorbrächte, würde man vermutlich eine psychiatrische Behandlung anbieten. Der Fehlschluss ist auf eine triviale Weise offensichtlich. Um eine vernünftige Bewertung durchzuführen, müsste man die Absolventen der Kindergärten in Cambridge mit Kindern vergleichen, die auf demselben Niveau in das Bildungssystem eingestiegen sind. Dieselben grundlegenden Vernunftprinzipien schreiben vor, dass wir zur Bewertung der kommunistischen Planwirtschaft im Verhältnis zu ihrer kapitalistischen Alternative die osteuropäischen Länder mit anderen vergleichen müssen, die ihnen ähnelten, als das »Experiment« mit den zwei Entwicklungsmodellen begann. Offensichtlich nicht mit dem Westen; man muss ein halbes Jahrtausend zurückgehen, um einen Zeitpunkt zu finden, an dem er mit Osteuropa vergleichbar war. Ein geeigneter Vergleich wäre Russland und Brasilien oder Bulgarien und Guatemala, obwohl dies dem kommunistischen Modell gegenüber unfair wäre, das niemals auch nur im Entferntesten die Vorteile der US-Satellitenstaaten besaß. Wenn wir diesen vernunftgemäßen Vergleich durchführen, kommen wir in der Tat zu dem Schluss, dass das kommunistische Wirtschaftsmodell ein Desaster war – und das westliche sogar einen noch katastrophaleren Misserfolg darstellt. Es existieren Nuancen und Komplexitäten, aber die wesentlichen Schlussfolgerungen sind ziemlich haltbar.

Es ist faszinierend, zu sehen, dass solche grundlegenden Punkte nicht verstanden werden, und die Reaktion auf Versuche zu beobachten, diese Frage zu untersuchen, die ebenfalls nicht verstanden werden. Diese Übung bietet einige nützliche Lektionen über die ideologischen Systeme der freien Gesellschaften.[12]

Was jetzt in einem Großteil Osteuropas geschieht, wiederholt zum Teil die übliche Geschichte von Gegenden der Welt, die in eine Dienstleistungsrolle gedrängt wurden, in der viele von ihnen – mit lehrreichen Ausnahmen – verbleiben. Es passt auch gut zu einem langen, interessanten und wichtigen Entwicklungsstrang in der Geschichte der Industriegesellschaften selbst. Das moderne Amerika wurde »im Zuge von Arbeiterprotesten geschaffen«, wie David Montgomery, Historiker der Arbeiterbewegung an der Yale University, hervorhebt, Proteste, die lebhaft und direkt waren und mit »heftigen Kämpfen« einhergingen. Es gab einige harterkämpfte Siege, immer wieder unterbrochen von erzwungener Anpassung an »ein höchst undemokratisches Amerika«, besonders, wie er bemerkt, in den 1920er-Jahren, als es schien, »das Haus der Arbeiterbewegung« wäre »untergegangen«.

Die Stimme der Arbeiterschaft wurde in der Arbeiter- und Volkspresse, die ihre Blütezeit von der Mitte des 19. Jahrhunderts bis zum Zweiten Weltkrieg und darüber hinaus erlebte und schließlich durch staatliche und private Macht zerstört wurde, klar und eindringlich artikuliert. Selbst in den 1950er-Jahren erreichten achthundert Arbeiterzeitungen immer noch zwanzig bis dreißig Millionen Menschen und strebten – in ihren eigenen Worten – danach, die Unternehmeroffensive zum »Ausverkauf des amerikanischen Volkes zugunsten der großen Konzerne« zu bekämpfen, Rassenhass und »alle Arten von antidemokratischem Reden und Handeln« anzuprangern und »Gegenmittel gegen das schlimmste Gift der ausgehaltenen Presse« bereitzustellen, der kommerziellen Medien, die die Aufgabe hatten, »die Arbeiterbewegung bei jeder Gelegenheit zu verdammen, während die Sünden der Bank- und Industriemagnaten sorgsam vertuscht werden«.[13]

Stimmen des Widerstands

Die Widerstandsbewegungen des Volkes gegen die staatskapitalistische Autokratie und die beredten Stimmen dieser Bewegungen können uns eine Menge über die Ziele und Visionen der einfachen Menschen, ihr Weltverständnis und ihre Bestrebungen lehren. Die erste große (und meines Wissens immer noch die einzige) Studie über die Arbeiterpresse in der Mitte des 19. Jahrhunderts wurde vor siebzig Jahren von Norman Ware veröffentlicht. Sie ist heute eine aufschlussreiche Lektüre oder wäre es, wenn sie bekannt wäre. Ware konzentriert sich auf die Zeitschriften, die von Handwerkern und »Fabrikmädchen« in Industriestädten in der Nähe von Boston, dem »Athen Amerikas« und Heimat seiner größten Universitäten, gegründet und betrieben wurden. Die Städte sind noch da, großenteils demoralisiert und in Verfall begriffen, aber genauso die inspirierenden Visionen der Menschen, die sie erbauten und den Grundstein für den Wohlstand und die Macht Amerikas legten.

Die Zeitschriften zeigen, wie fremd und unerträglich die von privater Wirtschaftsmacht geforderten Wertesysteme für die Arbeiterschaft waren, die sich hartnäckig weigerten, normale menschliche Gefühlsregungen aufzugeben. »Der neue Geist der Zeit«, den sie scharf verurteilten, »war für einen erstaunlich großen Teil der früheren amerikanischen Gesellschaft abstoßend«, schreibt Ware. Die Hauptgründe waren »der Niedergang des Industriearbeiters als Individuum«, die »psychologische Veränderung«, der »Verlust von Würde und Unabhängigkeit« und demokratischer Rechte und Freiheiten, als staatliche und private Macht die Werte des industriellen Kapitalismus durchsetzten, wenn nötig mit Gewalt.

Arbeiter beklagten die »Herabsetzung und den Verlust jener Selbstachtung, der die Handwerker und Arbeiter zum Stolz der Welt gemacht hatte«, den Niedergang der Kultur, der Fertigkeiten und Kenntnisse und selbst simpler menschlicher Würde im Zuge ihrer Unterwerfung unter etwas, das sie »Lohnsklaverei« nannten, ihrem Empfinden nach nicht viel anders als die Leibeigenschaft auf den Plantagen im Süden, da sie gezwungen waren, sich *selbst* zu verkaufen, nicht das, was sie produzierten, und so zu »Knechten« und »niederen Dienern« von »Despoten« wurden. Sie beschrieben die Zerstörung des »Geistes freier Institutionen«, die die Arbeiterschaft auf einen »Stand der Knechtschaft« reduziert, in dem sie eine »Geldaristokratie wie eine gewaltige Lawine über uns hängen sehen, die jeden Menschen, der ihr Recht auf Versklavung und Unterdrückung der Armen und Glücklosen infrage zu stellen wagt, mit Vernichtung bedroht«. Und die materiellen Bedingungen zu Hause oder im nahegelegenen Boston, wo die Lebenserwartung der Iren 1849 auf 14 Jahre geschätzt wurde, konnten ihnen kaum entgangen sein.

Besonders dramatisch und wiederum von Bedeutung für den gegenwärtigen Angriff auf Demokratie und Menschenrechte war der starke Rückgang in hochkultureller Bildung. Die »Fabrikmädchen« von den Farmen in Massachusetts waren gewohnt, ihre Zeit mit der Lektüre von Klassikern und zeitgenössischer Literatur zu verbringen, und die selbstständigen Handwerker pflegten, wenn sie ein wenig Geld hatten, einen Jungen anzustellen, der ihnen vorlas, während sie arbeiteten. Es war keine leichte Aufgabe, solche Gedanken aus den Köpfen der Menschen zu treiben, so dass heute ein angesehener Leitartikler Ideen zur Demokratisierung des Internets, um den weniger Privilegierten Zugang zu ermöglichen, höhnisch abtun kann:

> Man sollte meinen, dass die Armen beim jetzigen Stand der Dinge so ziemlich alle Informationen bekommen, die sie wollen, und sich in vielen Fällen sogar den Bemühungen von Schulen, Bibliotheken und der Informationsmedien widersetzen, sie sachkundiger zu machen. Tatsächlich hilft dieser Widerstand häufig, zu erklären, warum sie arm sind

– neben ihren mangelhaften Genen zweifellos. Diese Erkenntnis wurde als so profund angesehen, dass sie von den Redakteuren in einem gesonderten Kasten hervorgehoben wurde.[14]

Die Arbeiterpresse verurteilte auch, was sie die »gekaufte Priesterschaft« der Medien, der Universitäten und der intellektuellen Klasse nannte, Apologeten der Macht, die sich bemühten, den Despotismus zu rechtfertigen und seine erniedrigenden Werte einzuimpfen, der eben dabei war, seine Macht zu stärken. »Diejenigen, die in den Fabriken arbeiten, sollten sie auch besitzen«, schrieben Menschen der Arbeiterschaft ganz ohne die Unterstützung radikaler Intellektueller. Auf diese Weise versuchten sie, die »monarchischen Prinzipien« zu überwinden, die »auf demokratischem Boden« Wurzeln zu schlagen begannen. Jahre später wurde dies zum Schlachtruf der organisierten Arbeiterbewegung, selbst ihrer konservativeren Teile. In einer in großer Auflage verbreiteten Ansprache auf einem Gewerkschaftspicknick erklärte Henry Demarest Lloyd, dass es die »Mission der Arbeiterbewegung ist, die Menschheit vom Aberglauben und den Sünden des freien Marktes zu befreien, und die Armut abzuschaffen, die die Frucht dieser Sünden ist. Dieses Ziel kann erreicht werden, indem die Prinzipien demokratischer Politik auf die Führung der Wirtschaft ausgeweitet werden«. »Von den Menschen, die die Arbeit machen, sollen die Arbeitszeiten, die Beschäftigungsbedingungen und die Verteilung der Erzeugnisse bestimmt werden«, forderte er in einem, wie David Montgomery es nannte, »Fanfarenruf an den Kongress der AFL von 1893«. Von den Arbeitern selbst, fuhr Lloyd fort, »sollen die Industriekapitäne gewählt werden und sie sollen zu Dienern und nicht zu Herren erwählt werden. Es ist die Wohlfahrt aller, auf die die koordinierte Arbeit aller gerichtet werden muss. ... Das ist Demokratie«.[15]

Diese Vorstellungen sind der libertären Linken natürlich vertraut, doch stehen sie den Glaubenssätzen der herrschenden Machtsysteme radikal entgegen, ob man sie mit den weitgehend bedeutungslosen Begriffen des zeitgenössischen Diskurses nun als »links«, »rechts« oder »Mitte« bezeichnet. Sie sind erst in jüngster Zeit, und nicht zum ersten Mal, verdrängt worden, aber sie können wiederentdeckt werden, wie oftmals zuvor.

Solche Werte wären auch den Begründern des klassischen Liberalismus verständlich gewesen. Wie zuvor in England verdeutlichen die Reaktionen der Arbeiter in den Industriestädten von Neuengland die Scharfsichtigkeit von Adam Smiths Kritik der Arbeitsteilung. In Übernahme gängiger aufklärerischer Vorstellungen von Freiheit und Kreativität erkannte Smith, dass »die Alltagsbeschäftigung ganz zwangsläufig das Verständnis der meisten Menschen« formt. Daraus folgt:

> Jemand, der tagtäglich nur wenige einfache Handgriffe ausführt, die zudem immer das gleiche oder ein ähnliches Ergebnis haben, hat keinerlei Gelegenheit, seinen Verstand zu üben ... und [wird] so stumpfsinnig und einfältig ..., wie ein menschliches Wesen nur eben werden kann. ... Dies aber ist die Lage, in welche die Schicht der Arbeiter, also die Masse des Volkes, in jeder entwickelten und zivilisierten Gesellschaft unweigerlich gerät, wenn der Staat nichts unternimmt, sie zu verhindern

– was jedoch geschehen muss, um den zerstörerischen Auswirkungen wirtschaftlicher Kräfte einen Riegel vorzuschieben, wie er empfand. Wenn ein Handwerker einen schönen Gegenstand auf Befehl herstellt, schrieb Wilhelm von Humboldt in einem klassischen Werk, das Mill inspirierte, so gilt: »Man bewundert, was er tut; man verachtet, was er ist«: kein freies menschliches Wesen, sondern ein bloßes Gerät in den Händen anderer. Aus ähnlichen Gründen ist »der Arbeiter, welcher einen Garten *bestellt*, … vielleicht in einem wahreren Sinne *Eigentümer*, als der müßige Schwelger, der ihn genießt«. Auch später haben wahre Konservative erkannt, dass die Kräfte des freien Marktes das, was wertvoll im menschlichen Leben ist, zerstören werden, wenn man sie nicht stark einschränkt. Alexis de Tocqueville fragte, Smith und von Humboldt ein halbes Jahrhundert vor ihm wiederholend, rhetorisch: »Was soll man von einem Menschen erwarten, der zwanzig Jahre seines Lebens damit verbracht hat, Stecknadelköpfe herzustellen?« »Die Fertigkeit schreitet voran, der Fertigende zurück«, so sein Kommentar. Wie Smith legte er Wert auf die Gleichheit der Bedingungen, die er als die Grundlage der amerikanischen Demokratie erkannte, und warnte davor, dass, sollte sich die »dauernde Ungleichheit der gesellschaftlichen Bedingungen« jemals festsetzen, »die Aristokratie der Fabrikanten, die wir vor unseren Augen erstehen sehen, eine der härtesten, die auf Erden erschienen ist«, aus den ihr gesetzten Begrenzungen ausbrechen könnte, was das Ende der Demokratie bedeuten würde. Auch für Jefferson war es eine grundlegende Prämisse, dass »weitverbreitete Armut und konzentrierter Reichtum in einer Demokratie nicht nebeneinander existieren können«.[16]

Erst im frühen 19. Jahrhundert kam es dazu, dass die zerstörerischen und unmenschlichen Kräfte des freien Marktes, die die Begründer des klassischen Liberalismus verdammten, zu einem Gegenstand der Verehrung erhoben und deren Heiligkeit, von Ricardo und anderen klassischen Ökonomen als deren Beitrag zum im England der beginnenden Industrialisierung ausgefochtenen Klassenkampf, mit derselben Gewissheit wie die »Prinzipien der Schwerkraft« bewiesen wurden – Glaubenssätze, die man jetzt wiederauferstehen lässt, da der »immerwährende Kampf um die Köpfe der Menschen« mit erneuerter Intensität und Grausamkeit geführt wird.

Es sollte festgehalten werden, dass diese ökonomischen Entsprechungen zu Newtons Gesetzen in Wirklichkeit in der Praxis großenteils genauso befolgt wurden wie heute. Die wenigen Untersuchungen von Wirtschaftshistorikern zu diesem Thema schätzen, dass etwa die Hälfte der Industriebetriebe von Neuengland geschlossen worden wäre, wenn man die Wirtschaft für die sehr viel billigeren Produkte der britischen Industrie geöffnet hätte, die ihrerseits mit reichlichem Rückgriff auf staatliche Macht aufgebaut und erhalten wurde. Heute gilt so ziemlich dasselbe, wie jeder schnell herausfinden wird, der den rhetorischen Nebel beiseite fegt und sich die Realität des »Wirtschaftsliberalismus« und der »unternehmerischen Werte« ansieht, die er propagiert.

John Dewey und Bertrand Russell sind zwei der Erben dieser Tradition im 20. Jahrhundert, die ihre Wurzeln in der Aufklärung und dem klassischen Liberalismus hat und die, wie ich glaube, am lebendigsten in der beeindruckenden Geschichte des Kampfes, der Organisation und des Denkens arbeitender Männer und Frauen aufbewahrt ist, die bestrebt waren, die Bereiche der Freiheit und Gerechtigkeit im Angesicht des neuen Despotismus staatlich unterstützter Privatmacht zu behaupten und zu erweitern.

Ein grundsätzliches Problem wurde von Thomas Jefferson in seinen späteren Lebensjahren formuliert, als er das Anwachsen der neuen »Aristokratie der Fabrikanten« beobachtete, das de Tocqueville so beunruhigte. Sehr in Sorge um das Schicksal des demokratischen Experiments unterschied er zwischen »Aristokraten« und »Demokraten«. Die »Aristokraten« sind »diejenigen, die das Volk fürchten und ihm misstrauen und alle Macht von ihm in die Hände der oberen Klassen befördern wollen«. Die Demokraten dagegen »identifizieren sich mit dem Volk, haben Vertrauen zu ihm und betrachten und schätzen es als ehrlichen & sicheren … Wahrer des öffentlichen Interesses«, wenn auch nicht immer »den weisesten«. Die Aristokraten seiner Tage waren die Verfechter des entstehenden kapitalistischen Staates, den Jefferson mit Unbehagen betrachtete, da er den offenkundigen Gegensatz zwischen Demokratie und Kapitalismus erkannte – oder genauer: dem »real existierenden Kapitalismus«, der eng mit der Staatsmacht verbunden ist.

Jeffersons Beschreibung der »Aristokraten« wurde von Bakunin weiterentwickelt, der prophezeite, dass die »neue Klasse« der Intellektuellen einem von zwei gleichlaufenden Wegen folgen werde. Sie könnten versuchen, Kämpfe des Volkes dazu auszunutzen, die Staatsmacht in die eigenen Hände zu bekommen und dabei zu einer »Roten Bürokratie« werden, die das grausamste und bösartigste Regime der Geschichte errichten wird. Oder sie könnten erkennen, dass die Macht anderswo liegt und sich selbst als deren »gekaufte Priesterschaft« anbieten, die den wirklichen Herren entweder als Manager oder als Apologeten dient, die in den staatskapitalistischen Demokratien »das Volk mit dem Stock des Volkes schlagen«.

Es muss sich hier um eine der wenigen Prognosen der Sozialwissenschaften handeln, die auf so dramatische Weise wahr geworden ist. Allein aus diesem Grund verdient sie einen Ehrenplatz im berühmten Kanon, jedoch werden wir darauf noch lange warten müssen.

»Harte Liebe«

Es besteht, wie ich glaube, eine gespenstische Ähnlichkeit zwischen der heutigen Zeit und den Tagen, als die gegenwärtige Ideologie – das, was jetzt »Neoliberalismus« und »ökonomischer Rationalismus« genannt wird – von Ricardo, Malthus und anderen geprägt wurde. Ihre Aufgabe war es, den Menschen entgegen ihrem törichten Glauben zu beweisen, dass sie keine Rechte haben. Dies ist tatsächlich »wissenschaftlich« belegt. Der schwerwiegende Denkfehler in der präkapitalistischen Kultur bestand in dem Glauben, dass die Menschen einen Platz in der Gesellschaft und ein Recht auf diesen Platz haben, vielleicht nur auf einen miesen Platz, aber immerhin etwas. Die neue Wissenschaft bewies, dass die Vorstellung eines »Rechts auf Leben« schlicht ein Trugschluss war. Man musste den irregeleiteten Menschen geduldig erklären, dass sie keine Rechte haben, außer dem Recht, ihr Glück auf dem freien Markt zu versuchen. Eine Person, die über kein unabhängiges Einkommen verfügt und auf dem Arbeitsmarkt nicht überleben kann, »hat keinen Rechtsanspruch auf den kleinsten Anteil an Nahrungsmitteln und hat dort, wo sie ist, eigentlich nichts verloren«, verkündete Malthus in einem einflussreichen Werk. Es ist ein »großes Übel« und eine Verletzung der »natürlichen Freiheit«, die Armen zu dem Glauben zu verleiten, dass sie weitergehende Rechte haben, meinte Ricardo, empört über diesen Angriff auf die Grundsätze der Wirtschaftswissenschaften und der elementaren Vernunft sowie die Grundsätze der Moral, die nicht weniger erhaben sind. Die Botschaft ist simpel. Du hast die freie Wahl: den Arbeitsmarkt, das Gefängnis des Armenhauses, den Tod oder fortzugehen – wie es möglich war, als sich dank der Ausrottung und Vertreibung eingeborener Bevölkerungsgruppen, also nicht gerade durch die Prinzipien des freien Marktes, große Räume eröffneten.

Die Begründer der Wissenschaft wurden in ihrer Hingabe an das »Glück des Volkes« von niemandem übertroffen und befürworteten zu diesem Zweck sogar eine gewisse Ausweitung des Stimmrechts: »freilich nicht universell auf alle Menschen, sondern auf denjenigen Teil von ihnen, von dem nicht angenommen werden kann, dass er irgendein Interesse an der Aufhebung des Eigentumsrechts hat«, erklärte Ricardo und fügte hinzu, dass noch größere Begrenzungen angemessen wären, wenn sich zeigen sollte, dass »die Beschränkung des Wahlrechts auf die allerengsten Grenzen« mehr »Sicherheit für eine gute Auswahl der Repräsentanten« garantieren würde. Es gibt eine reichhaltige Tradition von ähnlichen Gedanken bis in die heutige Zeit.[17]

Es ist nützlich, sich zu erinnern, was geschah, als die Gesetze des ökonomischen Rationalismus formuliert und eingeführt wurden – auf die bekannte zweifache Weise: Marktdisziplin für die Schwachen, aber die Dienste des Fürsorgestaats, um bei Bedarf die Wohlhabenden und Privilegierten zu schützen. In den 1830er-Jahren hatte die neue Ideologie weitgehend gesiegt und sie wurde einige Jahre später noch vollständiger durchgesetzt. Es gab jedoch ein kleines Problem. Den Menschen schien es nicht in die Köpfe zu wollen, dass sie keine angeborenen Rechte hatten. Dumm und unwissend wie sie waren, fanden sie es schwer, die simple Wahrheit zu begreifen, dass sie kein Recht auf Leben haben, und sie reagierten auf alle möglichen irrationalen Arten. Eine Zeitlang verwendete die britische Armee einen Gutteil ihrer Energien auf die Niederschlagung von Unruhen. Später nahmen die Dinge eine verhängnisvollere Wende. Die Menschen begannen, sich zu organisieren. Die Chartistenbewegung und später die Arbeiterbewegung wurden zu bedeutenden Kräften. Zu diesem Zeitpunkt bekamen es die Herren ein wenig mit der Angst zu tun, da sie erkannten, dass sie ihnen zwar das Recht auf Leben verweigern, aber auch *diese* ihnen das Recht zu herrschen verweigern können. Etwas musste getan werden.

Glücklicherweise gab es eine Lösung. Die »Wissenschaft«, die doch etwas flexibler ist als diejenige Newtons, begann, sich zu verändern. Um die Jahrhundertmitte war sie in Händen von John Stuart Mill und selbst solch soliden Persönlichkeiten wie Nassau Senior, einst eine Stütze der Orthodoxie, in bedeutender Weise umgestaltet worden. Es stellte sich heraus, dass die Prinzipien der Schwerkraft nun die Rudimente von etwas miteinschlossen, das sich langsam zum kapitalistischen Wohlfahrtsstaat entwickelte, mit einer Art Gesellschaftsvertrag, der durch lange und harte Kämpfe mit vielen Rückschlägen, aber auch bedeutenden Erfolgen begründet wurde.

Nun gibt es den Versuch, die Geschichte zurückzudrehen und zu den glücklichen Tagen zurückzukehren, als für kurze Zeit die Grundsätze des ökonomischen Rationalismus regierten und dabei feierlich bewiesen, dass die Menschen keine Rechte jenseits dessen haben, was sie auf dem Arbeitsmarkt erreichen können. Und da die Verfügung »fortzugehen« nicht mehr funktioniert, sind die Auswahlmöglichkeiten nun auf das Gefängnis des Armenhauses oder den Hungertod beschränkt, einem Naturgesetz gemäß, das zeigt, dass jeder Versuch, den Armen zu helfen, ihnen nur schadet – den Armen wohlgemerkt; den Reichen wird dadurch wundersamerweise geholfen, wenn etwa die Staatsmacht eingreift, um Investoren nach dem Zusammenbruch des vielgepriesenen mexikanischen »Wirtschaftswunders« auszulösen oder angeschlagene Banken und Industrien zu retten oder Japan vom amerikanischen Markt auszuschließen, um den einheimischen Konzernen in den 1980er-Jahren den Wiederaufbau der Stahl-, Automobil- und Elektroindustrie zu ermöglichen (inmitten eindrucksvoller Rhetorik über den freien Markt von Seiten der protektionistischsten Regierung der Nachkriegszeit und ihrer Gefolgsleute). Und weit mehr; dies ist nur die Spitze des Eisbergs. Aber der Rest bleibt den eisernen Grundsätzen des ökonomischen Rationalismus unterworfen, die heute von denen, die über die Verteilung von Sozialleistungen entscheiden, gelegentlich »harte Liebe« genannt werden.

Leider ist dies keine Karikatur. Tatsächlich ist eine Karikatur kaum möglich. Man fühlt sich an Mark Twains verzweifelten Kommentar in seinen (lange unbeachteten) anti-imperialistischen Essays über sein Unvermögen erinnert, einen der bewunderten Helden des Gemetzels an den Filipinos zum Gegenstand der Satire zu machen. »Keine Satire über Funston könnte je Vollkommenheit erreichen, denn diesen Gipfel hat Funston selbst besetzt … [er ist] fleischgewordene Satire«.

Was auf den Titelseiten emotionslos berichtet wird, würde in einer Gesellschaft mit einem wahrhaft freien und demokratischen Geistesleben Hohn und Entsetzen auslösen. Nehmen wir nur ein Beispiel. Betrachten wir die wirtschaftliche Hauptstadt des reichsten Landes der Welt: New York City. Ihr Bürgermeister, Rudolph Giuliani, bekannte endlich bezüglich seiner Finanzpolitik einschließlich der radikal regressiven Umschichtung der Steuerlast Farbe: Steuererleichterungen für die Reichen (»sämtliche Steuersenkungen des Bürgermeisters kommen der Wirtschaft zugute«, bemerkte die *New York Times* im Kleingedruckten) und Steuererhöhungen für die Armen (versteckt im Anstieg der Fahrpreise für Schulkinder und Werktätige, höhere Gebühren an städtischen Schulen usw.). Verbunden mit schwerwiegenden Kürzungen öffentlicher Mittel, die den Bedürfnissen der Bevölkerung dienen, sollte diese Politik den Armen dabei helfen, fortzugehen, erklärte der Bürgermeister. Diese Maßnahmen würde es »ihnen ermöglichen, sich frei im Land zu bewegen«, führte der Bericht in der *New York Times* unter der Schlagzeile »Giuliani sieht die Sozialkürzungen als Chancenangebot für Beweglichkeit« weiter aus.[18]

Kurz, diejenigen, die durch das Sozialhilfesystem und öffentliche Dienstleistungen gefesselt waren, werden endlich von ihren Ketten befreit, ganz ähnlich wie es die Begründer der Glaubenslehre des klassischen Liberalismus in ihren gründlich nachgewiesenen Theoremen geraten haben. Und es ist alles zu ihrem Vorteil, wie die neu wiedereingesetzte Wissenschaft beweist. Während man das imposante Gebäude leibhaftiger Rationalität bewundert, treibt einem das Mitgefühl für die Armen Tränen in die Augen.

Wohin werden die befreiten Massen gehen? Vielleicht in *Favelas* an den Rändern der Stadt, so dass sie die »Freiheit« haben können, ihren Weg irgendwie zurückzufinden, um die Drecksarbeit für diejenigen zu machen, denen es zusteht, die reichste Stadt der Welt zu genießen, wo die Ungleichheit größer als in Guatemala ist und bereits jetzt vierzig Prozent der Kinder unterhalb der Armutsgrenze leben, noch bevor diese Maßnahmen der »harten Liebe« eingeführt worden sind.

Menschen mit weichem Herzen, die die Wohltaten, mit denen die Armen überschüttet werden, nicht verstehen können, sollten zumindest imstande sein zu sehen, dass es keine Alternative gibt. »Die Lektion der nächsten paar Jahre könnte sein, dass New York einfach nicht reich oder wirtschaftlich robust genug ist, um sich den umfangreichen öffentlichen Sektor zu leisten, den es in der Zeit nach der Großen Depression geschaffen hat«, erfahren wir aus einer Expertise, die in einer anderen Titelgeschichte der *New York Times* gebracht wurde.

Der Verlust an Wirtschaftskraft ist durchaus real, zum Teil als Ergebnis von »Stadtentwicklungs«-Programmen, die einen florierenden Produktionsstandort zugunsten des expandierenden Finanzsektors zerstörten. Der Reichtum der Stadt ist eine andere Geschichte. Bei der Expertise, auf die sich die *New York Times* bezog, handelt es sich um einen Bericht an Investoren der Investmentgesellschaft J. P. Morgan, 1995 auf dem fünften Platz in der »Fortune 500«-Rangliste der Geschäftsbanken und 1994 unter einem Gewinn von lediglich 1,2 Milliarden Dollar leidend. Sicher, es war kein großes Jahr für J. P. Morgan, verglichen mit der »atemberaubenden« Gewinnsteigerung von 54 Prozent für die »500« bei lediglich 2,6 Prozent Anstieg der Beschäftigung und 8,2 Prozent Umsatzsteigerung in »einem der profitabelsten Jahre für die amerikanische Wirtschaft überhaupt«, wie *Fortune* frohlockend berichtete. Die Wirtschaftspresse bejubelte ein weiteres »hervorragendes Jahr für US-Konzerngewinne«, während in diesem vierten Jahr zweistelliger Gewinnzuwächse in Folge und im vierzehnten Jahr sinkender Reallöhne nacheinander das »Vermögen der US-Haushalte effektiv zurückgegangen zu sein scheint«. Die »Fortune 500« haben neue Höhen »wirtschaftlicher Stärke« erreicht, mit Umsätzen von annähernd zwei Dritteln des Bruttoinlandsprodukts, ein gutes Stück mehr als Deutschland oder Großbritannien, ganz zu schweigen von ihrer Macht über die Weltwirtschaft – eine beeindruckende Machtkonzentration in den Händen privater Diktaturen, die niemandem Rechenschaft schuldig sind, und ein weiterer willkommener Schlag gegen die Demokratie und den freien Markt.[19]

Wir leben in »mageren und harten Zeiten« und jeder muss den Gürtel enger schnallen, so lautet das Mantra. In Wirklichkeit schwimmt das Land im Geld, mit »steigenden Gewinnen«, die »die Kassen der amerikanischen Konzerne zum Überlaufen bringen«, frohlockte *Business Week*, noch bevor die großartigen Nachrichten über das letzte Quartal 1994 mit einem »phänomenalen Zuwachs von 71 Prozent« für die neunhundert Unternehmen im »Corporate Scoreboard« von *Business Week* eintrafen. Und was bleibt einem angesichts derart harter Zeiten überall anderes übrig, als den nun befreiten Massen ein »Chancenangebot für Beweglichkeit« zu machen?[20]

»Harte Liebe« ist genau der richtige Ausdruck: Liebe für die Reichen und Privilegierten, Härte für alle anderen.

Die Rollback-Kampagne auf allen gesellschaftlichen, politischen und ideologischen Fronten macht sich Möglichkeiten zunutze, die durch bedeutende Machtverschiebungen in die Hände der Herrschenden geboten werden. Das intellektuelle Niveau des vorherrschenden Diskurses ist unter aller Kritik und das moralische Niveau grotesk. Aber die Einschätzung der Zukunftsperspektiven, die ihnen zugrunde liegt, ist nicht unrealistisch. Das ist, denke ich, die Situation, in der wir uns jetzt befinden, während wir über Ziele und Visionen nachdenken.

Wie stets in der Vergangenheit kann man sich dafür entscheiden, ein Demokrat im Sinne Jeffersons oder ein Aristokrat zu sein. Der letztere Weg bietet reichlichen Lohn, wenn man bedenkt, wo Reichtum, Privilegien und Macht angesiedelt sind und welche Ziele dort verfolgt werden. Der andere Weg ist einer des Kampfes, und oftmals der Niederlagen, aber auch von Belohnungen, die sich diejenigen, die dem »neuen Geist der Zeit: Reichtum erwerben und dabei nur an sich selbst denken« erlegen sind, nicht vorstellen können.

Die heutige Welt ist von derjenigen Jeffersons oder der Arbeiter in der Mitte des 19. Jahrhunderts weit entfernt. Die Alternativen, die sie bietet, haben sich jedoch keineswegs grundlegend geändert.

---

1 Rudolf Rocker: *Anarcho-syndicalism*. London: Secker & Warburg 1938; *Anarchism and Anarcho-Syndicalism*, Essay im Anhang von Paul Eltzbacher (Hg.): *Anarchism*. London: Freedom Press 1960.

2 Robert Brady: *Business as a System of Power*. New York: Columbia University Press 1943. Siehe zur Unternehmenspropaganda insbesondere die Pionierarbeiten von Alex Carey, von denen einige nun in seinem Buch *Taking the Risk out of Democracy* (Urbana: University of Illinois Press 1997) versammelt sind; und zum Amerika der Nachkriegszeit Elizabeth Fones-Wolf: *Selling Free Enterprise. The Business Assault on Labor and Liberalism, 1945-1960*. Urbana: University of Illinois Press 1995, die erste wissenschaftliche Untersuchung dieses allgemeinen Themas in

Amerika. Siehe auch William Puette: *Through Jaundiced Eyes. How the Media View Organized Labor.* Ithaca: Cornell University Press 1992; William S. Solomon und Robert W. McChesney (Hg.): *Ruthless Criticism. New Perspectives in U.S. Communication History.* Minneapolis: University of Minnesota Press 1993; McChesney: *Telecommunications, Mass Media and Democracy. The Battle for the Control of U.S. Broadcasting, 1928-1935.* New York: Oxford University Press 1993.

3 Zu diesen Fragen sind die Arbeiten des Harvard-Rechtshistorikers Morton Horwitz besonders aufschlussreich, unter anderem: *The Transformation of American Law, 1870-1960. The Crisis of Legal Orthodoxy.* New York: Oxford University Press 1992.

4 Gary Zabel (Hg.): *Art and Society. Lectures and Essays by William Morris.* Boston: George's Hill 1993. Hugh Grant Adams, zitiert von Ronald Edsforth: *Class Conflict and Cultural Consensus. The Making of a Mass Consumer Society in Flint, Michigan.* New Brunswick: Rutgers University Press 1987, S. 29. Siehe auch Patricia Cayo Sexton: *The War on Labor and the Left.* Boulder, CO: Westview Press 1991.

5 Siehe meine Vorlesungen zum Gedenken an Russell, *Problems of Knowledge and Freedom* (New York: Harper & Row 1971), für weitere Ausführungen [*Über Erkenntnis und Freiheit. Vorlesungen zu Ehren von Bertrand Russell.* Aus dem Amerikanischen von Gerd Lingrün. Frankfurt am Main: Suhrkamp 1973]. Über Dewey siehe insbesondere Robert Westbrook: *John Dewey and American Democracy.* Ithaca: Cornell University Press 1991.

6 James Buchanan: *The Limits of Liberty. Between Anarchy and Leviathan.* Chicago: University of Chicago Press 1975, S. 92.

7 Stephen Kinzer, *New York Times*, 14. Oktober 1994.

8 Jane Perlez, *New York Times*, 7. Oktober 1994.

9 Justin Burke u.a., *Christian Science Monitor*, 26. Juli 1995.

10 Zur Umfrage Maria Lopez Vigil, *Envío* (Jesuitische Universität von Zentralamerika, Managua), Juni 1995. Colum Lynch, *Boston Globe*, 15. September 1994; anscheinend der einzige Bericht in der Mainstreampresse. Siehe auch Alexander Cockburn, *The Nation*, 7. November 1994.

11 Clive Ponting: *Churchill.* London: Sinclair-Stevenson 1994, S. 132.

12 Siehe für einige Vergleichsversuche und einen Überblick über die spärliche Literatur zu diesem Thema mein Buch *Year 501* (Boston: South End Press 1993) [*Wirtschaft und Gewalt. Vom Kolonialismus zur Neuen Weltordnung.* Aus dem Amerikanischen von Michael Haupt. Lüneburg: zu Klampen 1993] sowie *World Orders, Old and New* (2. Aufl. New York: Columbia University Press 1994) [gekürzte, von Michael Haupt übersetzte Ausgabe unter dem Titel *Neue Weltordnungen. Vom Kolonialismus bis zum Big Mac*, Hamburg: Europa 2004]. Ich übergehe die Reaktion darauf, obwohl sie von einigem Interesse ist.

13 David Montgomery: *The Fall of the House of Labor. The Workplace, the State,* *and American Labor Activism, 1865-1925*. New Haven: Yale University Press 1987, S. 7; Jon Bekken: *The Working Class Press at the Turn of the Century*, in: Solomon und McChesney, *New Perspectives in U. S. Communication History*, S. 151-175; Fones-Wolf, *Selling Free Enterprise*. Siehe zu ähnlichen Entwicklungen ein paar Jahre zuvor Edward Herman und Noam Chomsky: *Manufacturing Consent*. 2. Aufl. New York: Pantheon 2002, Kap. 1.2.

14 George Melloan, *Wall Street Journal*, 16. Mai 1994.

15 Norman Ware: *The Industrial Worker, 1840-1860. The Reaction of American Industrial Society to the Advance of the Industrial Revolution*. Chicago: Ivan Dee 1990 (Neudruck der Ausgabe von 1924); David Montgomery: *Citizen Worker. The Experience of Workers in the United States with Democracy and the Free Market During the Nineteenth Century*. Cambridge: Cambridge University Press 1993.

16 Zu von Humboldt siehe meine *Cartesian Linguistics* (New York: Harper & Row 1966) [*Cartesianische Linguistik. Ein Kapitel in der Geschichte des Rationalismus*. Übersetzt von Richard Kruse. Tübingen: Niemeyer 1971], *Language and Freedom*, 1969, wiederabgedruckt in: *For Reasons of State*. New York: Pantheon 1973 und James Peck (Hg.): *The Chomsky Reader*. New York: Pantheon 1987 [siehe Kap. 4 des vorliegenden Buches]. Ferner *Problems of Knowledge and Freedom*. Zu Smith siehe Patrcia Werhane: *Adam Smith and His Legacy for Modern Capitalism*. New York: (Oxford University Press 1991) und *Year 501*. Zu de Tocqueville, Jefferson siehe John Manley: *American Liberalism and the Democratic Dream*, in: *Policy Studies Review* Bd. 10, Nr. 1 (1990); *The American Dream*, in: *Nature, Society, and Thought* Bd. 1, Nr. 4 (1988).

17 Rajani Kanth: *Political Economy and Laissez-Faire. Economics and Ideology in the Ricardian Era*. Boulder, CO: Rowman & Littlefield 1986.

18 David Firestone, *New York Times*, 29. April 1995; zu den Steuersenkungen Steven Lee Myers, *New York Times*, 28. April 1995.

19 *Fortune*, 15. Mai 1995; *Business Week*, 6. März 1995.

20 *Business Week*, 30. Januar 1995; 15. Mai 1995.

Anmerkungen des Übersetzers

Damit rekonstruierbar bleibt, welche Literatur von Noam Chomsky benutzt wurde, sind die Fußnoten der in diesem Buch versammelten Texte hinsichtlich ihrer bibliographischen Angaben konsequent im Original belassen worden. Der Hinweis auf Übersetzungen der zitierten Werke oder ursprünglich deutschsprachige Quellen erfolgt in den untenstehenden Anmerkungen. Diese enthalten ferner den Nachweis von Zitaten und Anspielungen, sofern dieser in den englischen Texten fehlt, die Erklärung von für das Verständnis wichtigen Begriffen und geschichtlichen Hintergründen, die aus dem Zusammenhang heraus nicht erschlossen werden können bzw. im europäischen Kontext nur bedingt geläufig sind, sowie die Richtigstellung sachlicher Fehler.

Wie wird man Anarchist?

S. 20 Jeffersons Auffassung Chomsky zitiert hier vermutlich nach Rudolf Rockers Buch *Anarchismus und Anarcho-Syndikalismus*, wo es heißt: »Wenn Jefferson das Grundkonzept des Liberalismus in die Worte faßt: ›Diejenige Regierung ist am besten, die am wenigsten regiert‹, sagen die Anarchisten mit Thoreau: ›Diejenige Regierung ist am besten, die überhaupt nicht regiert‹.« (Rudolf Rocker: *Anarchismus und Anarcho-Syndikalismus*. Aus dem Englischen von Helmut Ahrens. Berlin: AHDE 1979). Rocker bezieht sich damit auf Thoreaus Essay *On the Duty of Civil Disobedience* (1849), der mit den Worten beginnt: »Ich habe mir den Wahlspruch zu eigen gemacht: ›Die beste Regierung ist die, welche am wenigsten regiert‹; und ich sähe gerne, wenn schneller und gründlicher nach ihm gehandelt würde. Wenn er verwirklicht wird, dann läuft es auf dies hinaus – und daran glaube ich auch: ›Die beste Regierung ist die, welche gar nicht regiert‹« (Henry David Thoreau: *Über die Pflicht zum Ungehorsam gegen den Staat und andere Essays*. Übersetzung, Nachwort und Anmerkungen von W.E. Richartz. Zürich: Diogenes 1973, S. 7). Bei dem von Thoreau erwähnten Wahlspruch handelt es sich um das Motto der politischen Monatsschrift *United States Magazine and Democratic Review* und nicht, wie häufig irrtümlich angenommen, um eine Äußerung Jeffersons. Eine ähnliche Maxime findet sich darüber hinaus auch in Ralph Waldo Emersons Essay *Politics* von 1844.

S. 20 Wilhelm von Humboldts Kritik des Staates Gemeint sind Humboldts *Ideen zu einem Versuch die Grenzen der Wirksamkeit des Staats zu bestimmen.* Auf John Stuart Mills Verhältnis zu dieser Schrift geht Chomsky in *Sprache und Freiheit*, S. 97 etwas genauer ein.

S. 26 National Defense Act Eigentlich »National Security Act«. Das Gesetz vereinigte das Kriegsministerium mit dem Marineministerium zu einer nationalen Militäreinrichtung (»National Military Establishment«) unter Führung des Verteidigungsministers.

S. 29 Sie haben in einem Ihrer Essays geschrieben Es handelt sich um den Text *Psychology and Ideology*, der in dieser Form erstmals als Kapitel 7 in der Sammlung *For Reasons of State* von 1973 erschien und eine erweiterte Fassung bzw. Kombination vorangegangener Arbeiten des Autors zum Thema darstellt. Hier zitiert nach Noam Chomsky: *Aus Staatsraison*. Aus dem Amerikanischen übersetzt von Burkhart Kroeber. Frankfurt am Main: Suhrkamp 1974, S. 86. Im englischen Original lautet die Stelle: »In a decent society everyone would have the opportunity to find interesting work, and each person would be permitted the fullest possible scope for his talents. Would more be required [im Interview fehlerhaft »What more would be required«], in particular, extrinsic reward in the form of wealth and power? Only if we assume that applying one's talents in interesting and socially useful work is not rewarding in itself« (*For Reasons of State*. New York: The New Press 2003, S. 351f.).

Auszüge aus »Eine Anatomie der Macht«

Die mit * gekennzeichneten Anmerkungen stützen sich auf den von Peter R. Mitchell und John Schoeffel erarbeiteten ausführlichen Kommentarteil des englischen Originaltexts *Understanding Power. The Indispensable Chomsky* (New York: The New Press 2002).

S. 43 Landsleuten wie uns selbst* Chomsky entnimmt dieses Zitat aus Richard Baxters *A Holy Commonwealth* von 1659 vermutlich aus Christopher Hill: *The World Turned Upside Down: Radical Ideas during the English Revolution*. London: Temple Smith 1972, S. 48: »›It will never be a good world,‹ Baxter often heard men say, ›while knights and gentlemen make us laws, that are chosen for fear and do but oppress us, and do not know the people's sores. It will never be well with us till we have Parliaments of countrymen like ourselves, that know our wants.‹«

S. 45 Bewegung von Kriegsdienstverweigerern in Israel* Gemeint ist die Organisation »Jesch Gvul«.

S. 46 Sozialismus ist der Versuch, die tierischen Probleme des Menschen zu lösen

Als Zitat nicht nachweisbar. Dem Sinn am nächsten kommt folgende Stelle aus dem *Anti-Dühring* von Friedrich Engels: »Mit der Besitzergreifung der Produktionsmittel durch die Gesellschaft ist die Warenproduktion beseitigt und damit die Herrschaft des Produkts über die Produzenten. Die Anarchie innerhalb der gesellschaftlichen Produktion wird ersetzt durch planmäßige bewußte Organisation. Der Kampf ums Einzeldasein hört auf. Damit erst scheidet der Mensch, in gewissem Sinn, endgültig aus dem Tierreich, tritt aus tierischen Daseinsbedingungen in wirklich menschliche. Der Umkreis der die Menschen umgebenden Lebensbedingungen, der die Menschen bis jetzt beherrschte, tritt jetzt unter die Herrschaft und Kontrolle der Menschen, die zum ersten Male bewußte, wirkliche Herren der Natur, weil und indem sie Herren ihrer eignen Vergesellschaftung werden. Die Gesetze ihres eignen gesellschaftlichen Tuns, die ihnen bisher als fremde, sie beherrschende Naturgesetze gegenüberstanden, werden dann von den Menschen mit voller Sachkenntnis angewandt und damit beherrscht. Die eigne Vergesellschaftung der Menschen, die ihnen bisher als von Natur und Geschichte oktroyiert gegenüberstand, wird jetzt ihre eigne freie Tat« (*MEW* 20, S. 264).

S. 47 im Zuge der »Roten Angstmacherei« unter Woodrow Wilson Mit dem Begriff »Red Scare« werden zwei Zeiträume in der US-Geschichte bezeichnet, die durch antikommunistische Hysterie und massive Repressalien gegen die politische Linke gekennzeichnet waren. Während der ersten »Roten Angstmacherei« von 1917 bis 1920 wurde unter anderem der »Anarchist Exclusion Act« verabschiedet, der anarchistisch gesinnten Ausländern die Einreise in die USA verweigerte und die Deportation bereits (illegal) eingewanderter Anarchisten ermöglichte. 1919 ist dabei zum Beispiel die Anarchistin Emma Goldman infolge der sogenannten »Palmer Raids« per Schiff nach Europa verbracht worden.

S. 48 Wenn Menschen wie Allan Bloom schreiben* Anspielung auf Allan Bloom: *The Closing of the American Mind. How Higher Education Has Failed Democracy and Impoverished the Souls of Today's Students*. New York: Simon and Schuster 1987. Deutsch: *Der Niedergang des amerikanischen Geistes. Ein Plädoyer für die Erneuerung der westlichen Kultur*. Aus dem Amerikanischen von Richard Giese. Hamburg: Hoffmann & Campe 1988.

S. 49 Menschen wie Murray Rothbard* Im Folgenden spielt Chomsky wahrscheinlich auf das zehnte Kapitel von Rothbards *For a New Liberty* (New York: Macmillan 1973) an, in dem das Verkehrswesen in einer anarchokapitalistischen Gesellschaft beschrieben wird. Hier heißt es unter anderem, zitiert nach der von Sascha Tamm besorgten deutschen Übersetzung *Für eine neue Freiheit: Kritik der politischen Gewalt. Bd. 2: Soziale Funktionen* (Berlin: edition g 2012): »Die Abschaffung des öffentlichen Sektors beinhaltet selbstredend, dass alle Grundstücke einschließlich der Straßen in privates Eigentum übergehen. Sie würden Individuen, Gesellschaften, Kooperativen und anderen freiwilligen Gruppierungen von Individuen und Kapital gehören« (S. 219). »Doch wie steht es mit dem Fahren auf verstopften städtischen Straßen? Welcher Preis wird hier erhoben? Es gibt zahlreiche mögliche Methoden. Zum Beispiel könnten die Straßeneigentümer der Innenstadt von jedem, der ihre Straßen befährt, den Kauf einer Lizenz verlangen, die sichtbar im Auto angebracht wird« (S. 234f.).

S. 54 dass der Markt bei vollkommener Freiheit* Chomsky bezieht sich hier vermutlich auf folgende Stelle zu Beginn von Buch I, Kap. 10 aus *Der Wohlstand der Nationen*: »Vor- und Nachteile beim Einsatz von Arbeit und Kapital in den einzelnen Erwerbszweigen halten sich zwangsläufig innerhalb eines bestimmten Gebietes genau die Waage, zumindest sind sie ständig auf einen Ausgleich gerichtet. Gäbe es in einem Gebiet irgendeinen Erwerbszweig, der offenkundig mehr oder weniger Vorteile bringt als die übrigen, würden im ersten Falle so viele Leute in diesen Zweig hineindrängen und im zweiten so viele ihn verlassen, daß seine Vorteile bald wieder die gleichen sein würden wie die in der übrigen Wirtschaft. Zumindest würde dies dort eintreten, wo die Dinge ihrem natürlichen Lauf überlassen sind, wo uneingeschränkt Freiheit herrscht und wo jeder wirklich so frei ist, daß er eine Beschäftigung wählen kann, die ihm zusagt und sie auch beliebig oft wechseln darf« (Adam Smith: *Der Wohlstand der Nationen. Eine Untersuchung seiner Natur und seiner Ursachen.* Aus dem Englischen übertragen von Horst Claus Recktenwald. München: Beck 1974, S. 85).

S. 55 Man wird zu dieser Passage keinen Eintrag finden* Die Stelle aus dem *Wohlstand der Nationen*, auf die Chomsky hier anspielt, wird von ihm unter anderem in seinem Vortrag *Ziele und Visionen* zitiert (vgl. S. 209 dieses Buches); sie ist im Index der Chicagoer Jubiläumsausgabe in der Tat nicht gelistet. Vgl. Adam Smith: *An Inquiry into the Nature and Causes of The Wealth of Nations.* Hg. von Edwin Cannan, Mit einem neuen Vorwort von George J. Stigler. Chicago: The University of Chicago Press 1976, S. 302f. und 510.

S. 55 dass man im Falle eines Arbeiters, der auf Befehl einen schönen Gegenstand herstellt, zwar »bewundert, was er tut«, aber »verachtet, was er ist« Zitat aus Humboldts *Ideen über Staatsverfassung, durch die neue französische Constitution veranlasst* (1791), wo es heißt: »Ueberhaupt vermag mit Energie nie der zu wirken, der mit allen Kräften auf Einmal gleichmässig wirken soll. Mit der Energie aber schwindet jede andre Tugend hin. Ohne sie wird der Mensch Maschine. Man bewundert, was er thut; man verachtet, was er ist«. Chomsky bezieht sich hier und im Folgenden vermutlich aber auch auf die *Ideen zu einem Versuch, die Grenzen der Wirksamkeit des Staates zu bestimmen* von 1792. Seinen Ausführungen am nächsten kommt eine Passage, die er auch in seinem Vortrag *Sprache und Freiheit* (siehe S. 99 dieser Ausgabe) zitiert: »Was nicht von dem Menschen selbst gewählt, worin er auch nur eingeschränkt und geleitet wird, das verrichtet er nicht eigentlich mit menschlicher Kraft, sondern mit mechanischer Fertigkeit« (Wilhelm von Humboldts Werke. Hg. von Albert Leitzmann. Bd. I: 1785-1795. Berlin: Behr 1903, S. 81 und 118).

S. 55 Gesellschaftssysteme ..., in denen »die Fertigkeit voranschreitet und der Fertigende zurück« Siehe Chomskys Vortrag *Ziele und Visionen*, S. 210 und die entsprechende Anmerkung, S. 242 in diesem Buch.

Anmerkungen zum Anarchismus

S. 63 Ein französischer Autor Es handelt sich um Octave Mirbeau. Die folgenden Zitate sind seinem Artikel *Pour Jean Grave*, in: *Le Journal*, 19. Februar 1894 entnommen, hier wiedergegeben nach James Joll: *Die Anarchisten*. Ins Deutsche übertragen von Alfred Kellner. Berlin: Propyläen 1966, S. 153.

S. 63 wie dies Daniel Guérin in *Anarchismus* tut Vgl. Daniel Guérin: *Anarchismus. Begriff und Praxis*. Aus dem Französischen von H. H. Hildebrand und Eva Demski. Frankfurt am Main: Suhrkamp 1967. Der vorliegende Text entstand als Vorwort zur englischen Übersetzung von 1970.

S. 63 bestimmtes, geschlossenes soziales System Rudolf Rocker: *Anarchismus und Anarcho-Syndikalismus*. Aus dem Englischen von Helmut Ahrens. Berlin: AHDE 1979, S. 13.

S. 64 das wirtschaftliche Leben der Völker Dieses und folgendes Zitat nach Rudolf Rocker: *Anarcho-Syndikalismus*, in: Achim von Borries und Ingeborg Weber-Brandies (Hg.): *Anarchismus. Theorie, Kritik, Utopie*. Heidelberg: Graswurzelrevolution 2. Aufl. 2013, S. 260.

S. 65 daß die ernste, endgültige, vollständige Befreiung Unveröffentlichter Schlussteil von Bakunins *Protest der Allianz* (1871), zitiert nach Max Nettlau: *Geschichte der Anarchie* Bd. 2: *Der Anarchismus von Proudhon zu Kropotkin. Seine historische Entwicklung in den Jahren 1859-1880*. Vaduz: Topos 1984 (= Unveränderter Neudruck der Ausgabe Berlin: Der Syndikalist, Kater 1927), S. 133. Bakunins Manuskript wird auch von Chomskys Quelle, Rudolf Rockers *Anarcho-Syndicalism*, nach Nettlaus historischer Abhandlung zitiert. Im Original kursiv.

S. 65 nicht nur die Ideen Bakunin, *Protest der Allianz*, zitiert nach Nettlau, *Geschichte der Anarchie*, S. 133.

S. 65 Was wir an die Stelle der Regierung setzen Das Zitat ist Pierre-Joseph Proudhons Schrift *Idée générale de la révolution au XIXe siècle* (Paris: Garnier frères, 2. Aufl. 1851, S. 283) entnommen.

S. 65 Anarcho-Syndikalisten sind überzeugt Rocker, *Anarcho-Syndikalismus*, S. 285f.

S. 66 In einem Brief von 1883 Englischsprachiger Entwurf eines Briefes an Philip Van Patten vom 18. April 1883, hier zitiert nach *MEW* 36, S. 11f.

S.67 roten Bürokratismus Chomsky zitiert diese Äußerung Bakunins häufig, so auch in den Texten *Objektivität und liberale Wissenschaft*, dem *Vorwort zur »Antologija Anarhizma«* sowie *Ziele und Visionen* in diesem Band. Die superlativische Rede von der »abscheulichsten und furchtbarsten Lüge, die unser Jahrhundert hervorgebracht hat«, die er dabei aus seiner französischen Quelle (Daniel Guérin: *Jeunesse du socialisme libertaire*. Paris: Rivière 1959) übernimmt, deckt sich allerdings nicht mit der von Boris Minzès besorgten deutschen Übersetzung des Bakuninschen Briefwechsels mit Herzen und Ogarjow aus dem Russischen (Stuttgart: Cotta 1895). Dort heißt es neutraler: »Oder bist Du ein Staatssozialist, der bereit ist, sich mit der von unserem Jahrhundert erzeugten, abscheulichen und gefährlichen Lüge zu versöhnen: mit dem Regierungsdemokratismus, mit dem roten Bürokratismus.« Zitiert nach Michail Bakunin: Brief an Alexander Iwanowitsch Herzen und Nikolai Platonowitsch Ogarjow vom 19. Juli 1866, in: *Staatlichkeit und Anarchie und andere Schriften*. Hg. von Horst Stuke. Frankfurt am Main: Ullstein 1972, S. 706.

S. 67 Muß auch nur der Übergangsstaat Fernand Pelloutier: *L'Anarchisme et les Syndicats ouvriers*, in: *Les Temps Nouveaux*, Nr. 27, 2.-8. November 1895, zitiert nach Joll, *Anarchisten*, S. 217.

S. 67 Man kann von einem Bäumchen Martin Buber: *Pfade in Utopia*. Heidelberg: Schneider 1950, S. 213.

S. 67 Der linke, anti-bolschewistische Flügel Paul Mattick: *Marx und Keynes. Die Grenzen des »gemischten Wirtschaftssystems«*. Übersetzt von Reiner Diederich und Klaus Hermann. Frankfurt am Main: Europäische Verlagsanstalt 1971, S. 305.

S. 68 Ich bin ein leidenschaftlicher Liebhaber der Freiheit Michail Bakunin: *Die Commune von Paris und der Staatsbegriff*, in: *Staatlichkeit und Anarchie* und andere Schriften, S. 299f.

S. 69 Entäußerung der Arbeit Die folgenden Zitate nach Karl Marx: *Ökonomisch-philosophische Manuskripte* aus dem Jahre 1844, in: *MEW* 40, S. 514, 513 und 516.

S. 70 zwei große Strömungen Rocker, *Anarchismus*, S. 7. Diese ideengeschichtliche Verortung Rockers gibt Chomsky auch in seinem Vorwort zu der von Rudolf Rizman herausgegebenen *Antologija Anarhizma* (Ljubljana 1986; vgl. S. 181 dieser Ausgabe) wieder.

S. 70 Besitzindividualismus Anspielung auf C. B. Macpherson: *The Political Theory of Possessive Individualism: Hobbes to Locke*. Oxford: Clarendon 1962. Deutsch: *Die politische Theorie des Besitzindividualismus*. Aus dem Englischen von Arno Wittekind. Frankfurt am Main: Suhrkamp 1967.
S. 70 Ausbeutung des Menschen durch den Menschen Die folgenden Zitate nach Rocker, *Anarchismus*, S. 9
S. 70 *der Sozialismus wird frei oder er wird nicht sein* Rocker, *Anarchismus und Anarcho-Syndikalismus*, S. 11.
S. 70 Jeder Anarchist ist Sozialist Zitiert nach Guérin, *Anarchismus*, S. 14. Der berühmte Satz stammt aus Adolph Fischers Autobiographie. Vgl. Philip S. Foner (Hg.): *The Autobiographies of the Haymarket Martyrs*. New York: Monad Press 1969, S. 81.
S. 70 Grundsatz ..., dass jedes Mitglied zunächst Sozialist zu sein habe In Bakunins *Prinzipien und Organisation einer internationalen revolutionär-sozialistischen Geheimgesellschaft* lautet eine der Voraussetzungen, die ein Kandidat für die Aufnahme in die »internationale Familie« zu erfüllen hat, in der Tat: »*Er muß Sozialist sein*, in der ganzen Bedeutung dieses Wortes, wie sie ihm unser revolutionärer Katechismus gibt« (*Staatlichkeit und Anarchie und andere Schriften*, S. 30).
S. 70 nicht nur Mittel zum Leben Karl Marx: *Kritik des Gothaer Programms*, in: *MEW* 19, S. 21.
S. 70f. Keine Form der Lohnarbeit Karl Marx: *Grundrisse der Kritik der politischen Ökonomie*. Frankfurt am Main: Europäische Verlagsanstalt o. J., S. 43.
S. 71 verstümmeln den Arbeiter Karl Marx: *Das Kapital. Kritik der politischen Ökonomie*. Erster Band. Buch I: *Der Produktionsprozeß* des *Kapitals*. *MEW* 23, S. 674.
S. 71 zu ersetzen durch die absolute Disponibilität Ebd. S. 512.
S. 71 den Menschen zu einem Mittel ihrer Absichten machen Paraphrase aus der englischen Übersetzung von Humboldts *Ideen zu einem Versuch die Grenzen der Wirksamkeit des Staats zu bestimmen*, eine Stelle, die Chomsky auch in *Sprache und Freiheit* zitiert. Im deutschen Original heißt es: »... sich des Menschen, mit Übersehung der individuellen Zwecke desselben, eigenmächtig zu seinen Absichten zu bedienen« (siehe S. 99 und die entsprechende Anmerkung).
S. 72 Diebstahl / die Ausbeutung des Schwachen Zitiert nach Pierre-Joseph Proudhon: *Was ist das Eigentum? Untersuchungen über die Grundsätze des Rechts und der Regierung*. Aus dem Französischen von Lena Völkening. Münster: Unrast 2014, S. 21 und 295.
S. 72 dritte und letzte emanzipatorische Evolution in der Geschichte Victor Con-

siderant: *Le Socialisme devant le vieux monde ou le vivant devant les morts*. Paris: Librairie phalanstérienne 1848, S. 15, zitiert nach Buber, *Pfade in Utopia*, S. 38. Der von Chomsky eingefügte Verweis »Fourier 1848« ist also irreführend, denn die zitierte Formulierung stammt nicht direkt von Fourier, der bereits 1837 verstarb, sondern aus einer späteren Beschreibung seiner politischen Philosophie.

S. 72 Als noch das Eigentumsrecht Zitiert nach Alexis de Tocqueville: *Erinnerungen*. Übersetzt von Dirk Forster. Stuttgart: Koehler 1954, S. 49f. und 51. Die von Chomsky benutzte Quelle (J. Hampden Jackson: *Marx, Proudhon and European Socialism*) vermengt an dieser Stelle zwei Texte, die de Tocqueville in seinen Memoiren kurz hintereinander mitteilt, die Mitte Oktober 1847 verfasste Programmschrift *De la classe moyenne et du peuple* und seinen *Discours prononcé à la chambre des députes* vom 27. Januar 1848.

S. 73 das Eigentum, die Grundlage aller Zivilisation Karl Marx: *Der Bürgerkrieg in Frankreich*, in: *MEW* 17, S. 342.

S. 73 Die Zivilisation und Gerechtigkeit Die folgenden Zitate nach ebd., S. 355, 356 und 357.

S. 73 die der endgültigen und vollständigen Befreiung Bakunin, *Commune von Paris*, S. 302.

S. 74 die Organisierung der Produktion durch den Staat Arthur Pannekoek: *Fünf Thesen über den Kampf der Arbeiterklasse gegen den Kapitalismus*, in: Ders.: *Arbeiterräte. Texte zur sozialen Revolution*. Fernwald: Germinal 2008, S. 623f. und 624. Im Original kursiv.

S. 76 Die libertäre Revolution war vorbereitet im Bewußtsein Guérin, *Anarchismus*, S. 118.

S. 76 Die Anarchisten und Syndikalisten Spaniens Souchys deutsche Fassung seines Textes weicht vom Wortlaut der ursprünglich in französischer Sprache verfassten Version von 1937 in einigen Nuancen ab. Vgl. Augustin Souchy: *Vorwort zur »Kollektivierung« (1937)*, in: Ernst Gerlach und Augustin Souchy (Hg.): *Die soziale Revolution in Spanien. Kollektivierung der Industrie und Landwirtschaft in Spanien 1936-1939. Dokumente und Selbstdarstellungen der Arbeiter und Bauern*. Berlin: Kramer 1974, S. 40. Der hier vorliegende Band folgt Chomskys englischer Übersetzung.

S. 78 den intelligenten und wirklich edlen Teil der Jugend Michail Bakunin: *Prinzipien und Organisation einer internationalen revolutionär-sozialistischen Geheimgesellschaft*, in: *Staatlichkeit und Anarchie*, S. 31.

S. 78 einen feudalen oder zentralistischen Gewaltapparat Dieses und folgendes Zitat nach Arthur Rosenberg: *Geschichte des Bolschewismus*. Frankfurt am Main: Europäische Verlagsanstalt 1966, S. 126f.

S. 79 fühlte, daß es nur noch eine Wahl gab Dieses und folgendes Zitat nach Marx, *Bürgerkrieg in Frankreich*, S. 344. Die in eckigen Klammern gesetzten Formulierungen folgen der ursprünglichen, von Marx in englischer Sprache abgefassten Textversion.
S. 79 unwissenden Brüderlein »Frères ignorantins« lautete der Spitzname einer religiösen Bruderschaft, die 1680 in Reims entstanden war. In den Schulen des Ordens erhielten die Kinder der Armen eine religiöse Erziehung. Im *MEW*-Anmerkungsapparat (Bd. 17, S. 710) heißt es hierzu: »Marx spielt mit diesem Ausdruck auf das niedrige Niveau und den klerikalen Charakter der Grundschule im bürgerlichen Frankreich an«.
S. 79 die einzige mögliche Regierungsform Marx, *Bürgerkrieg in Frankreich*, S. 338.
S. 80 die wichtige Untersuchung von Broué und Témime Diese Arbeit liegt nicht nur in englischer, sondern auch in einer deutschen Übersetzung vor. Vgl. Pierre Broué und Émile Témime: *Revolution und Krieg in Spanien*. Frankfurt am Main: Suhrkamp 1968.
S. 80 [K]ein Staat, wie demokratisch auch immer Dieses und das folgende Zitat nach Michail Bakunin: Ausgewählte Schriften. Hg. von Wolfgang Eckhardt. Bd. 4: *Staatlichkeit und Anarchie*. Berlin: Kramer 3. Aufl. 2011, S. 131.

Sprache und Freiheit

S. 86 Gedanke, die Freiheit einmal zum Eins und Alles Zitiert nach Friedrich Wilhelm Joseph Schelling: *Philosophische Untersuchungen über das Wesen der menschlichen Freyheit und die damit zusammenhängenden Gegenstände*, in: Werke 17. Hg. von Christoph Binkelmann u.a. Stuttgart: Frommann-Holzboog 2018, S. 124. Hier und im Folgenden wurden die Zitate aus der Werkausgabe behutsam an heutige Rechtschreibkonventionen angepasst.
S. 86 der Mensch zum *Handeln*, nicht zum*Spekulieren* Zitiert nach Friedrich Wilhelm Joseph Schelling: *Antikritik*, in: *Werke* 3. Hg. von Hartmut Buchner, Wilhelm G. Jacobs und Annemarie Pieper. Stuttgart: Fromman-Holzboog 1982, S. 193.
S. 86 der *bessern* Menschheit die Freiheit der Geister zu verkünden Friedrich Wilhelm Joseph Schelling: *Philosophische Briefe über Dogmatismus und Kriticismus*, in: *Werke* 3, S. 58
S. 86 Der Anfang und das Ende aller Philosophie Zitiert nach Friedrich Wilhelm Joseph Schelling: *Vom Ich als Princip der Philosophie oder über das Unbedingte im menschlichen Wissen*, in: Werke 2. Hg. von Hartmut Buchner u.a. Stuttgart: Frommann-Holzboog 1980, S. 101.
S. 86 Das Wesen des Ichs ist Freiheit Ebd., S. 103. Im Original kursiv.

S. 86 Die höchste Würde der Philosophie Schelling, *Philosophische Briefe*, S. 74.

S. 87 Äußerungen von Paul Ricœur »Die Zeichen sprechen eine deutliche Sprache. Der Westen ist jetzt in eine Kulturrevolution eingetreten, die entschieden die seine ist, die Revolution der fortgeschrittenen Industriegesellschaften, mag sie auch Elemente von der chinesischen Revolution ausborgen oder nachahmen. Sie ist eine Kulturrevolution, weil sie die Weltanschauung, den Lebensbegriff in Frage stellt, der den ökonomischen und politischen Strukturen und der Gesamtheit menschlicher Beziehungen unterliegt. Diese Revolution greift den Kapitalismus nicht nur deshalb an, weil er es versäumt, gesellschaftliche Gerechtigkeit hervorzubringen, sondern weil es ihm nur allzu gut gelingt, die Menschen durch ihre eigene unmenschliche Verpflichtung auf quantitativen Wohlstand zu desorientieren. Sie greift die Bürokratie nicht nur deshalb an, weil sie schwerfällig und ineffektiv ist, sondern weil sie die Menschen versklavt unter die Gesamtheit der Gewalten, der Strukturen und hierarchischen Verhältnisse, von denen sie entfremdet worden sind. Schließlich, sie greift den Nihilismus einer Gesellschaft an, die gleich einem Krebsgeschwür keinen anderen Zweck als den ihres eigenen Wachstums hat. Konfrontiert mit einer sinnlosen Gesellschaft, versucht diese Kulturrevolution den Weg zur Schaffung von Gütern, Ideen, von Werten zu finden, die zu ihren Zielen in einer Beziehung stehen. Das Unternehmen ist gigantisch, es wird Jahre, Jahrzehnte, ein Jahrhundert in Anspruch nehmen« (Paul Ricœur in *Le Monde* vom 9.-10. Juni 1968 über den Pariser Mai, zitiert nach: Noam Chomsky: *Die Funktion der Universität in einer Zeit der Krise*, in: *Aus Staatsräson*. Aus dem Amerikanischen übersetzt von Burkhart Kroeber. Frankfurt am Main 1974, S. 34f.).

S. 87 Stadt, in der wir gerade zusammengekommen sind Chomsky hielt seinen Vortrag über »Sprache und Freiheit« Anfang Januar an der Loyola University in Chicago. Im Jahr zuvor fanden in dieser Stadt unter anderem die Antikriegsproteste der »Weathermen«, die Ermordung des Black Panther-Aktivisten Fred Hampton und der Prozess gegen die »Chicago 8« statt.

S. 87 den Ursprung und den Fortschritt der Ungleichheit Zitiert nach Jean-Jacques Rousseau: *Diskurs über die Ungleichheit / Discours sur l'inégalité*. Kritische Ausgabe des integralen Textes. Mit sämtlichen Fragmenten und ergänzenden Materialien nach den Originalausgaben und den Handschriften neu ediert, übersetzt und kommentiert von Heinrich Meier. Paderborn 7. Aufl. 2019, S. 271.

S. 87 Usurpationen ... nur auf einem prekären und mißbräuchlichen Recht errichtet Vgl. für dieses und die folgenden Zitate ebd., S. 213 und 215.

S. 87f. eine Handvoll Leute Ebd., S. 271 und 273.

S. 88 Vorschriften der Gerechtigkeit und des Friedens Ebd., S. 217.

S. 88 wie Anatole France später sagen sollte Das Zitat entstammt dem Roman *La lys rouge* von 1894 und lautet vollständig: »Den Armen liegt es ob, die Reichen in ihrer Macht und ihrem Müßiggang zu erhalten. Dafür dürfen sie arbeiten unter der majestätischen Gleichheit des Gesetzes, das Reichen wie Armen verbietet, unter Brücken zu schlafen, auf den Straßen zu betteln und Brot zu stehlen« (*Die rote Lilie*. Roman. Deutsch von Franziska zu Reventlow. München: Musarion 1919, S. 112).

S. 88 Alle liefen auf ihre Ketten zu Dieses und folgendes Zitat Rousseau, *Diskurs über die Ungleichheit*, S. 217 und 219.

S.88 ihre Korruption, ihr äußerstes Stadium Dieses und folgendes Zitat ebd., S. 241.

S. 88 die Regierung völlig auflösen Dieses und folgendes Zitat ebd., S. 251 und 263.

S. 88 wie ihn die Natur geformt hat Ebd., S. 43.

S. 89 Eben dieses Studium des ursprünglichen Menschen Ebd., S. 59.

S. 89 intelligente[s], freie[s] Wesen … das einzige Tier, das mit Vernunft begabt ist Ebd., S. 53.

S.89 der Einsicht und der Freiheit bar Ebd., S. 59.

S. 89 Ich sehe in jedem Tier nur eine kunstvolle Maschine Dieses und folgendes Zitat ebd., S. 99, 101 und 103.

S. 90 [D]ie Rechtsgelehrten, die feierlich ausgesprochen haben Ebd., S. 241.

S. 90 Sie schreiben den Menschen einen natürlichen Hang zur Knechtschaft zu Ebd., S. 229 und 231. Chomsky zitiert den ersten Halbsatz dieser Passage verkürzt, ohne diese Auslassung jedoch kenntlich zu machen. Er lautet vollständig: »[S]ie schreiben den Menschen einen natürlichen Hang zur Knechtschaft zu, [der Geduld wegen, mit der jene, die sie unter Augen haben, ihre Knechtschaft tragen,] ohne zu bedenken, daß es mit der Freiheit dieselbe Bewandtnis hat, wie mit der Unschuld und der Tugend«.

S. 90 ob man – da die Freiheit die edelste Fähigkeit des Menschen ist Ebd., S. 237.

S. 90 Hieraus gingen die Kriege zwischen den Nationen Ebd., S. 221 und 223.

S. 91 den Wunderdingen …, die alle freien Völker getan haben Dieses und folgendes Zitat ebd., S. 231 und 233.

S. 91 zur Freiheit noch nicht reif Dieses und das folgende Zitat aus Immanuel Kants Schrift *Die Religion innerhalb der Grenzen der bloßen Vernunft*, die zuerst 1793 erschien (2. vermehrte Auflage 1794), hier wiedergegeben nach: *Werke in sechs Bänden*. Hg. von Wilhelm Weischedel. Bd. IV: *Schriften zur Ethik und Religionsphilosophie*. Darmstadt: Wissenschaftliche Buchgesellschaft 1963, S. 862f. (Fußnote).

S. 92 der Mensch unterscheidet sich in dieser Hinsicht vom Tier nur graduell Rousseau, *Diskurs über die Ungleichheit*, S. 101.
S. 93 spezifische Charakteristikum der menschlichen Art Ebd., S. 335 und 103.
S. 94 obschon das Organ der Sprache dem Menschen natürlich ist Ebd., S. 333.
S. 95 wenn die Menschen die Sprache nötig hatten Ebd., S. 121.
S. 95 die Allgemeinvorstellungen nur mit Hilfe der Wörter Vgl. für dieses und die folgenden Zitate ebd., S. 127, 129 und 131.
S. 95 [a]ls die Vorstellungen der Menschen Ebd., S. 123.
S. 95 Diskussion des folgenden schwierigen Problems Ebd., S. 131.
S. 97 Alles auf die Ausbildung des Menschen Wilhelm von Humboldt: *Ideen zu einem Versuch die Grenzen der Wirksamkeit des Staats zu bestimmen*, in: *Werke*. Hg. von Albert Leitzmann. Bd. I: 1785-1795. Berlin: Behr 1903, S. 143. Vollständig lautet die fragliche Stelle: »Nach dem ganzen vorigen Räsonnement kommt schlechterdings Alles auf die Ausbildung des Menschen in der höchsten Mannigfaltigkeit an«. Mill verwendet jedoch die nicht ganz wörtliche Übersetzung *Sphere and Duties of Government* von Joseph Coulthard aus dem Jahre 1854. In ihr heißt es deutlich pompöser: »The grand, leading principle, towards which every argument unfolded in these pages directly converges, is the absolute and essential importance of human development in its richest diversity«. Vgl. John Stuart Mill: *On Liberty / Über die Freiheit*. Übersetzt von Bruno Lemke. Mit Anhang und Nachwort hg. von Bernd Gräfrath. Stuttgart: Reclam 2009, S. 6f.
S. 97 Ich habe mich dabei Humboldt, *Grenzen der Wirksamkeit des Staats*, S. 245. Hier und im Folgenden wurden die Zitate aus der Werkausgabe behutsam an heutige Rechtschreibkonventionen angepasst.
S. 97 Der wahre Zweck des Menschen Ebd., S. 106.
S. 97 durch nichts ... diese Reife zur Freiheit Ebd., S. 241.
S.98 hat man, und nicht mit Unrecht Ebd., S. 113f.
S. 98 Forschen und Schaffen Ebd., S. 171.
S. 98 Es liegt schon an sich Dieses und folgendes Zitat ebd., S. 162.
S. 98 alle Bildung hat ihren Ursprung Ebd., S. 156.
S. 98 Überhaupt wird der Verstand des Menschen Ebd. S. 114.
S. 98 im Gemüte wecken Wilhelm von Humboldt: *Über die Verschiedenheit des menschlichen Sprachbaues und ihren Einfluß auf die geistige Entwicklung des Menschengeschlechts*, in: *Werke*. Hg. von Albert Leitzmann. Bd. VII: Erste Hälfte. Einleitung zum Kawiwerk. Berlin: Behr 1907, S. 40.
S. 99 Nun aber hält der Mensch Vgl. für dieses und die folgenden Zitate Humboldt, *Grenzen der Wirksamkeit des Staats*, S. 114, 117 und 118.

S. 99 Man bewundert, was er tut; man verachtet was er ist Siehe die entsprechende Anmerkung zu *Auszüge aus »Eine Anatomie der Macht«*, S. 223.
S. 99 sich des Menschen, mit Übersehung der individuellen Zwecke Humboldt, *Grenzen der Wirksamkeit des Staats*, S. 163.
S. 100 Allein da, jenen Unterschied zwischen Theorie und Praxis Ebd., S. 129.
S. 100 Demokratie mit ihrem Motto Rudolf Rocker: *Anarchismus und Anarcho-Syndikalismus*. Aus dem Englischen von Helmut Ahrens. Berlin: AHDE 1979, S. 8. Chomsky bezieht sich auf diese These Rockers auch in seinem *Vorwort zur »Antologija Anarhizma«* und dem Vortrag *Ziele und Visionen* (vgl. S. 181 und 188 in dieser Ausgabe).
S. 100 konnte über längere Zeiträume nicht bestehen Karl Polanyi: *The Great Transformation. Politische und ökonomische Ursprünge von Gesellschaften und Wirtschaftssystemen*. Übersetzt von Heinrich Jelinek. Frankfurt am Main: Suhrkamp 7. Aufl. 2007, S. 19f.
S. 100 Die Ware hat nicht darüber zu entscheiden Ebd., S. 242. In der deutschen Ausgabe fehlt die Übersetzung von »at what price it should be allowed to change hands«.
S. 101 dritte und letzte emanzipatorische Evolution in der Geschichte Siehe Anmerkungen des Übersetzers, S. 226f.
S. 101 Resultate zerstört Humboldt, *Grenzen der Wirksamkeit des Staats*, S. 242.
S. 101 in sich selbst Rousseau, *Diskurs über die Ungleichheit*, S. 269.
S. 102 die ganze Absicht der hier vorgetragenen Ideen Humboldt, *Grenzen der Wirksamkeit des Staats*, S. 196.
S. 103 [O]hne den Widerspruch von Notwendigkeit und Freiheit Schelling, *Philosophische Untersuchungen*, S. 112f.
S. 107 Vergleiche Proudhon, ein Jahrhundert später Das folgende Zitat ist der Schrift *Was ist das Eigentum?* von 1840 entnommen. Hier wiedergegeben nach Pierre-Joseph Proudhon: *Was ist das Eigentum? Untersuchungen über die Grundsätze des Rechts und der Regierung*. Aus dem Französischen von Lena Völkening. Münster: Unrast 2014, S. 21.
S. 108 unveröffentlichtes Manuskript Der Aufsatz erschien später unter dem Titel *A Comparative Review of Neuropsychological Research on Man and Monkey* in: Cortex 6 (1970), S 129-163.
S. 108 zu einer entzückenden Schönheit auf[blüht] Humboldt, *Grenzen der Wirksamkeit des Staats*, S. 117.
S. 108 den bedeutendsten Vertreter Abweichend von der bei Chomsky zitierten Übersetzung aus dem Jahre 1937 heißt es im Wortlaut des deutschen Originals,

dessen Erscheinen ursprünglich für den Herbst 1933 geplant war, »der weitgehendste Vertreter«. Vgl. Rudolf Rocker: *Nationalismus und Kultur.* Münster: Bibliothek Thélème 1999, S. 217.

S. 109 ursprüngliche Einfachheit Dieses und folgendes Zitat Rousseau, *Diskurs über die Ungleichheit*, S. 321 und 323.

Objektivität und liberale Wissenschaft

S. 111 [N]ach der Theorie von Marx Michail Bakunin: Ausgewählte Schriften. Hg. von Wolfgang Eckhardt. Bd. 4: *Staatlichkeit und Anarchie.* Berlin: Kramer 3. Aufl. 2011, S. 341f.

S. 112 Rosa Luxemburg argumentierte 1918 Vgl. Rosa Luxemburg: *Zur russischen Revolution*, in: Gesammelte Werke Bd. 4: August 1914 bis Januar 1919. Berlin: Dietz 1974, S. 362: »Ohne allgemeine Wahlen, ungehemmte Presse- und Versammlungsfreiheit, freien Meinungskampf stirbt das Leben in jeder öffentlichen Institution, wird zum Scheinleben, in der die Bürokratie allein das tätige Element bleibt. Das öffentliche Leben schläft allmählich ein, einige Dutzend Parteiführer von unerschöpflicher Energie und grenzenlosem Idealismus dirigieren und regieren, unter ihnen leitet in Wirklichkeit ein Dutzend hervorragender Köpfe, und eine Elite der Arbeiterschaft wird von Zeit zu Zeit zu Versammlungen aufgeboten, um den Reden der Führer Beifall zu klatschen, vorgelegten Resolutionen einstimmig zuzustimmen, im Grunde also eine Cliquenwirtschaft – eine Diktatur allerdings, aber nicht die Diktatur des Proletariats, sondern die Diktatur einer Handvoll Politiker, d. h. Diktatur im rein bürgerlichen Sinne, im Sinne der Jakobinerherrschaft«.

S. 112 rote Bürokratismus Siehe Anmerkungen des Übersetzers, S. 225.

S. 112 geistige Umwälzung Luxemburg, *Zur russischen Revolution*, S. 360f.

S. 112 nur durch die völlige Entwurzelung Der Text folgt Chomskys Übersetzung von Daniel Guérins französischsprachigem Zitat aus Rosa Luxemburgs *Organisationsfragen der russischen Sozialdemokratie* (1904). Im deutschen Original lautet die entsprechende Passage allerdings: »Nicht durch die Anknüpfung an die ihm durch den kapitalistischen Staat eingeprägte Disziplin ..., sondern durch die Durchbrechung, Entwurzelung dieses sklavischen Disziplingeistes kann der Proletarier erst für die neue Disziplin – die freiwillige Selbstdisziplin der Sozialdemokratie – erzogen werden« (Gesammelte Werke Bd. 1: 1893 bis 1905. Zweiter Halbband. Berlin: Dietz 1970, S. 430f.).

S. 112 eine noch junge Arbeiterbewegung Luxemburg, *Organisationsfragen der russischen Sozialdemokratie*, S. 440.

S. 112 in den bereits beschriebenen Formen Verweis auf den ersten Abschnitt von

Objektivität und liberale Wissenschaft, der die ablehnende Haltung der liberalen US-Intellektuellen gegenüber der Befreiungsbewegung in Südvietnam behandelte.

S. 112 Erörterung über konterrevolutionäre Subordination Mit dem Begriff »counterrevolutionary subordination« bezieht sich Chomsky auf Conor Cruise O'Brien, den Mitherausgeber des Sammelbandes, in dem die Erstfassung des vorliegenden Textes ursprünglich erschien.

S. 115 die Anarchisten verantwortlich Die folgenden Zitate nach Eric Hobsbawm: *Spanien*, in: *Revolution und Revolte. Aufsätze zum Kommunismus, Anarchismus und Umsturz im 20. Jahrhundert*. Übersetzt von Irmela Rütters und Rainer Wirtz. Frankfurt am Main: Suhrkamp 1977, S. 112 und 113.

S. 115 worauf Daniel Guérin hinweist Vgl. Daniel Guérin: *Anarchismus. Begriff und Praxis*. Aus dem Französischen von H. H. Hildebrand und Eva Demski. Frankfurt am Main: Suhrkamp 1967, S. 130.

S. 117 Die Anarchisten sind in die Regierung eingetreten Zitiert nach Camillo Berneri: *Klassenkrieg in Spanien 1936/37. Gegen Faschismus und bürgerliche Republik*. Aus dem Französischen übersetzt von Pierre Gallissaires und Anette Reher. Hamburg: MaD Verlag Lutz Schulenburg 1974, S. 40.

S. 119 Was Katalonien betrifft Zitiert nach Rudolf Rocker: *Die spanische Tragödie*. Berlin: Kramer 1976, S. 58.

S. 120 das spanische Volk Ebd., S. 74 und 75.

S. 121 sehr vernünftig Dieses und das folgende Zitat nach Gerald Brenan: Die Geschichte Spaniens. Über die sozialen und politischen Hintergründe des Spanischen Bürgerkrieges. Aus dem Englischen übersetzt von einem Autorenkollektiv. Berlin. Berlin: Kramer 1978, S. 367 und 368.

S. 122 nicht nur gegen die spontan entstandenen Vgl. für die folgenden Zitate ebd., S. 370f.

S. 122 Effizienz Franz Borkenau: *Kampfplatz Spanien. Politische und soziale Konflikte im Spanischen Bürgerkrieg. Ein Augenzeugenbericht*. Aus dem Englischen übersetzt von Werner Steinbeiß. Stuttgart: Klett 1986, S. 38.

S. 122 die sozialrevolutionären Aktivitäten Die folgenden Zitate nach ebd., S. 350f.

S. 122 nicht mit dem Ziel Dieses und folgendes Zitat ebd., S. 354.

S. 124 vorläufig das Los der Weltrevolution besiegelt Zitiert nach Arthur Rosenberg: *Geschichte des Bolschewismus*. Frankfurt am Main: Europäische Verlagsanstalt 1966, S. 197.

S. 124 *incautado* [unter Arbeiterkontrolle gestellt] Wörtlich »beschlagnahmt«.

S. 124 Raub / Charakterzug von moralischer Indifferenz In Borkenaus *Spanish Cockpit* ist dieses Zitat nicht nachweisbar.

S. 126 Die Zentralregierung Brenan, *Geschichte Spaniens*, S. 365f.

S. 126 die Arbeiter in den Rüstungsbetrieben Dieses und das folgende Zitat nach ebd., S. 376, Anm. 3.

S. 127 Untüchtigkeit Die folgenden Zitate nach Pierre Broué und Émile Témime: *Revolution und Krieg in Spanien*. Frankfurt am Main: Suhrkamp 1968, S. 206f.

S. 128 die vergesellschafteten Betriebe Ebd., S. 198, Anm. 28.

S. 128 Kredite nur privaten Firmen zu bewilligen Dieses und folgendes Zitat ebd., S. 277 und 278.

S. 129 annullierte die Generalidad Felix Morrow: *Revolution und Konterrevolution in Spanien*. Essen: Gervinus 1986, S. 125.

S. 129 durch die Generalidad Zitiert nach ebd., S. 194f. Die fehlerhafte Übersetzung von »there was not, nor is there yet, legislation of the [Spanish] state to apply« in der deutschen Ausgabe wurde an dieser Stelle nicht übernommen.

S. 129 der Regierung das Recht Ebd., S. 181.

S. 130 auf der Basis ihrer alten Besitzer Zitiert nach ebd.

S. 130 indem sie den Mann ins Versorgungsministerium setzte Die folgenden Zitate nach Borkenau, *Kampfplatz Spanien*, S. 225ff.

S. 132 Jeder, der während des Krieges George Orwell: *Mein Katalonien*. Aus dem Englischen von Wolfgang Rieger. Zürich: Diogenes 1975, S. 138ff.

S. 135 Verzweiflungskampf Borkenau, *Kampfplatz Spanien*, S. 277.

S. 135 seine Aufgabe als rein militärische Ebd., S. 269.

S. 135 politischen Faktor Ebd., S. 276.

S. 135 Zwar ist das Ärgernis Ebd., S. 260.

S. 135 Die spanische Republik zahlte Ebd., S. 279.

S. 137 [I]n Wirklichkeit läuteten die Mai-Tage Broué / Témime, *Revolution und Krieg in Spanien*, S. 358.

S. 138 waren ausgezeichnete Truppen Orwell, *Mein Katalonien*, S. 179.

S. 138 Eine Regierung, die Jungen von 15 Jahren Zitiert nach Morrow, *Revolution und Konterrevolution*, S. 210f.

S. 139 politischen Unwissenheit Orwell, *Mein Katalonien*, S. 177.

S. 139 Er verteidigte vorbehaltlos Broué / Témime, *Revolution und Krieg in Spanien*, S. 365.

S. 140 die offizielle CNT-Presse Morrow, *Revolution und Konterrevolution*, S. 200.

S. 141 75 Prozent der Kleinbesitzer Gaston Leval: *Kollektive in Spanien*, in: Achim von Borries und Ingeborg Weber-Brandies (Hg.): *Anarchismus. Theorie, Kritik, Utopie*. Heidelberg: Graswurzelrevolution 2. Aufl. 2013, S. 297.

S. 145 Die Alternative Krieg oder Revolution Berneri, *Klassenkrieg in Spanien*, S. 46.

S. 146 Der spanische Krieg Zitiert nach ebd., S. 44

S. 146 das revolutionäre Werkzeug Broué / Témime, *Revolution und Krieg in Spanien*, S. 327.

S. 146 Selbstverständlich kann man nicht Berneri, *Klassenkrieg in Spanien*, S. 41.

S. 147 die Tiefe des revolutionären Elans Broué / Témime, *Revolution und Krieg in Spanien*, S. 265.

S. 148 Der PSUC wurde der Ausspruch zugeschrieben Zitiert nach ebd., S. 348, Anm. 39.

S. 149 Beim Ausbruch des faschistischen Aufstandes Zitiert nach Rocker, *Die spanische Tragödie*, S. 77f. Rocker versieht den Textauszug mit der Datierung »5.1.1937«, die von Chomsky vermutlich aufgrund der angloamerikanischen Konvention, den Monatsnamen bei Datumsangaben voranzustellen, als erster Mai missdeutet wird.

S. 150 Die Beantwortung dieser Fragen Rocker, *Die spanische Tragödie*, S. 78.

S. 154 das ganze Gefüge Zitiert nach Broué / Témime, *Revolution und Krieg in Spanien*, S. 388.

S. 154 Franco hat das ganze Recht auf seiner Seite Zitiert nach Hugh Thomas: *Der spanische Bürgerkrieg*. Deutsche Übertragung von Walter Theimer. Berlin, Darmstadt, Wien: Deutsche Buchgemeinschaft 1964, S. 506, Anm. 19.

S. 154 Natürlich ist damit zu rechnen Ministerialdirektor Dieckhoff an Reichsminister von Neurath, in: *Akten zur deutschen auswärtigen Politik 1918-1945*. Serie D (1937-1945). Bd. III: *Deutschland und der spanische Bürgerkrieg 1936-1939*. Baden-Baden: Imprimerie Nationale 1951, S. 56.

S. 155 Daß auf die Dauer England Das Auswärtige Amt an die Botschaft in Salamanca, in: *Akten zur deutschen auswärtigen Politik*. Serie D, Bd. III, S. 391.

S. 159 Zeitungen werden von europäisch beeinflußten Redakteuren Borkenau, *Kampflatz Spanien*, S. 358.

S. 160 Es ist nicht das erste Mal Anton Pannekoek: *Arbeiterräte. Texte zur sozialen Revolution*. Fernwald: Germinal 2008, S. 57.

S. 161 Douglas Pikes oben angeführter, ausgesprochen feindseliger Bericht Es handelt sich um das im ersten Abschnitt von *Objektivität und liberale Wissenschaft* angesprochene Buch *Viet Cong. The Organization and Techniques of the National Liberation Front of South Vietnam* (Cambridge, MA: MIT Press 1966).

S. 162 Dieses hochinformative Buch sollte unbedingt einem englischsprachigen Publikum zugänglich gemacht werden Eine vollständige englische Übersetzung (*The CNT in the Spanish Revolution*) erschien erst 2005 im Verlag ChristieBooks. Eine Übertragung ins Deutsche liegt bis heute nicht vor.

S. 163 Es ist immer noch derselbe alte Hund Berneri, *Klassenkrieg in Spanien*, S. 47.

S. 163 vielleicht von italienischen Kommunisten Thomas, *Der spanische Bürgerkrieg*, S. 333. Der von Chomsky verwendete Ausdruck »Polizei« zur Bezeichnung der zweiten, für die Ermordung Berneris infragekommenden Tätergruppe ist in diesem Zusammenhang missverständlich. Thomas schreibt: »Obzwar behauptet wurde, die OVRA, Mussolinis Geheimpolizei, habe es getan, deutet doch alles auf kommunistische Täterschaft hin«.

S. 164 Achte das Eigentum Borkenau, *Kampfplatz Spanien*, S. 148.

S. 164 zu einem großen Maße die Partei Ebd., S. 237.

S. 164 Die Partei war unfähig Brenan, *Geschichte Spaniens*, S. 368f.

S. 165 als das Ergebnis spontaner Aktionen Vgl. im deutschen Original Rosenberg, *Geschichte des Bolschewismus*, S. 147f.

S. 165 als einzige den Krieg hätte gewinnen können Hobsbawm, *Spanien*, S. 116.

S. 166 vollkommen willkürliche Unwahrheit Zitiert nach Morrow, *Revolution und Konterrevolution*, 135.

S. 166 in sieben Wochen ebensoviel geleistet Dieses und folgendes Zitat nach Rocker, *Die spanische Tragödie*, S. 52.

S. 167 aus Haß gegen die Anarchisten Brenan, *Geschichte Spaniens*, S. 369f.

S. 167 trotzkistische General Kopp Zitiert nach Morrow, *Revolution und Konterrevolution*, S. 188.

S. 167 Behauptung von Ralph Bates in der *New Republic* Zitiert nach Orwell, *Mein Katalonien*, S. 212f.

S. 167 erlitten die POUM-Truppen zu dieser Zeit Ebd., S. 213.

S. 168 zweifelhaft, ob Comorera Borkenau, *Kampfplatz Spanien*, S. 227.

S. 168 Zum ersten Mal war ich in einer Stadt Dieses und folgendes Zitat Orwell, *Mein Katalonien*, S. 9ff.

S. 170 die Haltung der ausländischen, kapitalistischen Presse Ebd., S. 151.

S. 170 Besonders in der englischen Presse Ebd., S. 198f.

S. 170 britischer Kreuzer Ebd., S. 191.

S. 171 Befürchtung / ohne jeden Grund Thomas, *Der spanische Bürgerkrieg*, S. 333.

S. 171 in einem möglichen Sieg Brenan, *Geschichte Spaniens*, S. 375.

S. 171 Erfolgs der anarchistischen und trotzkistischen Kräfte Zitiert nach Broué / Témime, *Revolution und Krieg in Spanien*, S. 234, Anm. 10.

S. 176 H. E. Kaminski: *Ceux de Barcelone* Eine deutsche Übersetzung erschien 1986 unter dem Titel *Barcelona. Ein Tag und seine Folgen* (Berlin: edition tranvía; 2. Aufl. 2004). Aus Gründen der Texttreue wurde das Zitat aus dem im Buch enthaltenen Interview Kaminskis mit Lluís Companys nach Chomskys englischer Übersetzung wiedergegeben.

S. 176 Eine zuverlässige Polizeitruppe Zitiert nach Morrow, *Revolution und Konterrevolution*, S. 127, Anm.

S. 177 die russische Presse Rocker, *Die spanische Tragödie*, S. 54.

S. 177 neutralen Diktatur Zitiert nach ebd., S. 34.

Vorwort zur »Antologija Anarhizma«

S. 181 zwei große[n] Strömungen Siehe Anmerkungen des Übersetzers, S. 226.

S. 181 Demokratie mit ihrem Motto Siehe die entsprechende Anmerkung zu *Sprache und Freiheit*, S. 232.

S. 181 Die Menschen, denen das Land gehört, sollten es regieren Seinem Biographen Frank Monaghan zufolge war der Grundsatz »The people who own the country ought to govern it« eine der Lieblingsmaximen von John Jay. Vgl. Frank Monaghan: *John Jay. Defender of Liberty*. New York / Indianapolis: The Bobbs-Merrill Company 1935, S. 323.

S. 182 Sozialismus wird frei, oder er wird nicht sein Siehe Anmerkungen des Übersetzers, S. 226.

S. 183 Lenin forderte Die folgenden Zitate aus Wladimir Iljitsch Lenin: *Die nächsten Aufgaben der Sowjetmacht*, in: Werke Bd. 27: Februar-Juli 1918. Berlin: Dietz 1960, S. 259f.

S. 183 Fraktionsbildung Gegen die sogenannte »Fraktionsbildung« ging Lenin als Reaktion auf den Kronstädter Matrosenaufstand auf dem 10. Parteitag der KPR (B) vom 8. bis 16. März 1921 mit mehreren Resolutionen vor, die sich unter anderem gegen die »anarcho-syndikalistische Abweichung« innerhalb der Partei richteten. Vgl. die entsprechenden Dokumente in Wladimir Iljitsch Lenin: *Werke* Bd. 32: Dezember 1920-August 1921. Berlin: Dietz 1961, S. 245-267.

S. 183 rote Bürokratismus Siehe Anmerkungen des Übersetzers, S. 225.

S. 183 neue Klasse ..., eine neue Hierarchie Die folgenden Zitate aus Michail Bakunin: *Schrift gegen Marx*, in: *Ausgewählte Schriften*. Hg. von Wolfgang Eckhardt. Bd. 6: *Konflikt mit Marx*. Teil 2: Texte und Briefe ab 1871. Berlin: Kramer 2011, S. 968f.

S. 184 daß die Volksmassen Michail Bakunin: *Ausgewählte Schriften*. Hg. von Wolfgang Eckhardt. Bd. 4: *Staatlichkeit und Anarchie*. Berlin: Kramer 3. Aufl. 2011, S. 282.

S. 184 für das Volk wird es keineswegs leichter Ebd., S. 131.

S. 185 Bakunins »Freiheitsinstinkt« Vermutlich Anspielung auf eine bereits in Chomskys *Anmerkungen zum Anarchismus*, S. 68 zitierte Textstelle aus *Die Commune von Paris und der Staatsbegriff*, in der Bakunin sein Verständnis von Freiheit umreißt, »welche in der vollen Entwicklung aller materiellen, geistigen und moralischen

Kräfte besteht, die im Zustand schlummernder Fähigkeiten jedem zu eigen sind« (*Staatlichkeit und Anarchie und andere Schriften*. Hg. von Horst Stuke. Frankfurt am Main: Ullstein 1972, S. 299).

Ziele und Visionen

S. 188 bevor es an den Klippen Von Chomsky mehrfach angeführtes Zitat aus Rudolf Rockers *Anarchosyndicalism* von 1938. Siehe die *Anmerkungen zum Anarchismus, Sprache und Freiheit* und das Vorwort zur *»Antologija Anarhizma«* in diesem Band.

S. 189 immerwährenden Kampf um die Köpfe der Menschen Die Formulierung stammt von J. Warren Kinsman, dem damaligen Vorsitzenden des Public Relations Committee der National Association of Manufacturers und Vizepräsidenten von DuPont. Vgl. Elizabeth Fones-Wolf: *Selling Free Enterprise. The Business Assault on Labor and Liberalism, 1945-1960*. Urbana: University of Illinois Press 1995, S. 52.

S. 189 Bankhäuser und vermögenden Gesellschaften Thomas Jefferson an William B. Giles, 26. Dezember 1825, in: *The Writings of Thomas Jefferson: Being His Autobiography, Correspondence, Reports, Messages, Addresses, and other Writings, Official and Private*. Hg. von H. A. Washington. Bd. VII. Washington: Taylor & Maury 1854, S. 428.

S. 192f. Woodrow Wilsons »Rote Angstmacherei« Siehe die entsprechende Anmerkung zu *Auszüge aus »Eine Anatomie der Macht«*, S. 222.

S. 194 die humanistische Auffassung Bertrand Russell unter Mitwirkung von Dora Russell: *Die Kultur des Industrialismus und ihre Zukunft*. Deutsch von Cl. Margolin. München / Berlin: Drei Masken 1928, S. 315.

S. 194 das »letztendliche Ziel« der Produktion Vgl. John Dewey: *The Economic Basis of the New Society*, in: *The Later Works, 1925-1953*. Bd. 13: 1938-1939. Hg. von Jo Ann Boydston. Carbondale / Edwardsville, IL: Southern Illinois University Press 1988, S. 320. Chomsky zitiert an dieser Stelle etwas ungenau; Dewey spricht vom »ultimate problem [statt ›aim‹] of production« und von »free human beings associating [statt ›associated‹] with one another on terms of equality«.

S. 194 einen Sinn des Wertes der Dinge zu vermitteln Bertrand Russell: *Macht. Eine sozialkritische Studie*. Übertragung aus dem Englischen von Stephan Hermlin. Zürich: Europa 1947, S. 255.

S. 194 Wirtschaften für privaten Profit Vgl. John Dewey: *Imperative Need: A New Radical Party*, in: *The Later Works, 1925-1953*. Bd. 9: *1933-1934. Reviews, Miscellany, and A Common Faith*. Hg. von Jo Ann Boydston. Carbondale / Edwardsville, IL: Southern Illinois University Press 1986, S. 76.

S. 194 der Schatten, der von Großunternehmen Vgl. John Dewey: *The Need for a New Party*, in: *The Later Works, 1925-1953*. Bd. 6: *1931-1932. Essays, Reviews, and Miscellany*. Hg. von Jo Ann Boydston. Carbondale / Edwardsville, IL: Southern Illinois Press 1985, S. 163.
S. 195 nicht einsichtig und frei um der Sache willen, sondern um des Lohnes willen Im englischen Original falsche Wiedergabe des Zitats (»work« statt »wage«). Die vorliegende Übersetzung nach John Dewey: *Demokratie und Erziehung. Eine Einleitung in die philosophische Pädagogik*. Deutsch von Erich Hylla. Braunschweig: Westermann 3. Aufl. 1964, S. 341.
S. 195 von einer feudalistischen zu einer demokratischen Sozialordnung John Dewey: *Learning to Earn: The Place of Vocational Education in a Comprehensive Scheme of Public Education*, in: *The Middle Works, 1899-1924*. Bd. 10: *1916-1917*. Carbondale / Edwardsville, IL: Southern Illionois University Press 1980, S. 150. Dort allerdings nur »democratic order« statt »democratic social order« in der Zitation Chomskys.
S. 196 »niederen« und »schäbigen Bestrebungen« In der Stelle aus Buch III, Kap. 4 des *Wohlstands der Nationen*, auf die Chomsky hier und in vielen seiner Texte anspielt, spricht Adam Smith wörtlich von der »Befriedigung der kindischsten, der niedersten und der schäbigsten aller Leidenschaften« (»the gratification of the most childish, the meanest, and the most sordid of all vanities«). Diese und die folgende Übersetzung der »schändlichen Maxime« der »Herren der Menschheit« – »Alles für uns selbst und nichts für die anderen Menschen« – stammt von mir. In der einschlägigen deutschen Smith-Ausgabe wird diese für Chomsky ungemein wichtige Passage dagegen deutlich defensiver wiedergegeben: »Alles für uns selbst und nichts für andere, scheint zu allen Zeiten die elende Devise der Herrschenden gewesen zu sein« (Adam Smith: *Der Wohlstand der Nationen. Eine Untersuchung seiner Natur und seiner Ursachen*. Aus dem Englischen übertragen von Horst Claus Recktenwald. München: Beck 1974, S. 338).
S. 196 dass es unter Bedingungen »vollkommener Freiheit« Siehe die entsprechende Anmerkung zu *Auszüge aus »Eine Anatomie der Macht«*, S. 223.
S. 197 der neue Geist der Zeit Freies Zitat, basierend auf dem Abschluss des dritten Kapitels (»The Spirit of the Age«) von Norman Wares *The Industrial Worker*, der die Äußerung eines Arbeiterführers in der *Voice of Industry* vom 29. Mai 1846 wiedergibt. Alle weiteren Zitate aus der US-amerikanischen Arbeiterpresse in diesem Vortrag hat Chomsky aus den von ihm angeführten Arbeiten von Ware und Elizabeth Fones-Wolf entnommen. Sie werden im Folgenden nicht eigens nachgewiesen.
S. 197 die ideale Gesellschaft die Anarchie Dieses und folgendes Zitat nach James

M. Buchanan: *Die Grenzen der Freiheit. Zwischen Anarchie und Leviathan.* Tübingen: Mohr 1984, S. 130f.
S. 203 ein Objekt von außerordentlicher Bedeutung Brief von John Quincy Adams, damals US-Außenminister, an Hugh Nelson, den amerikanischen Gesandten in Madrid vom 28. April 1823, unter anderem in: *Compilation of Reports of Committee on Foreign Relations*, United States Senate, 1789-1901. *Diplomatic Relations with Foreign Nations – Affairs in Cuba.* Bd. 7. Washington: Government Printing Office 1901, S. 69.
S. 203 faule Äpfel / »Virus«, der andere »infizieren« könnte Das Bild vom faulen Apfel, der den Korb verdirbt, wurde vom späteren US-Außenminister Dean Acheson 1947 mit Blick auf einen möglichen Sieg der Kommunisten im griechischen Bürgerkrieg verwendet. Die Virus-Metapher gebrauchte Henry Kissinger für Chile unter Salvador Allende.
S. 204 Wie Winston Churchill in einem Papier bemerkte Eine deutsche Übertragung dieser Denkschrift mit dem Titel *The General Situation*, freilich ohne die von Chomsky markierten Passagen, findet sich beispielsweise in Winston S. Churchill: *Weltkrisis 1911-1914*. Übersetzt von Hellmut von Schulz. Leipzig: Koehler 1924, S. 129ff.
S. 209 Mission der Arbeiterbewegung Vgl. Henry Demarest Lloyd: *Men, the Workers*. New York: Doubleday, Page & Company 1909, S. 15.
S. 209 die Alltagsbeschäftigung ganz zwangsläufig Dieses und folgendes Zitat nach Smith, *Wohlstand der Nationen*, S. 662f.
S. 210 Man bewundert, was er tut Siehe die entsprechende Anmerkung zu *Auszüge aus »Eine Anatomie der Macht«*, S. 223f.
S. 210 der Arbeiter, welcher einen Garten Siehe *Sprache und Freiheit*, S. 99 in diesem Buch sowie die entsprechende Anmerkung.
S. 210 Was soll man von einem Menschen erwarten Alexis de Tocqueville: *Über die Demokratie in Amerika*. Zweiter Teil. Aus dem Französischen neu übertragen von Hans Zbinden. Stuttgart: Deutsche Verlags-Anstalt 1962, S. 175.
S. 210 Die Fertigkeit schreitet voran Ebd., S. 176.
S. 210 dauernde Ungleichheit der gesellschaftlichen Bedingungen Ebd., S. 178.
S. 210 weitverbreitete Armut und konzentrierter Reichtum Hier handelt es sich um keine direkte Äußerung Jeffersons, sondern um eine Charakteristik seines Denkens in dem Text *Corporations and Natural Rights* von Charles A. Beard in der *Virginia Quarterly Review* Bd. 12, Nr. 3 (Juli 1936), S. 350: »Jefferson knew that nations are not immortal, that governments are transient, that concentrated wealth and widespread poverty can not forever endure side by side in a democracy«. Die

leicht veränderte Zitation – »cannot exist« statt »can not endure long« – entnimmt Chomsky der von ihm benutzten Quelle, dem Aufsatz *American Liberalism and the Democratic Dream* von John F. Manley (siehe Anm. 16 von *Ziele und Visionen*).
S. 210 Prinzipien der Schwerkraft Von ihm hergestellte ökonomische Zusammenhänge in den Rang physikalischer Gesetzmäßigkeiten erhebt David Ricardo beispielsweise in seinem Werk *On the Principles of Political Economy and Taxation*, wenn er mit Blick auf die englische Armengesetzgebung (»Poor Laws«) in England behauptet: »Das Gravitationsgesetz ist nicht gewisser als die Tendenz solcher Gesetze, Reichtum und Macht in Elend und Schwäche zu verwandeln, die Arbeitsanstrengungen von jedem Gegenstand ausgenommen die Sorge für den bloßen Unterhalt abzulenken, jeden geistigen Unterschied zu vernichten, die Gedanken fortwährend mit der Befriedigung der leiblichen Bedürfnisse zu beschäftigen, bis schließlich alle Klassen mit der Plage allgemeiner Armut behaftet wären« (David Ricardo: *Grundsätze der politischen Ökonomie und der Besteuerung. Der hohe Preis der Edelmetalle, ein Beweis für die Entwertung der Banknoten*. Nach der Übersetzung von Heinrich Waentig herausgegeben von Fritz Neumark. Frankfurt am Main: Europäische Verlagsanstalt 1980, S. 91).
S. 211 »Aristokraten« und »Demokraten« Thomas Jefferson an Henry Lee, 10. August 1824, in: *The Writings of Thomas Jefferson* Bd. VII, S. 376.
S. 211f. neue Klasse / Rote Bürokratie Siehe die entsprechenden Anmerkungen auf S. 238 und 225 in diesem Band.
S. 212 das Volk mit dem Stock des Volkes schlagen Sinngemäßes Zitat aus Michail Bakunins *Staatlichkeit und Anarchie*. Vgl. Ausgewählte Schriften. Hg. von Wolfgang Eckhardt. Bd. 4. Berlin: Kramer 3. Aufl. 2011, S. 131.
S. 212 hat keinen Rechtsanspruch Vgl. Thomas Robert Malthus: *An Essay on the Principles of Population*. Hg .von Donald Winch. Cambridge: Cambridge University Press 1992, S. 249. Ab der dritten Auflage von 1806 wurde diese berühmte Passage gestrichen. Sie findet sich daher auch nicht in den deutschen Übersetzungen, die sich zumeist auf die Ausgabe letzter Hand von 1826 stützen.
S. 212 »großes Übel« / Verletzung der »natürlichen Freiheit« Hier handelt es sich aller Wahrscheinlichkeit nach um keine wörtlichen Zitate, in wortgleichen Passagen in anderen Chomsky-Texten werden in diesem Zusammenhang auch keine Anführungszeichen gesetzt. Der Autor spielt vermutlich auf Ricardos Opposition gegen die »Poor Laws« in seiner Zeit als Abgeordneter im britischen Parlament an. Siehe auch die obige Anmerkung zu den »Prinzipien der Schwerkraft«.
S. 213 Glück des Volkes Chomsky bezieht sich hier und im Folgenden auf einen Brief David Ricardos an Hutches Trower vom 20. Dezember 1818. Vgl. *The Works*

and Correspondence of David Ricardo. Hg. von Piero Sraffa und M. H. Dobb. Bd. 7: Letters 1816-18. Cambridge: Cambridge University Press 1973, S. 367ff.
S. 214f. Keine Satire über Funston Vgl. *General Funston Is Satire Incarnated*, in: *Mark Twain's Weapons of Satire. Anti-imperialist Writings on the Philippine-American War*. Hg. von Jim Zwick. Syracuse, NY: Syracuse University Press. S. 111.

Personenregister

DIE RADIKALE US-ARBEITERBEWEGUNG

Anatole Dolgoff

Links der Linken

Sam Dolgoff und die radikale US-Arbeiterbewegung

426 S. | 24 Fotos | 24,90 Euro

ISBN 978-3-939045-40-3

Sam Dolgoff (1902–1990) war Maler und Mitglied der Industrial Workers of the World (IWW), auch Wobblies genannt, von den frühen 1920er-Jahren bis zu seinem Tod. Zusammen mit seiner Ehefrau, Esther Dolgoff, stand er im Zentrum des US amerikanischen Anarchismus, insbesondere des Anarchosyndikalismus. Ihr Sohn, Anatole Dolgoff, zeichnet nicht nur Sam Dolgoffs Leben nach, sondern schreibt gleichzeitig eine leidenschaftliche, lebendige und unterhaltsame Geschichte der radikalen Arbeiterbewegung in den USA des 20. Jahrhunderts.

»Es ist die überaus emphatisch geschriebene Lebensgeschichte eines Mannes, der Stolz auf seine Arbeit war, und der Privilegien (…) verachtete. Gleichzeitig betreibt das Buch (…) eine kleine Sozialgeschichte des Anarchismus in den USA.«

Jens Kastner in: Tagebuch – Zeitschrift für Auseinandersetzung, Nr. 5 (2020)

www.graswurzel.net

AFRO-AMERIKANISCHER WIDERSTAND IN DEN USA

Clayborne Carson

Zeiten des Kampfes

Das Student Nonviolent Coordinating Committee (SNCC) und das Erwachen des afro-amerikanischen Widerstands in den sechziger Jahren

638 S. | 28,80 Euro | ISBN 978-3-9806353-6-3

Das Student Nonviolent Coordinating Committee (SNCC) zählt zu den bedeutendsten Organisationen der schwarzen Bürgerrechtsbewegung in den USA. Seine Kampagnen und direkten gewaltfreien Massenaktionen in den sechziger Jahren spitzten die Kämpfe der US-amerikanischen Schwarzen gegen die rassistische Diskriminierung zu und trieben sie voran. Clayborne Carson beschreibt erstmals die gesamte Entwicklungsgeschichte des SNCC. Das SNCC stellte in dieser Zeit die dominierende Rolle von Martin Luther King in der Bürgerrechtsbewegung konstruktiv infrage. Das Buch ist aber nicht nur die Geschichte einer Organisation der schwarzen Bürgerrechtsbewegung, die in der deutschsprachigen Literatur bislang kaum wahrgenommen wurde. Es ist auch ein Lehrstück über Erfolge und Abwege sozialer Bewegungen.

KLEINE GESCHICHTE
DES ANARCHISMUS

Findus

Kleine Geschichte des Anarchismus

Ein schwarz-roter Leitfaden
Comic

2., überarbeitete Auflage

57 S. | 7,80 Euro | ISBN 978-3-939045-14-4

Der Comic zur Geschichte, Theorie und Praxis des Anarchismus präsentiert unterhaltsam, amüsant und informativ anarchistische theoretische Strömungen. Soziale Bewegungen, in denen AnarchistInnen eine bedeutende Rolle gespielt haben, werden vorgestellt: die Pariser Kommune 1871, die Machno-Bewegung in der Ukraine, die Kollektivierungen während des Spanischen Bürgerkriegs 1936 bis 1939, die Mexikanische Revolution 1910. Die Beispiele reichen bis in die jüngste Vergangenheit. Die libertäre Kultur kommt nicht zu kurz, Leben und Werk von MusikerInnen und SchriftstellerInnen sowie anarchistische »Klassiker« werden beschrieben. Literaturempfehlungen runden den schwarz-roten Leitfaden ab. Die zweite Auflage wurde überarbeitet und aktualisiert. Das ideale Geschenk für »EinsteigerInnen« und »Fortgeschrittene«.

»Der Comic-Stil hat erfrischend positive Ausstrahlung, er versprüht Witz und Charme. Kurzum: Dieser Comic ist Feuerwerk! Er ist das ultimative Geschenk, vor allem gegen sich unter Mitmenschen hartnäckig haltende Vorurteile.«

Direkte Aktion, Nr. 198, März/April 2010

www.graswurzel.net

EKKEHART KRIPPENDORFF
LEBENSFÄDEN

Ekkehart Krippendorff

Lebensfäden

Zehn autobiographische Versuche

476 S. | 24,90 Euro | ISBN 978-3-939045-19-9

Ekkehart Krippendorff (1934–2018), Professor der Politikwissenschaften der Freien Universität Berlin, Mitbegründer der deutschen Friedensforschung und Autor des für die Friedensbewegung der Achtzigerjahre wichtigen Buches »Staat und Krieg. Die historische Logik politischer Unvernunft«, hat sein Leben exemplarisch entflochten. Zeitgeschichtlich bedeutsame Fäden hat er thematisch herausgezogen und erzählt kulturgeschichtlich von den Lebensfäden Krieg, Theater, Universitäten, Nazismus, Amerika, Juden, Italien, DDR, Musik und Religion.

»Autobiografien von Akademikern sind meist von erschütternder Belanglosigkeit. Dem kritischen Politologen und Pazifisten Ekkehart Krippendorff aber gelingt mit seinen ›Lebensfäden‹ ein fast klassisch zu nennender Bildungsroman der Nachkriegszeit.«
Willi Winkler in: Süddeutsche Zeitung, 12. Juli 2012

www.graswurzel.net

Noam Chomsky
Über Anarchismus